网上遗产

被数字时代
重新定义的死亡、
记忆与爱

Elaine Kasket

[英] 伊莱恩·卡斯凯特 —— 著

张淼 —— 译

**ALL THE
GHOSTS
IN THE
MACHINE**

海峡出版发行集团

海峡文艺出版社

献给所有给我留下珍贵记忆的人

目录

总体说明

　　我为本书所做的采访，除了少数例外，其他都在受访者的允许下，进行了完整的录音和记录。引号内的内容是受访者的原话。在没有录音的情况下，我在交谈的同时把访谈的内容记录了下来。

　　如果受访者曾经接受了媒体访谈，或名字曾经出现在学术出版物上，那么他们的姓名和经历已经是不受限的公共信息，所以我保留了他们的真实姓名。在其他情况下，或在公开身份信息可能会给在世者带来负面影响时，我改写了他们的姓名。有些信息不是通过直接访谈获得的，而是从已出版的资料中搜集而来的，对此我相信自己已经在文中进行了说明。我希望那些为本书做出贡献的人能感到自己和自己的经历得到了尊敬和尊重，即使我质疑过他们的某些观点。

图 1 詹姆斯（James）和伊丽莎白（Elizabeth），摄于 1944 年前后

引言
纪念伊丽莎白

我的外祖母去世后，她那孝顺的女儿帮着我的外祖父整理他妻子的物品，并大致整理了一下他的家，好让他在失去妻子后继续舒适地生活。当我的母亲走进每个房间，打开每个抽屉和橱柜时，她发现自己的母亲几乎把所有东西都保存了下来。外祖母之所以这么做，与其说是眷恋旧物，不如说是过度节俭，这是因为我的外祖父母都拥有"萧条思维"（Depression mentality）——在20世纪30年代美国经济危机时期养成的一种节俭的习惯。他们会把空的机油罐切成片，做成饼干切割器。圣诞节的时候，在大家拆开礼物之后，他们会把所有能再利用的包装纸、绳子、缎带，甚至胶带保存起来。外祖父母会整洁、有序地存放好这些物品，避免使自己变成囤积狂。外祖母留下的物品被摆放得整整齐齐的，而且大多数物品的情况被详细地记录在了手写的便条上。

有时候，外祖母伊丽莎白留下的纸片表明了她对物品的所有权，说明了家里某件归属有争议的物品应该属于她，比如："这个金手镯原本是我姑妈的，有一对。伯尼斯想要它，但姑妈把它给了我。"有时候，这些纸片起着**备忘录**的作用，记录着外祖母认为值得把该物留给子孙后代的具体理由。一堆旧的缝纫面料上面附有一张详细的清单，列出了曾经用这些面料制作了什么东西。可能我的外祖母凭直觉知道，她的后代会对这些物品感兴趣，认为它们具有某种价值，她猜对了。外祖母在我婴儿时期用各种布料为我制作了一些正方体玩具，母亲根据外祖母留下的信息在正方体的每一面各贴了一张便条，上面记录着这些布料的出处。其中一个正方体的一面是米黄色碎花棉布，上面贴着的便条写着"中式领，旗袍裙"；另一面的便条上写着"荷叶饰边，婚礼后度蜜月"；在印有古怪卡通狮子的一面，便条上写着"我在多伦多的晚餐约会（野营旅行的衣服）"。这些关键词立刻让我联想起那个听过几次的故事：母亲十几岁在加拿大野营的时候，曾有一位不太合适的追求者向她搭讪。我不记得自己童年时期是否玩过这些正方体玩具，不过，当母亲把它们拿出来时，我们会触摸着这些布料的纹理，谈起和每块布料相关的记忆。我在地板上把这些正方体翻来翻去，用苹果手机的相机瞄准并拍下了正方体的每一面和那一面上的便条，然后把照片存进了云端的一个名叫"缝纫室拼贴画"的文件夹中。我想用这些照片装饰我家缝纫机旁边的墙壁，而我家距离这些布料与正方体玩具的产地足足有 4127 英里[1]。

但是，我母亲在我外祖父母的房子里发现了一样东西，上面没有贴标签。那是一个中等大小的普通纸板盒，静静地躺在一间客房内壁橱的最下层。我的母亲一心想要高效地整理，她无疑在考虑是否要把这个盒子处理掉，所以问她的父亲詹姆斯，盒子里有些什么

---

1 1 英里 =1.609344 千米，4127 英里 ≈ 6641.76 千米。——编者

图 2 伊丽莎白用布料制作的正方体玩具，上面贴着她女儿写的便条

东西。他没有检查确认，甚至都不需要想一下，就立刻用漠不关心的口气说道："情书。"据母亲说，接下来，他们继续整理房子，把那个盒子留在了原地。

20 年后，听着母亲诉说当天的回忆，我的内心充满了好奇。外祖父有没有告诉母亲关于这些信的更多细节？那一天，或者是此前外祖父在世的时候，母亲有没有偷看过盒子里的信？既然外祖父回答得如此迅速，母亲当时有没有感觉到他最近可能看过这些信？外祖父有没有提到未来他想要如何处理这些信？没有，没有，没有，答案都是否定的。直到外祖父去世，母亲准备把房子卖掉，她才再次看到这个盒子。那时候，我的母亲70多岁了，而且刚失去了双亲，她把这个盒子带回了家。

在垂暮之年，外祖父开始用一种特别的方式讲述他和外祖母的这段持续了60年的婚姻。他说："我爱了伊丽莎白一辈子，但是她从来没有爱过我。"一些家庭成员认为这种说法完全可信，因为他们认为外祖母的性格和行为可称得上冷酷，而不是热情。大家都认为外祖母聪明、坚强、果断而勇敢，但她也凶恶、冷漠、顽固。她的孩子看到过她对丈夫说话时时而流露出的冷酷无情，她不常拥抱孙子、孙女，真正拥抱的时候也有点尴尬，拥抱的姿势让人觉得不舒服。作为成年人，我的几个舅舅为他们自称单相思的父亲感到难过，决定站在父亲这一边。

这就是伊丽莎白，一位傲慢的白雪女王，她把爱藏在一堵冰墙之内，外祖父的爱还不够温暖，不足以融化这堵冰墙。但是，其他人的某些描述让我的母亲感到不快，有些人光凭表面现象就轻易地认定她的母亲从未爱过她的父亲，这刺痛了她的心，而且这种说法似乎并不准确。但是，母亲并没有确凿的证据来反驳这种说法，为伊丽莎白辩护。尽管我的艺术家母亲对伊丽莎白的公开形象不太满意，但是她缺乏充足的材料来改变这种形象。

我母亲把那个盒子带回家后，一切都改变了。掀开盖子，她打开的不仅仅是一个纸板盒，也是她父母情感关系的一扇窗。母亲伸手进去，触碰到了她母亲和父亲写给对方的大量信件的第一层——1945年的信件。当时，我的外祖父被派往一个训练营，为一场战争做准备。后来战争结束，他终于能够登船离开了。那个时候，我的外祖父母已经结婚10年了，有3个年幼的孩子，也就是我的母亲和两个舅舅。詹姆斯被征召入伍的那段时间是这对夫妻自十几岁初恋以来唯一一次分居两地。外祖父离开的那些日子，他们每天给对方写3封信是很平常的事。

　　母亲发掘出的这些信件在很多方面都令人着迷，对于任何一位读者来说，它们都具有价值，它们生动地描绘了一个工人阶级家庭在美国历史上的紧要关头所过的家庭生活。我的外祖父母拥有非凡的写作技巧，刻画入微，展现了观察和描述的天赋。但是，对于我母亲来说，这些信件具有的意义不止如此。吸引母亲坐下来连看了两个星期的并不是对20世纪中叶战争时期美国情况的叙述。

　　1945年5月，伊丽莎白写给詹姆斯：

　　我最大的愿望就是这种情况不会持续很久。即使战争在6个月或3个月后结束，我还是觉得不够快。你离开的时间越长，我就越难以忍受，也越寂寞……今天我思念着你，感到特别寂寞。这里很安静，也很寂寥，而且我的肚子有点疼。有时候我希望自己可以一直睡着，直到你回来……写这封信我花了1小时48分钟，但是你值得我花这么多时间……我真的很享受给你写信，因为在给你写信的时候，我感觉自己好像在和你说话，你知道的，我从未厌倦过和你说话。

　　在这一段文字和其他许多片段中，爱意就在那里，在白纸黑字间流淌着。我们很难定义爱，更难把它量化，但有时当你看到它的时候，你就会知道那是爱。它非常清晰地发出了宣告，我们不会把它错认为其他的东西。我的外祖父认为他的妻子从来没有关心过他，他大错特错了。他对伊丽莎白的记忆出了错。1945年，在经历了10年的婚姻与育儿后，外祖母依然真切地、疯狂地、深深地爱着外祖父。读了这些信，就不会认为我的外祖母只具有那些在晚年时最显而易见的品质。她的冷酷只是一种状态，而不是她的性格特征，或者说只展现了她的一面，而非全部。读了伊丽莎白所写的文字，认识到这个无可争议的事实后，我的母亲想到的不是证实自己的想法，她感到自己被治愈了。伊丽莎白的完整形象，还有外祖父母之间的爱已经储存进了母亲的记忆。最终，她了解了她的母亲，了解了她父母之间的婚姻，此后她可以带着更少的悲伤、更多的安慰和喜悦继续前行。

母亲任命自己为这份爱的遗产的管家，她花了几周时间，煞费苦心地把这些信件按照时间顺序排列好，把每一封珍贵的信放进透明的聚氨酯袋子里，然后把它们夹进大的活页夹中。在做这件事的时候，母亲偶然发现了童年的自己，看到了她曾寄给身在远方的父亲的信和照片，于是她又读了一遍父亲的回信。这些回信是打印出来的，而非手写的，用的是6岁孩子能看懂的措辞。在母亲整理完之后，这些信件塞满了厚厚5本活页夹。母亲想着，这些信件或许能像带给她安慰那样，给别人也带来慰藉，于是她把这些活页夹交给了她的兄弟以及其他感兴趣的家庭成员。她的哥哥不想看这些信件，直到他去世也没看过一眼。她的弟弟在1945年还是个蹒跚学步的孩子，他拿了第一卷，但是几个月过去了也没说什么感想。后来母亲找他要这卷信件，他找了一会儿，从一个橱柜底部找到了它，它被埋在了一堆书和报纸下面，可能他从没有读过。

我的母亲曾希望其他家庭成员也能了解"她眼中的"伊丽莎白，希望这些信件可以证明一个事实——她的母亲是一位具有多面性的女士，既温柔又冷酷，既脆弱又坚强。母亲没能做到这一点，不单单是因为其他人不愿意读这些信件。即使每个人都从头到尾看完了这些信，伊丽莎白在他们心里的形象也永远不会达成统一。悲伤作为一种典型状态，不足以充分体现个人丧亲经历的无限变化，因为生活中我们每个人人际关系的独特性阻碍了悲伤有序地、可预测地、逐个阶段地展开。我家里的每个人所认识和记住的伊丽莎白都是不同的，所以每个人的悲伤程度也各不相同。

对我母亲而言，那些信是有意义的。它们减轻了她的痛苦，纠正了她头脑中失调的认知，最终帮助她了解到她母亲真实的一面，然后她就可以把这个形象记在心里，满心畅快地继续前行。我的舅舅们没有读过这些信，可能他们不像我母亲那样伤心。或许他们心中没有任何疑惑，或许他们已经找到了前进所需要的东西，因此这些信件无法起到安慰的作用，反而妨碍了他们。我问母亲，她的弟弟明明是一个怀旧的人，而且对历史很着迷，为什么却没有读这些信，她的答案说明了一切："读这些信会让他变得太情绪化。"帮助母亲找到前进方向的东西只会让她的弟弟偏离既定生活轨道。

母亲最终接受了其他人不愿意读这些信的事实，她尊重他们的选择。我可以理解母亲一直以来的愿望，她希望能够挑战家人对伊丽莎白的一些印象，并告知他们真相。我看得出来，当她极具人情味的母亲的性格复杂性被抹去，当其他人把她的母亲描述成一座冰雕时，她依然感到很痛苦。难怪当我想读这些战时信件时，她会那么高兴。我开始阅读这些信，一开始完全不知道信里会有些什么内容，读着读着，我被外祖父母之间的亲密和温暖震惊了。有时我会屏住呼吸，有时我的脸红到了额头。我不止一次地感动落泪。像我母亲一样，我感觉必须和我的同龄人分享信里的内容。我在手机的备忘录应用中抄录了几段，那天晚上，我把其中的一些段落读给我的兄弟姐妹和表亲听，其中包括伊丽莎白在1945年5月写的一些内容。

如果你在这里，我会在接下来的20年里爱你、拥抱你、亲吻你个够。我总是会想到你。

我的表妹惊讶地扬起了眉毛。"噢，"她说道，"这听起来一点也不像她。坦白地说，她是个臭女人。"

我不介意表妹的直言不讳，甚至理解她为什么会这么说，但是，我再次感到震惊，而且和母亲一样，很想推翻外祖母的这种形象。回到家后，我躺在床上，翻看抄录在手机里的信件选段。我的目光一次又一次地被一段话吸引。

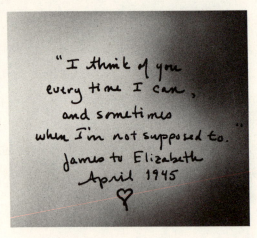

图 3 节选自詹姆斯写给伊丽莎白的信，1945 年 4 月
图片内容："我时时刻刻都在想你，有时候不应该想，但我忍不住。"

没人能说这段话是粗俗的，也不会有人认为它毫无修饰性。这段话就像诗歌一样，非常简练，但有着深刻的内涵，充满了难以抑制的渴望，传递了一种激情的依恋，既性感又充满爱意。其中包含了我们大部分人想在有生之年尽可能多地体验的那种感情。我读了一遍又一遍，像个偷窥者一样激动地颤抖。我拿了一本魔力斯奇那牌笔记本和一支最喜欢的笔，把这段话手抄了一遍。我把手机相机的摄像框设置成正方形，选择了一种看上去恰如其分的陈旧相片效果的滤镜，把自己抄写的这段话拍了下来，还给它添加了一个标题——"真正的浪漫"。

然后，没有经过任何人的同意，我毫不犹豫、毫不后悔地把这张照片发布在社交应用Instagram（照片墙）上。

Ω

尽管这些信对我母亲来说意义重大，而且她希望其他人可以读一读，但她没有把这份意义强加在别人身上。当她把信件整理进活页夹的时候，没有添加任何内容，没有发表任何评论，也没有附加任何注释或解读。她也没有遗漏任何东西，东西很全，都在那里，都按照时间顺序排列好了，有信件、孩子的画、照片、信封。她把信件整理得更容易查阅，但是，她没有做任何或好或坏的改动。当我面对这些信件的时候，我的做法完全不同。母亲忠实于信件原本的内容，而我对它们进行了翻译。母亲把信件汇集在了一起，而我对它们进行了精心的策划。母亲保持了信件的私密性，而我控制并改变了公共与私人之间的边界。

简言之，母亲保留了信件原本的样子，而我却把它们数字化了。我用一个数码镜头聚焦一份静态的物质遗产，我前前后后地摆弄相机，观察着颜色的变化，寻找着我最喜欢的光影效果。而且我不是一个人，我邀请了一群人共同观看。我拿了一封不属于自己的私人信件，改变了它原有的功能。我希望它能颠覆其他人的看法，像它影响我的情绪那样，影响其他人。我想要其他人把它和我联系起来。女士们、先生们，我要向你们展示1945年时我外祖父母之间深深的爱——"真正的浪漫"（加上一个心形表情符号）。如果没有这份爱，我就不会来到这个世上。这似乎是一件值得分享的很美好的事情。而直至今日，当我写下这些话的时候，我意识到，有些人可能认为我在 Instagram 上发布这些内容是一种犯罪。持这种观点的其中一些人还活着，另一些人已经不在了。当然，后面一类人包括伊丽莎白和詹姆斯。不知是幸运还是不幸，他们已经逝世，无法写下自己的评论，或是点击发布内容下面的那颗心，把它变成红色，完成点赞。

我的外祖父母从来没有说过或用行动表明，他们爱情的证据是需要保密的，永远不能让其他人知道。信件保存完好，没有上锁，也没有任何特别的指示，任何人都不知道这些信件是特意留给我们的，还是默认留给我们的，每个人都有自己的看法。我的母亲被自己的欲望驱使，被自己对慰藉和意义的追求驱使，似乎理所当然地认为有血缘关系的人有权阅读这些信件。我的某个舅舅的前妻仍与这个家庭关系密切，但是，有时她不确定这种亲属关系是否依然足够牢固，以至于可以把她当作这个家族的一员。她曾担心自己是否应该读这些信件，因为她意识到了信件营造出的极为亲密的氛围。当我提出关于隐私的问题时，母亲带着吃惊的表情给出了答复，就好像她是第一次思考这个问题。但隐私问题并不会令我感到惊讶，实际上，在贯穿整个故事的所有主题中，隐私是我最容易找到的线索。我不太重视它，因为从小就被灌输了隐私的重要性。但实际情况并不理想。我是一个处在死亡、科技和心理学相交点的人，大部分时间我都在思考数字世界如何影响我们。

在太阳升起的每一天，信息时代公民的隐私都被扔进这个数字时代的灼热熔炉中，在此，隐私的极限备受考验。网络上，隐私呈现出全新的复杂性，其本质不断变化，需要对其进行仔细的审查和辩论。一代又一代的法律和大众智慧理所当然地认为，隐私和其他人权一样，是属于"自然人"，也就是在世者的权利。当停止呼吸之后，逝者便放弃了他们的权利，放弃了隐私的需要。隐私在一定程度上指的是自我决定权，当你死亡后，就不存在"自我"了。但是现在，若询问任何一名你可以找到的专家，试着找到一个明确的答案来回答死者是否拥有隐私权的问题，那么首先，你可能需要确定"死亡"的意思，是"身体死亡"，还是"社交死亡"。当你确定了这一点后，你可能还是会收到许多不同的答案，解释为什么死者拥有或不拥有那项权利。所有的答案都是正确的，也都是不正确的。

总之，"我死后是否拥有隐私权"的问题可能存在争议。按照目前的情况，如果我或我的爱人去参加一场现代战争，而我们要给对方写一封文字优美、语言动人、热情洋溢的信，那么我们会通过电子邮件、WhatsApp（瓦次艾普）与Facebook（脸书）聊天软件，以及手机短信发送信息。我会对以上提到的通信方式进行隐私设置，就像一座安全级别最高的信息监狱一样，任何数据都不会泄露。不论我的近亲想要或需要，他们都几乎看不到任何内容。你对这种情况的感受，将取决于，至少是部分取决于你是数字移民还是数字原住民[1]。

不论你对数字技术有多熟悉，只要你的成长期处在20世纪80年代中期之前，你就可以自视为一个数字移民。作为他们中的一员，我可以为你勾勒出这类人的轮廓，你会感到既熟悉亲切又不乏怀旧之情。数字移民们遵循其母亲的建议，保存地址簿，用钢笔写下名

1　数字移民，指需要后天适应网络时代的较年长的人。数字原住民，即从小就接触网络的人群。——译者

字，用铅笔写下地址。在他们的观念中，当一封信因为收件人未知或寄送地址不存在而被退回时，意味着你可能再也联系不到那个人了。他们知道油印机是什么，能回忆起潮湿的卷筒纸的气味，回想起墨水显现出的紫色。他们还记得自己在图书馆里翻看卡片目录；当收音机播放自己最喜欢的歌曲时，按下录音键，在磁带上翻录；在参加酒吧问答游戏或常识问答游戏时，他们没办法偷偷作弊。他们仍记得站在一个远离家乡（可能是异国）的电话亭里的自己有多么孤独：零钱用光了，接线员提示通话即将结束，电话断了，不知道什么时候能再次听到那个熟悉的声音。他们还记得，早在抵制数字唱盘的风潮复苏前很久，他们会去唱片行购买密纹唱片。他们还记得自己购买第一张 CD 或 DVD 时，对那闪亮平滑、极富高科技感的碟片表面感到多么惊奇。他们还记得从显影剂里取出照片时，心紧悬着的感觉，以及在等待了那么长时间后，发现胶卷过度曝光，或是重要的照片里意外出现了一根大拇指时的失望透顶。他们的相册或鞋盒里往往装满了褪色、卷曲的快照，在阁楼高温下坏掉的底片，还有一些信件、明信片、票据之类的东西。那些重要的纪念品，相当一部分易受老鼠和蠹虫攻击，而损坏的文件和有故障的主板并不畏惧这些生物。

尽管我可能变得越来越精通数字技术，也会尽可能多地使用这些技术，尽管我每天都会使用 Skype（讯佳普）和 FaceTime（视频通话），但我永远只是一个闯入者，一个在视频通话时仍感到兴奋和敬畏的人。在数字原住民看来，这些现象与一件家具无异，正如我 8 岁的女儿用来吃早饭的桌子一样，而我永远无法做到这一点。我的女儿从小就相信 Wi-Fi 在空气中无处不在，是氧气分子结构的一部分，并且认为它对生命而言几乎和氧气一样重要。她可以在任何时间、任何地点和任何人取得联系，她可以自行控制何时收看自己喜欢的节目，而谷歌、Siri（苹果语音助手）或Alexa（亚历克萨）可以回答她可能想问的任何问题。对此她既不感恩，也不惊讶。

与我恰恰相反，这是她与生俱来的权利，她无法想象世界会是另一番样子。她渗透吸收了数字时代的社交本能，要求在Instagram或eBay（易贝）上分享她的照片，并且当有人不允许她像一些朋友那样，在YouTube（优兔）上记录自己的爱好时，她会深感不满。不论是出于对隐私重要性的模糊认识，还是出于对自己所有物的全神贯注，她已在智能手机上设置了密码，就像她妈妈一样。当她进入青春期，可以完全掌控自己的电子设备时，她每天有意储存的记忆和生活中无意留下的痕迹，都可能被无休止地、大量地存档，而且几乎全是以数字形式留存的。就算我女儿现在留下的数字足迹中，只有1%被保存了下来，未来的人在发现它们时，仍可以详尽地了解她，毫不费力地感受到她的个性。我完全相信，她的阁楼上永远不会有一个装满信件的鞋盒，而且当她去世以后，我不知道是否有人想去给她扫墓。既然她就存在于他们手掌中的电子设备里，为什么他们还要给她扫墓呢？

我的外祖父母在有机会成为数字移民之前，就已经经历了出生、活着和死亡，如果他们还在世，如今这些已被传开的照片和未被传开的一些事情会令他们感到困惑。乍一看，他们的故事、他们的遗赠，以及我的家庭成员对待这些遗赠的不同态度，似乎和数字时代没什么关系，但是，"身份""失去""联系""记忆""控制""所有权""照管财产"和"隐私"这些主题之间有什么共同点？它们都与生和死息息相关，而且它们都深受数字时代的影响和挑战。关于这些概念的一切已经改变了，这种改变不是渐渐地、一点一点地发生的，而是突然伴随着数据海啸席卷而来。不论你是数字移民还是数字原住民，这本书的目的不仅仅是让你思考你的死亡，还启示你反思你的生活。我在研究生院学习过的存在主义哲学家们可能曾预测到了这一点，但事实证明，一般意义上的死亡，**特别是**数字时代的死亡，是一个出奇有用的工具，我们可以用它思考人生中的选择，考虑对我们而言重要的是什么，并相应地调整我们的行为。

因此，这本书讲述了你和你的爱人，以及爱你的人之间的关系，你们对彼此而言意味着什么，你们如何相互联系，以及在你或他们离开这个世界后，你希望如何与他们保持联系。这本书讲述了当你的呼吸变成了空气，身体变成了泥土之后，你希望如何被人们记住，以及数字时代将如何让这一切以10年前难以想象的方式发生。这本书讲述了你如何决定什么是私人的，什么是公共的，因为现在，信息时代已经颠覆了人们对隐私的历史期望和定义；还讲述了你对Facebook进行的设置将如何决定你以何种方式被永远记住。这本书讲述了拥有或控制着你的数据的个人或力量可以最终决定你在这个世界上留下了什么，以及谁能看到你留下的东西。这本书讲述了网络中生与死之间界限的消隐，讲述了人们在哪里交往、见面、社交，以及在不久的将来，某一天，你的一些最要好的朋友以及最投缘的谈话对象可能会死去。这本书讲述了我们对永生的幻想，以及数字技术所带来的诱人希望，可能，只是可能，我们正开始弄明白如何欺骗死亡。

所以，你是希望自己的遗产在这个世界上永远地存在下去，还是希望你的数字足迹完全消失，就像一道海浪把你留在沙滩上的脚印冲走一样？你更喜欢数字不朽的理念，还是物理和技术都会过时的理念？仔细思考一下再回答。不论你选择哪一个，一旦选择了，请**非常**仔细地阅读相关的"条款和条件"。

第一章
在数字时代死去

我在洗手间里躲了大约10分钟。这是我有生以来最灰心丧气和尴尬的时刻。几个月前，我在一场专业研讨会上做了相同的演讲，当时非常成功。社交媒体是一个相对新鲜的事物，在社交媒体上悼念别人也真的是一件新鲜事，所以，我是最早谈论这个话题的人之一。在那场研讨会上，我所在领域的学者给出了那么多良好的反馈，也进行了非常积极的讨论。

　　但是，今天的情况完全不同。几乎每个在场的人都显得心不在焉或困惑不解。我看到很多人交叉双臂，还有很多人摆出了令人沮丧的肢体动作。到了问答环节，现场安静得可以听到一根别针掉落到地上的声音。这次我的听众是普通大众，显然，我对他们做出了错误的判断。我怎么会错得这么离谱呢？一开始，我假设每个人都知道社交媒体是什么以及它们是如何运作的，带着这个前提我直接开始了演讲，但显然大部分听众都不知道我在这40分钟里都讲了些什么。实际上，这并不令人感到惊讶。2010年，在30岁以上的人群中，社交媒体的使用率低得令人难以置信。天哪，我真是个大笨蛋。我把凉水拍在滚烫的脸颊上，下定决心回到正在举行的以"死亡"

为主题的《星尘》艺术展研讨会的画廊。人们在四处转悠，等待着小组讨论开始。我仍然感到紧张不安，于是站在一个角落里，恨不得与壁纸融为一体。

她在房间另一头看到了我，然后径直朝我走来。在这个房间里所有的"数字移民"中，她肯定是最资深的一位。她那一头蒲公英般蓬松、稀疏的白发被绾起，胳膊上挎着一个特别大的、过时的手提包，就像女王一样。尽管她步态虚弱，个子也很小，但她的步伐坚定自信，而且显然有话要说，我也相当确定她要说些什么。我无力地笑了笑，准备好接受勒德分子[1]的抨击，比如：这些新奇的观念，像是全球的某某玩意儿，不过是一堆废话。

"你意识到了，"她尖刻地说道，"你说的不是什么新鲜事。一点儿新的内容也没有。"

"一点儿新的内容也没有？"我茫然地问道。我以为她会说这场演讲的内容太新潮了，人们不太容易接受。毕竟，Facebook 对公众开放仅有 4 年的时间[2]。人们不仅在网站上创建了纪念页面，而且每天访问逝者在世时的资料。他们将这些网站重新利用，不仅仅是为了悼念和纪念，也是为了对逝者**说话**。我注意到他们说的话是日常的、随意的，而且几乎总是用第二人称。比如："我不敢相信今年你不会和我们在一起了。天哪，这糟透了！亲爱的，想你！！"有些评论似乎表示，上网对逝者说话是很有必要的，至少更有效果："对不起，昨天我没能对你说生日快乐，因为我待的地方不能上网。"

当我和身为研究者的研讨会参与者交流时，他们的确证实了在

1　勒德分子：19 世纪初英国手工业工人中参与捣毁机器的人，指强烈反对机械化或自动化的人。——译者

2　作者参与这次研讨会的时间为 2010 年；Facebook 对所有互联网用户开放的时间为 2006 年 9 月。——编者

Facebook上和某个人说话是确保自己熬过那段痛苦时光的最佳方式。他们不一定相信天上有一家网吧，也不是所有人都相信有天堂或其他形式的来世，但是，宗教人士和无神论者说了一样的话：如果你在墓地，或者在某人的房间里对他说话，谁知道他会不会听到？如果你给死者写了信，然后把信放在了某个地方，谁知道他们会不会看到？然而，如果你在Facebook上给他们留言——是的，他们会看到。这怎么不是新鲜事呢？实际上她认为这一点儿也不新奇，觉得很无聊。"这件事和太阳一样老。"她叹息道，然后从手提包里拿出了一个信封。她打开信封，递给我一沓褪了色的、边缘粗糙的纸片，上面印有穿着19世纪晚期服装的人的深色调图片。照片上的人僵硬地坐在直背椅子上，脸上写满了悲伤和坚忍。在背景中，透过柔和的云雾，可以看到一些模糊透明的面孔和身影，那是已经离去的亲人的灵魂。

"你看到了吗？"她问。她肯定看到了我看不到的东西。"我是格拉斯哥唯心论者协会的成员，"她继续说道，"你说的和这是一回事。我们一直可以和灵魂交流。他们有自己的方法。"

"这些是灵异照片。"我试探着说道。

"是的。"她得意地回答。

她继续说了一些话，但是我不记得她说了些什么。这一回，我的脑袋突然一片空白。我装出彬彬有礼的样子，目光在她的肩膀处闪烁不定，寻找着能让我脱身的人，一个我必须在其离开之前找到的人。我那时心想，这位女士显然有点疯狂，她不理解这个现象，也不理解我表达的观点。但是，不论现在她在哪里，我正在向以太（或许是那些照片中的灵魂穿越过的同一片以太）传递一条信息：夫人，真的很抱歉，我无视了你说的话。不是你没有理解我说的话，而是我没有理解你说的话。而且你说得非常好。

有一种关于悲伤的理论叫作"持续联系"（continuing bonds）。后文我将对持续联系做更多说明，这里先点明它的本质：与逝者继续保持联系是一种完全正常的现象。如果你觉得这听起来很奇怪，甚至认为这是个不健康的观念，那么看看周围，看看西格蒙德·弗洛伊德的幽灵是否正从你身后的薄雾中慢慢浮现。这位早期心理学家对西方思想的影响就是如此深厚，至少目前，他能够改变我们心中所有关于死亡和悲伤的现存假设。他自身对"健康的"悲伤所提甚少，却极大地影响了我们关于"健康的"悲伤的观念。在一篇题为《哀悼与忧郁》的文章中，他就像讲述常识一样，把一切都讲给我们听。他说道："我不认为用下面的方式来描述它有些牵强附会。"他继续解释说，悲伤指的是逐渐地、"零零星星地"放下"所爱的对象"，也就是逝者。他没有具体说明细节，但显然，你需要回顾你所珍视的关于逝者的每一段记忆和每一个失去的希望，然后你才能放下它们，平稳地、逐步地释放你的痛苦。弗洛伊德说，如果"逝去的对象继续存在于我们心中"，我们就无法"自由和无拘无束"，因为我们需要"处理"悲伤的情绪。

不过存在一个问题。这些权威的、实事求是的声明经不起任何推敲。它们没有描述大部分人的经历，甚至没有反映弗洛伊德失去一样东西或一个人的经历。没有任何经验证据或逸事证据支持这些观点，但是，至少在西方，这位伟人关于逝者之归属的观点贯穿了20世纪剩下的那段时间。在接下来的几十年里，当人们使用"无法克服""难以释怀"和"拒绝承认"这样的说法时，我们可以听到弗洛伊德的声音在耳边回响。和逝者保持着紧密联系的西方人依然倾向于认为自己是病态的，而且别人也容易将他们视作是病态的，不过越来越多的人意识到这些观念有问题。事实上，他们只是在回应一种与时间一样古老的冲动：珍惜甚至有意经营与逝去的亲人之间的心理和情感联系。有无数个原因促使我们与对我们而言很重要的逝者保持联系，本书将会对其中一些原因进行探索。

通信技术完美地说明，我们与逝者继续保持联系的欲望是如何根植于我们内心深处的，因为一有新的工具出现，我们就会抓住它，用它和逝者保持关联。在19世纪40年代的纽约，年轻的凯特·福克斯（Kate Fox）和玛格丽特·福克斯（Margaret Fox）拥有活跃的想象力和强烈的戏剧感，她们成功地让众人相信她们可以和幽灵交流。其事业如野火般迅速发展。她们在第一次接触和忏悔之间进行的干预完全就是一场精心设计的骗局。这对姐妹扮演灵媒，大赚特赚了几十年。她们回应了人们似乎无穷无尽的与逝者交流的渴望，使唯灵论运动在美国大受欢迎。到了19世纪80年代，虚假的唯心论风靡一时，成就了当时一场轰轰烈烈的骗局。对于福克斯姐妹发起的著名组织降神会来说，所选择的表现幽灵的方式很能说明问题：当神奇的新事物——电报响起的时候，幽灵们也在敲打着发出声音。我们永远不会知道，是不是对这种最新器械的兴趣直接带给了凯特·福克斯和玛格丽特·福克斯灵感，但是，电报传播得越广，人们就越是把敲击等同于交流，幽灵以这种方式说话就越能说得通。

还不止如此。随着摄影越来越普及，摄影设备传播得更广、更容易获得，"幽灵照片"成了精明的通灵者放入菜单中的标准项目。1880年，一名调查记者在卡特（L. Carter）夫人位于洛杉矶的摄影工作室中进行采访。尽管她向记者保证，她的通灵绝不会彻底失败，但记者仍拒绝接受3.5美元一次的定价。卡特夫人向他保证，如果他想见的那个幽灵正在做其他事情，会有一个替身代它出现。当这位先生像是要去别处拍摄幽灵照片时，灵媒接到了一条来自"星界"的信息：费用降到2.5美元一次也行。

然而，与进取的卡特夫人和她愤世嫉俗的顾客不同，有些人真的相信依靠技术的力量可以捕捉到幽灵，赫赫有名的托马斯·爱迪生也是其中之一。爱迪生在19世纪晚期发明了留声机。1920年，他在《科学美国人》（*Scientific American*）杂志上撰文说，他希望有一天能够制造出一台足够灵敏，能捕捉到逝者声音的留声机。当时，第一次世界大战刚刚结束，在这场终结所有战争的战争中，那么多年轻人失去了自己的生命。世人对这个突如其来的损失惊愕不已，对他们来说，爱迪生的设想一定非常具有吸引力。到了20世纪80年代，在电影大片中，幽灵通过静态的嘶嘶声和未调谐电视机的闪烁线条显现出来。在21世纪的日本，人们从四面八方来到佐佐木格（Itaru Sasaki）位于山顶的房子，走进他建造的风之电话亭，拿起话筒，诉说对逝去亲人的思念。

佐佐木格难以承受表弟的离世。在亲人或好友去世之后，我们常常想要找到和联系逝世者，这就是搜索和呼叫反射。佐佐木格就是这种情况，他是日本大槌町地区的一名园艺家，拥有一片可以俯瞰太平洋的美丽土地。为了满足自己想要和表弟联系的渴望，他在花园里建造了一个白色的电话亭。他在电话亭里的架子上放了一台复古的黑色旋转拨号电话，没有连接电话线。佐佐木格知道，他不需要为这台电话接线，因为他不需要和在世的人通话，他只想和离世的人交流。"因为我的想法无法通过普通的电话线传递，"他说道，"既然如此，就让风来替我传达吧……所以我给它取了一个名字——风之电话亭。"佐佐木格拿起话筒放在耳边，透过落地玻璃窗，凝视着微风吹拂下五彩斑斓的花朵、湛蓝的天空以及远处波光粼粼的大海，向他的表弟诉说内心深处的想法和感受，他确信海风会把他们的思念传递给那些逝者，因为如此相信，所以他的内心感到了些许安慰。

佐佐木格在2010年建造了这个电话亭。第二年，也就是2011年的3月，意料之外的事情发生了。日本东北地区发生了大地震，地震引发了海啸，海浪卷走了数千人，夺走了佐佐木格所在小镇10%的人的生命。在接下来的几年，不知怎的，他建造了风之电话亭的消息传开了。人们开始拜访他的花园，一开始只有少数几个人，后来人数逐渐增加到几百人，如今依然有许多访客。人们走进电话亭，拨打已经被毁掉的家里的电话号码，或是已经无人接听的手机号码，他们曾经拨打这些号码和自己的父母、丈夫、妻子、兄弟姐妹取得联系。有时候，访客是独自一人前来，有时候是和家人一起来；有些人只来过一次，有些人会定期过来；有些人什么话也不说，有些人会详细地讲述他们最近在生活中遇到了什么事；有些人向逝者提出了很多问题，并致以美好的祝愿，他们知道这些问题不会有答案，但他们还是问了。人们来到风之电话亭和逝者说话，他们逝去的亲人从来没有来过这个地方，当他们拿起听筒时，什么也听不到，只有一片寂静。没有熟悉的痕迹，没有逝者的形象，但他们还是来到了这里，使用这台电话。

福克斯姐妹是骗子，幽灵摄影师也是骗子，《鬼驱人》（*Poltergeist*）的情节是好莱坞电影的神奇想象。大槌町风之电话亭的访客可能相信，也可能不相信他们的亲人能听到他们在听筒这头所说的话。幽灵是否真的存在，是否能跨越生与死的界限进行沟通都不重要，重要的是，人们想要这样相信。面对一个似乎无法承受的损失，我们当中最愤世嫉俗的人会欣然抓住这个机会，再次感受与逝者之间的联系，不论是从文字上还是情感上，他们都希望能再次感受这种联系，而且人们长久以来一直用技术帮助我们实现这种联系。至少在这个层面上，那位90多岁的格拉斯哥通灵者是正确的。同时，"太阳底下无新事"似乎并不正确。我们曾用技术手段抓住逝者，但现在，技术已经不仅仅是一种帮助我们和逝者取得联系的媒介，逝者就存在于技术之中。

这就是新的天堂，这个地方并不专属于那些被希腊诸神眷顾之人，这个地方属于我们所有人。但前提是，你要留下数字足迹。如果你真的想被别人记住，如果你希望在你离开这个世界之后，人们还能感觉到仿佛一直和你保持着联系，那么请记住，数字足迹的规模有多大非常重要。晚些时候我会更详细地讲述这一点，首先，让我们思考一件相当重要的事。到目前为止，还没有数字蠕虫、没有虚拟的腐尸甲虫穿越互联网，蚕食所有逝者的数据踪迹。很多信息都是固定的，有时候可以辨认出一些逝者原本留下的信息，有时候不行。这种情况至少代表了些微倒退的迹象。它可能也就是一个预兆，预示着我们经历死亡的方式、我们的祖先在社会中的地位和影响将发生巨变。让我继续对此进行解释。

Ω

我们倾向于认为，许多西方社会处于否认死亡的集体模式中。让我们来听听人们对谈论死亡有什么看法。举例来说，英国人说："我们的文化不谈论死亡。"在不列颠群岛，死亡是一个禁忌话题。在我参与上一个早餐时段电视节目之前，制作人提醒我记住这是早间节目，实际上，这个提醒显得有点多余，因为节目预定的拍摄时间着实令人印象深刻——早上5点。布里斯托尔城市博物馆与美术馆举办了一场名为"死亡——人类体验"的展览，节目对这场展览进行了现场直播。按照公认的权威说法，一份关于展览的宣传资料声称：在这样一个社会中，我们不愿意谈论死亡和濒死。节目播出前为我们做准备的制作人显然相信这一点，尽管播音员已经决定在早间节目中简单地介绍这场死亡展览的情况，但她还是担心人们在喝第一杯咖啡的时候可能不愿意考虑死亡的问题。"现在还很早。我的意思是，我们知道这关乎死亡，关乎一切，所以你必须谈论这个话题，"她站在一块巨大的苹果显示屏前面说道，屏幕上闪烁着一根虚拟的纪念蜡烛，"不过，试着让这个话题轻松一点，快一些说完。"

美国人说："我们也不喜欢思考死亡。"养成了足够健康的习惯，有了高质量的医疗护理，化学的发展带来了更好的生活，或许人们就可以避免死亡了！长寿专家和硅谷的长生不老主义者每天都在研究如何将基因、生物和技术完美结合，延长我们健康而成果丰硕的在世时光，或是让死亡成为一个选项，而非必须。当我为在美国出版这本书准备计划书时，我的代理人担心在美国销售一本关于死亡的书会是一场艰苦的战斗。我是否可以选择一个和死亡关系少一些的书名？也许再加上一点关于永生的内容，是不是就更能迎合美国人对永生的幻想了？任何一位真正的心理学家都知道，逃避会引发焦虑，因此这些对话只会让我进一步思考：难怪死亡禁忌和死亡焦虑在美国是并驾齐驱的。但是，我有一个假想：网络可能会引领我们进入一个新时代，在那个时代，我们将不再奢侈地逃避死亡意识。

在人类历史的绝大多数时刻，死神敲门的时间比如今要早许多。人生险恶、粗野而短暂，死亡就在你眼前。17世纪，英国人的平均寿命不足40岁，大约12%的孩子在1岁之前就去世了。大约同一时期，新英格兰的定居者在新殖民地经历了最初的人口大灭绝，在此之后，情况也只是稍微好转了一点点。随着18世纪过去，工业革命加速发展，农业和粮食生产进步，人们对营养知识了解得更多，也变得更加健康。更洁净的水、更好的卫生条件以及最终的疫苗接种使我们从一开始就不那么容易受到感染。抗生素的发明和其他医疗科学方面的进步使许多疾病化为小小的麻烦，而非死亡审判。在短短的400年里，人类的平均寿命就翻了一倍。但是，寿命翻倍不是过去几百年里将死亡推得更远的唯一一件事情。

在农业社会，人们没有什么理由远离他们出生的地方，除非需要躲避瘟疫、饥荒，或是寻找更适合农耕、饲养牲畜或狩猎的土地。如果你想搬到很远的地方，没有什么高效移居的办法。例如，在简·奥斯汀笔下的马车时代的英国，人们通常葬在他们所居住的教区里，埋在教堂的院子或者亲戚和周边居民的土地里。如果你是基督徒（从统计数据来看，你有很大概率是），你会在周日做完礼拜后经过祖先的坟墓，他们就葬在附属于教区教堂的墓地里，镇上的每个人可能都会记得他们。工业革命改变了这一切，它增加了人口的数量和流动性，发展了更加复杂的交通技术和网络，使人们远离自己的家乡。随着工业化而来的是城市化，在19世纪的前30年左右，伦敦的人口增加了一倍多。

当这些移居城市的人去世后，可能会被葬在他们最终定居的地方，而不是他们出生的地方，如果他们最终定居的地方还有空的墓地，那就会这样安排。过不了多久，过度拥挤的城市墓地就无法安全、卫生地收容所有在城市去世的人了。在英国的首都，新成立的伦敦公墓公司在1832年到1842年建设了大规模的、高雅的维多利亚式公墓，以此缓解公墓紧缺的情况。伦敦公墓公司总共建设了7

座壮丽的墓地，其中包括漂亮的海格特公墓（Highgate）和时尚的肯萨尔绿野公墓（Kensal Green）。和那些位于当地社区内的、附属于教堂的墓地不同，这些公墓是独立的。稍晚一些建设的布鲁克伍德（Brookwood）公墓甚至有自己的铁路线路——墓地铁路。这条铁路把伦敦人的遗体从滑铁卢站运送到他们最后的安息地——好几英里远的绿树成荫的萨里（Surrey）郊区。美国也面临着城市墓地空间过度拥挤的问题，波士顿和伦敦几乎同时想出了相同的解决方案。1831年，奥本山公墓（Mount Auburn Cemetery）成立，成为美国第一座现代乡村公墓，也成了后来所有公墓的典范。从此，人们可以在美丽、自然的环境中瞻仰逝者。

新的公墓应运而生，毫无疑问它们在实际上解决了墓地空间拥挤的问题。它们把自己定位为"游乐场"，同时也是纪念逝者的地方，使自己对在世的访客产生最大的吸引力。这里有雕像、野餐场地、成荫的树木、修剪整齐的花坛，甚至可能有许多天鹅在装饰性的池塘里游来游去。然而，作为一个意想不到的或意料中的结果，它们也被用来分隔生者与死者的空间。无论你逝去的亲人在生前是搬去了一个遥远的城市，还是待在离家很近的地方，你在日常生活中都不太可能经过他们的安息之所。相反，你在拜访逝者墓地的时候需要做特别的安排，付出特别的努力，减少拜访的次数，偶尔拜访的时候举行一些仪式，而不需要每天都去。与此同时，人们更加了解感染和疾病的知识，病人越来越多地在医院里，而非在家中接受照料。公众开始关注公共卫生，受此影响，遗体被迅速地送往太平间和温度可控的殡仪馆，由受过培训的专业人士进行处理。这方面的法律逐渐设立，规定了你可以对遗体做什么和不可以做什么。

1917年，西格蒙德·弗洛伊德撰写了《哀悼与忧郁》一文，他在文章中提倡线性地、逐步地接受亲人的离世，并与逝者告别。从很多方面来看，他都是他生活的那个时代的产物。他在这个问题上的立场，尽管可能与自己的个人经验相去甚远，却表达了工业革命的一些价值观：社会的有效运作，总是以清晰的目光朝着更好、更健康和更富有成效的生活前进。生活是为活着的人准备的，而逝者则住在郊区或乡下，住在墓地的大门里面。我们可以把过去的200年看作是一个漫长的、渐进的生与死分离的过程，无论是从我们的生理空间上，还是从心理上来看，都是如此。但突然间，"蠕虫"出现了，它的出现并不是因为某人有意而为之。在过去的10年里，我们逐渐意识到，我们正处在一场为生者和死者举办的派对当中，这是一场连组织者都没有意识到自己在策划的惊喜派对。很难说清楚这场派对到底是从何时开始，但在2006年它肯定已经开始了。就在那时，我们开始将这项技术付诸实践，而且正经说来，这项技术让逝者能够在生者常去的地方和空间内逗留。

Ω

《时代》（TIME）杂志于1927年开始评选"年度人物"（Man of the Year），1999年改成了"年度风云人物"（Person of the Year）。从年度评选历史的各个方面来看，它都是以群体而非以个人为特色，例如，1956年的"年度人物"是匈牙利自由战士，1960年是美国科学家。2006年，《时代》杂志把这项荣誉授予了迄今为止规模最大的一个群体，此举让所有人都感到意外。封面图片是一台台式电脑的显示器和一个微微弯曲的键盘。图片是灰白配色，这个配色在当代会让我们联想起苹果的产品。标题宣布，2006年的年度风云人物是：

你。"是的，你。你掌控着信息时代。欢迎来到属于你的世界。"

人们不以为然，抱怨有影响力的人得不到应有的认可，而且很快就厌倦了那些把"《时代》杂志年度风云人物"写入Twitter（推特）个人简介的开玩笑的人。然而，事后看来，任何批评《时代》所做的这一选择的人似乎都是奇怪而短视的，在那个特殊的时间点，批评是一种肤浅的、巧妙的逃避。

网络设计师达西·迪努奇（Darcy DiNucci）在几年前创造了"Web 2.0"（网络2.0）这个词，但直到2006年，它的影响力才真正显现出来。Web 2.0不是某个平台或系统，它是一种分类，描述了一种具有特定可用性的技术。它指的是那些强调用户生成内容、易用性（即使像你外祖父母这样的非专业人士也很容易使用）、交互能力和协作能力的互联网平台。Web 2.0提供了一个公平的竞争环境。随着它的到来，你不需要成为一个彻头彻尾的技术人员，也不需要拥有计算机科学硕士学位，就能轻松地让自己的声音传遍世界。1999年，网络日志（如今被称为"博客"）的数量是23个，到了2006年，数量超过了5000万个。注意：1999年的数量不是2300万个，而是只有23个。正是在2006年，YouTube迎来了它的第一个生日，那一年，Facebook和Twitter诞生了，它们一出生就像小赛马一样向前飞奔。4年后，年度最具影响力的人物不会是你，也不会是我们中的任何一个人。2010年，《时代》杂志选中的年度风云人物是操纵着我们一切的关键人物之一：马克·扎克伯格。他是全球最具影响力、改变了游戏规则的社交网站的首席执行官。

有了这种新型的互联网，我们中间最没有技术头脑的人也可以捕捉到文字、图像，甚至我们在网上的生活。从前，即使是发达、富裕的社会，也存在着显而易见的"数字鸿沟"。我们中的一些人拥有资源、技能、硬件和软件，随时可以上网，而有些人则没有。然而，曾经的鸿沟如今已经缩小成了一道小小的裂缝。2016年，智能手机在美国的渗透率超过80%。难怪这些支配我们生活的力量假定了每个人都是相互关联的。这让人不禁同情起那些意志坚定的勒德分子，以及那些面临技术挑战的沟通困难者、企业经营者、银行业务员或者只关注时事者。

在这里，重要的不仅仅是你在网上做什么，还有你在网上是谁。关于这一点，我们有一个老掉牙的说法：某人可以"躲在"互联网后面。网络中的人会歪曲事实、乔装打扮，你无法真正相信任何人所说的话。另外，我们还有第二个说法，一个屡遭讽刺但越来越被人接受的观点：如果网页不可访问，如果互联网搜索结果是空的，你也不能真的信任它给出的结果。一个不存在的或者病态的网络可能和一个罪证确凿的网络一样大有问题。我们大多数人都感受过用数字及网络途径存储、共享和利用信息的吸引力。在数字时代，被看作一个名副其实的、有凭有据的、值得信赖的人似乎成了一种迫切期望。若一位白领没有最新的LinkedIn（领英）资料，一位水管工没有任何网络点评和资质证明书，一位音乐家在Twitter上没有任何追随者，一位时尚设计师未在Instagram上发布图文故事，或是一位作家的书在亚马逊上没有任何评论，那么这些人起码会被当成新手，往坏了说，会让人起疑。

所以，正如《时代》杂志所询问的那样，究竟是我们掌控着信息时代，还是信息时代掌控着我们？当你把数字信息的尾巴拖在身后时，维护它，你会得到公开的微小奖励；忽视它，则会受到惩罚。这不像是狗在摇尾巴一样吗？好吧，让我们来看看，如果用下面的尺度来衡量，你处于哪个位置。你可以用各种各样的方式对数字时代的公民进行分类，但让我们试着按照一个从拒绝者到狂热者的衡量尺度来分类，那么这些公民就可以被分为隐士、实用主义者、管理者、永远在线者和生活记录者。

隐士是真正选择退出的人，他们满足于待在自己的洞穴里，是一个越来越濒危的物种。如果你正在看这本书，那么你不太可能是隐士，但你可能认识一两个隐士，比如仍然需要通过实体邮件而非电子邮件接收关键信息的同事，又如只有固定电话并且用胶片相机拍照的外祖父母。他们可能会认为自己没有留下任何数字足迹，没有意识到其他信息提供者可能会在网络上暴露有关他们的信息。即便这只是些基本信息，如工作经历或曾经的住址，也有可能被上传到网上。他们的数字足迹就像是数字的小脚趾，很少包含个人的或情感方面的内容。

数字实用主义者的网络足迹往往更深刻、更明确，但或许同样不带个人色彩。数字实用主义者只是为了生活，才接触互联网和数字技术。他们一般不以任何个人方式参与或活跃于社交媒体。他们使用联网设备来完成一些基本任务，比如银行业务、信息检索、基本办公以及电子邮件沟通。他们可能有智能手机，也可能没有，即使有，他们也可能更喜欢用手机短信（SMS），而不是 WhatsApp 或 Facebook messenger 等专门的信息应用程序。尽管自 2011 年以来，这类平台导致短信的总体流行度下降，但在全球范围内，短信仍然是最流行的通信方式之一。对于那些没有联网设备的人来说，短信仍然是一种选择。然而，和我们绝大多数人一样，数字实用主义者很有可能用数字方式拍摄和存储他们的照片。近年来，数码相机的销量有所下降，但这只是因为高质量的拍照手机越来越多，而不是因为人们重新爱上了胶卷相机，重拾打印照片并把照片存进相册的兴趣。如果你是一位数字实用主义者，你可能低估了自己数字足迹的数量和可辨认程度。

　　管理者对这些事物的了解更深，所以他们的习惯可能会相对谨慎和保守。他们做着数字实用主义者所做的一切，但也使用 Web 2.0 技术，在社交媒体上和朋友、同事，有时甚至和陌生人分享口头和视觉材料，或许他们还通过博客或 Twitter 等渠道与广大公众分享。出于职业或个人原因，他们甚至可能使用 vlog（视频博客）或播客。与实用主义者相比，他们的数字印记更加个人化，制作也更加精细。他们的选择往往与对后果的担忧和更传统的隐私观念有关。他们可能是数字移民，对于他们来说，网络生活，也就是 Web 2.0 所带来的圆形监狱感[1]并不完全是自动产生的或自然而然的；他们也可能是数字原住民，或许被侵犯过隐私。语境的崩溃会让管理者感到紧张，而这种警惕会使他们考虑潜在的观众，并相应地对自己的网络表现进行管理，如同在舞台上表演一般。

　　如果你不确定语境崩溃的意思是什么，那么想象一下以下的情景：你准备在家里办一场鸡尾酒会，需要拟定宾客名单。在乡下和你一起长大的老朋友可能会讨厌你在城里的新朋友，反之亦然。你在健身房认识的朋友可能和读书小组的朋友合不来，你的伴侣可能会和你的老板或同事发生冲突。很快，你就会得出这样的结论：你在生活中把这些人分开是有原因的，把**每个人**都邀请过来是极不明智的。这不仅仅因为并非人人都能和睦相处，还因为一个问题：如果每个人都在场，你要怎么做才能兼顾所有人？

1　Panopticon，英国哲学家边沁提出的一种新的监视方式。监控者处于隐蔽处，可清楚地观测到囚徒的一举一动；囚徒处于公开处，无法看到监控者，会出于对不可知监控者的忌惮而自觉遵守纪律。——编者

以上情况均与你的隐私有关，而且不是你所想的那样。"隐私"与"秘密"不同，它不仅仅指与他人保持距离或远离他人的注视。在生活中，你不断地调整自己的隐私，根据所处的环境来衡量自己暴露或隐藏了多少，以及暴露或隐藏了什么。每当你遇到一种新情况时，你都会对它进行评估，并做出多个决定（有些决定是有意做出的，有些则不是）——决定要呈现多少你最私密、最内在的信息。这并不是说你在一种情况下是"你自己"，在另一种情况下就"不是你自己"。相反，在你所有的多面性中，你不断地在开放和封闭之间游移，寻找着理想的隐私水平和最佳的社会互动程度。总之，这是管理者的习惯做法，他们把这种策略从线下带到了线上。

但包括社交媒体在内的大部分网络世界都是一场语境崩溃的派对，没有鸡尾酒，可是包括了你能想象到的所有形形色色的角色，也就是所有人。一般来说，"永远在线者"很清楚这一点，这可能正是他们喜欢的方式。永远在线者很可能（虽然不能保证）是数字原住民，而通常数字原住民会用迥异的方式来处理和体验隐私。互联网创想中心（Imagining the Internet Center）的第5次"互联网未来"调查是这样描述"AO一代"[1]的："到2020年，预计'永远在线一代'的年轻人（从小一直和他人、和信息保持联系）将成为灵活的、行动迅速的多面手，依靠互联网作为其外部大脑，运用不同于长辈的方式来解决问题。"

永远在线者的朋友列表可能以生活中的圈外人居多，而非圈内人，而且经常会包括一些从未谋面者。他们可能觉得自己和网友（只在网上接触过的人）的关系如面对面的挚友一样亲密。永远在线

---

1 always-on generation：永远在线的一代。——译者

者意识到要小心翼翼地展示自己的网络形象，但他们往往会比管理者记录更多的生活细节，并在更多的平台上与更多人分享这些记录。他们可能认为自己的数字足迹是持久的，也可能不这么认为。那些身为数字原住民的永远在线者可能并没有想太多——年轻人往往对自己的死亡缺乏认识。

最后，还有生活记录者，他们有意地、尽可能多地记录自己的生活。文字版的生活日志配上反映每分每秒、每次互动的视频，搭载着多种时髦的可穿戴设备，一度成为新闻热点。据报道，2013年前后，生活记录"风靡一时。像 Narrative clip（故事剪辑）超迷你相机、Autographer（自动拍照相机）可穿戴相机，当然还有谷歌眼镜这样的设备都预示着，未来我们将记录下我们生活的每一刻，留给子孙后代，或与世界即时分享"。顺便说一句，这句话出自2016年英国广播公司（BBC）的一篇新闻报道，这篇报道讲述了上述迷你相机的制造商 Narrative（其前身为 Memoto）的消亡，同时也承认Autographer 最近也倒闭了。隐私和公众认可问题可能是这些企业最终失败的原因之一。许多人或许喜欢使用这些设备，当然，被记录下来的不仅仅是**他们的**生活，还有与之互动或遇到的其他人的生活。

生活记录者如此行事可能有许多动机，比如记忆力不好、自恋、偏执、艺术创作、学术研究，或希望给后代留下一份遗产。戴夫·埃格斯（Dave Eggers）在他的小说《圆圈》（*The Circle*）中讲述了生活记录和生活分享所具备的反乌托邦可能性。随后，Netflix（网飞）将这部小说改编成电影，由汤姆·汉克斯和艾玛·沃森主演，这部电影令人不安地让这些反乌托邦可能性变得可信。阅读小说《圆圈》或观看电影，你可能就会明白为什么生活记录还没有流行开来。

那么你属于其中的哪一类呢？如果你是管理者、永远在线者或生活记录者，请记住这一点：总有一天，你的肉体会消失并陷入沉默，被隔离在墓地的大门后，被封闭在一个装饰性的骨灰瓮中，或者飘向四方，但你或许仍拥有一个相对可见的、有声的、灵活的死后虚拟自我。你现在越多地参与网络世界，无论是自主选择，还是被强迫，甚至被胁迫参与，在你死后，数字足迹的潜在影响力就会越大。而且，正如你现在所看到的，你的数字足迹很像你实际的脚：结构非常复杂，有许多可以活动的部分。如果把它分解得足够细，研究得足够深入，你就会慢慢地成为一名数字足科医生。在你死后，对你的网络存在很重要的东西有：你的资产、你的自传、未经你授权的传记、你的档案，还有你的卷宗。

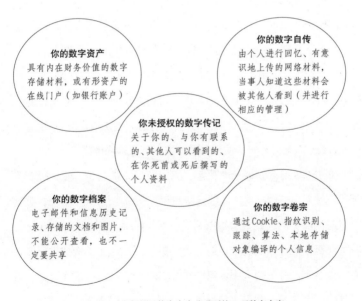

图 4　对人们的网络存在十分重要的 5 项数字内容

Ω

数字资产的概念还处于萌芽阶段，它是一个沉重的负担，几乎困扰着世界上所有的房地产规划师、遗嘱认证律师和遗嘱执行人，甚至那些竭尽全力跟上潮流的人。传统的法律与数字平台格格不入，就好像有条铁链连接着一个笨重的铁球，拖在它们身后。在英国，要检验一件东西是不是可以在遗嘱中执行的资产，通常有双重标准：首先，它是不是有形的？其次，它有价值吗？大多数数字移民能够想到的资产或遗产大抵符合这两项标准。工党女贵族、资深播音员兼记者琼·贝克韦尔（Joan Bakewell）也不例外，我在主持的一个广播节目中见过她。"我需要说服你们，"她对聚集在英国广播公司大厦的专门小组说道，随即援引了资产有形性测试，"数字资产会是一个多大的问题？我是老一代人，我认为资产是家具、书籍和照片，是所有你能**处理**的东西。但数字资产储存在网络空间里。"过了一会儿，她又提高了要求，进行了第二次测试。她在Facebook，甚至Twitter上建有账号，但她并不认为自己在这两个平台上发布的内容本身具有价值。"在我看来，它们会消失，"她说道，"只有我这一代的人会这样想吗？……我只知道'资产'意味着**价值**。"

我知道她有多怀疑这个概念，因为节目制作人告诉我，琼女士一开始就不相信数字遗产的话题居然可以持续45分钟。然而，英国数字遗产协会的创始人詹姆斯·诺里斯（James Norris）在短短45分钟里甚至不能说清楚这个话题。为了做到简洁明了，他把自己所认为的数字资产分为两大类：第一类是具有货币价值的数字产品。对于其中一些产品，我们可能拥有用户许可，而不是直接拥有它——我们通过第三方平台购买的电子书、音乐和电影的"所有权"可能会过期。而对于另一些产品，即我们的原创著作、音乐作品、艺术图像或摄影作品，我们可以更确定地拥有以数字形式储存或出版的知识产权，这些知识产权须遵循相关的继承法。换句话说，除非遗嘱中另有规定，否则这些数字遗产的控制权属于你的近亲。这听起来很简单，是吗？

然而，如果你更深入地研究这些宽泛的类别，你很快就会发现自己迷失在了迷宫中。更复杂的是，詹姆斯提到的第二类数字资产包括"情感的、个人的"资料。你可能会认为它们有价值且有形，但这些资料在法律上不会被认为是资产。而且，分类只是其中的一个问题，另一个问题在于它的规模。为了让你有个概念，你可以上网搜索一串关键词，比如"数字遗产/数字资产"。请注意，当你这样做时，你的搜索可能会被跟踪，你很快就会开始看到房地产广告（稍后将详细探讨）。让我们来看看搜索结果中可能出现的工具之一："数字资产盘点工作表"。

这张特别的工作表一开始很简单。第一类是"电子设备"（例如智能手机、平板电脑、笔记本电脑、台式电脑、外置硬盘）。表格中有几行用来列出设备的名称、用户和密码。当我对自己家里的设备以及我如何管理它们进行脑内盘点时，我很快意识到，自己不仅需要将行数翻倍，还需要准备橡皮擦，以修改不断变化的密码。你可能会问：为什么是橡皮擦？因为如果它是一个数字文档，而且以数字形式存储，我的亲人就需要先输入密码才能阅读这个文档。由此，文档的类别迅速增加，不仅指技术**资产**，也指具有财务价值的东西，有些只是管理这些资产的数字门户。有些属于自传体数据——语音数据、视觉数据，以及他人可以通过社交媒体或其他在线方式获得的音频或视频资料。有些指的是你的数字档案——那些并非有意记录的、你从未打算与他人分享的资料，比如电子邮件和历史消息，或者你储存在设备上的文件和照片。有些东西不需要**传承**下去，只需要**关闭**，比如在线订阅的《华盛顿邮报》。

我敢打赌，数字资产盘点工作表上的一些数字资产对你来说是显而易见的，而另一些则是你从未想到的，可能会在你离世后给某人带来很大的麻烦：受益账户，如航空公司或其他旅行里程，酒店奖励计划，或不同零售商的忠诚度计划；你所有的电子邮件账户，新的、旧的，工作的、私人的；你的许多金融账户，不仅仅是你的银行账户，还有信用卡、共同基金、退休和社保账户、员工福利账户、PayPal（贝宝），与亚马逊、沃尔玛、乐购、易趣等各类商家建立的在线账户；慈善机构和组织的成员资格；Spotify（声田）、iTunes（苹果播放器）、Snapfish（喀嚓鱼）、Instagram、Flickr（雅虎网络相册）上的摄影和音乐账户；订阅的报纸、杂志、博客；你所有的社交媒体账户，如Facebook、Twitter、Pinterest（缤趣）、LinkedIn；YouTube和Vimeo上的视频账户；具有现金价值的虚拟货币账户，比如比特币；"第二人生"（Second Life）和"魔兽世界"这类虚拟世界中的具有价值的资料。那些存储在Dropbox（多宝箱）、谷歌云端硬盘、iCloud（苹果云端）和其他云存储网站上的文档不是也该算上吗？还有，不要忘了你自己的网站和域名。

我发现上面的列表缺少了一些东西——应用程序的密码，包括WhatsApp这类非常流行的信息应用程序的密码。一想到要输入密码，我就有点畏缩，而且意识到了其中存在的各种假设。这张表格假设，你很高兴你的近亲或遗嘱执行人能够访问你**所有的**电子邮件、**所有的**聊天记录以及**所有的**个人文件。它假定你对于别人能够在网上假扮你感到满意（至少暂时满意），即使纯粹出于实际的原因。它假定你可以完全相信，在你去世后，只有适合的人能够在适当的时间获得这些资料。它假定，像Yahoo!（雅虎）、Facebook或iTunes这些网络平台得到用户已经去世的风声之前，受信任的人能够登录逝者的账户，直到这些平台的条款和条件迫使它们开始阻止他人登录，并最终删除账户。它假定你不经常更改密码，或者，如果你经常更改密码，你也具备足够的责任心和组织能力，能够持续更新这张表格。

从数据上来看，我们处在一个极不可能实现的领域。据许多人估计，只有不到一半的成年人立了遗嘱。在你的想象中，有多少人已经对自己数字遗产的管理和处置做好了安排？但有一件事你可以放心地假设，在我们生活的这个瞬息万变的世界里，上面列出的一系列可能出现问题的假设，就像之前列出的数字资产一样，并不全面。

亚当和我们绝大多数人有一些共同之处，他从未填写过自己的数字资产清单或密码清单。有一天，亚当突发脑溢血，从楼梯上摔了下来，这一系列事件后来使他丧了命。由于门未上锁，当时的情况并不明晰，警方认为这是一个潜在的犯罪现场，于是他们控制了他的手机。他的女儿金刚到度假的地方，就接到朋友马丁的电话。马丁从未见过金的父亲，但通过社交媒体上复杂的信息传递，他发现好像出了什么事。"我不太喜欢Facebook，我不认为它能给人们带来帮助，"金说道，"但实际上这是我们发现出了事的唯一渠道。"多亏了Facebook的共同好友功能，金能赶在父亲去世前回到他的身边。

金接受了遗嘱认证，并承担了管理亚当遗产的责任，一开始，事情似乎一目了然。所有传统的遗产都很容易处理，比如税收、银行、天然气和电力账户。然后，她开始处理数字遗产。数字遗产协会的詹姆斯·诺里斯说，他听说过好几个关于人们和停尸房合作，希望用亲人指纹验证手机的奇闻。我与巴斯大学（University of Bath）死亡和社会中心（Centre for Death and Society）的约翰·特罗耶博士探讨了这个话题，他认为这不太可能成功。具备指纹触控技术的手机使用的是电容触控解锁，这依赖于活人皮肤产生的电荷。不过，这个案例中不存在无法访问的问题，因为亚当的手机甚至没有设置密码。"我可以登录他所有的账户，"金说道，"我坐在那里，拿着他的手机，我登录了他的苹果账户、亚马逊账户，以及其他所有账户。我可以登录这些账户的原因是，我可以访问Gmail（谷歌邮箱），可以在这个平台上重置所有的密码。"然后，事情变得更加复杂了。亚当曾经是一位书商，他只在易趣、亚马逊以及少数几个专门的图书网站上进行在线交易。

金表示："他去世后，还有人下订单。我们找到了那些书，完成了订单，因为这是我们该做的事情，而且这比取消订单要容易得多。"但是，金不想继续经营亚当的生意了，她想关闭售书业务。于是她把未出售的书下架了，留下了一个空荡荡的店铺。如果她没有这么做，那么还会有订单进来，而且可能最终无法完成订单，最后导致顾客写下差评。"如果有人写了一些不公正的评价，而这些内容又不在他的控制之下，那么这些评价就会在一定程度上损害人们对他的回忆。"金说道。所以，她很高兴自己在Gmail上的"黑客行为"使她能够登录并清空亚当的在线库存。但是，那还不够。"我想关掉他的书店。不知为何，我只是想这么做。这样做有道理吗？毕竟书店没有必要继续开下去了。"为了关闭书店，她需要和相关的平台联系。她这么做了。一次，又一次，再一次。

"我打电话过去，他们会告诉我一件事。我再打一次电话，他们会告诉我另一件事……这花了我好几周的时间。我登录LinkedIn，把账户关闭，但是它没有关闭，他们依然给我父亲发送提醒。我打电话过去，他们说，噢，它已经关闭了。但是，它并没有关闭。亚马逊和易趣也是一样。如果我不了解所有这些细节，无法读取电子邮件，他们甚至不可能和我取得联系，我甚至无法使用卖家服务热线。除非你是卖家本人，否则你无法使用卖家服务热线。真正消除人们的数字足迹似乎很难。"金找到了自己的手机，操作了一会儿。然后，她把手机屏幕给我看，向我展示了亚当的空书店。"看到了吗？"她说道，"书店还在那里。"

"等等，"我说道，"你试着关闭书店已经有多久了？他是什么时候去世的？"

"一年半以前。"她回答道。

Ω

和亚当的在线业务以及其他数字资产不同，你的数字自传可能不具有任何金钱价值，但说不定也有例外；或许你的财产代理人会把你博客上的文章整理成一本超级畅销书。不过，一般来说，你可以把你的电子自传想象成任何你有意在网上"发布"给读者的、关于你和你生活的东西。如今，大多数社交媒体和在线出版论坛都能容纳多种类型的帖子：文字的和视觉的；文本、音频和视频；原始资料或他人资料的链接。无论你在发布内容时是不是空闲的，是不是有选择性的，无论你是像一位管理者，还是像一个生活记录者或特别活跃的永远在线者那样持续更新，你基本上都可以创造性地塑造和编辑你的数字自传，它代表着你希望呈现给世人的样子。通过与他人共同构建的对话和"点赞"互动，它也向你展示了我们所有人在生活中的样子，这种形象根植于我们的人际关系中。传统的讣告和悼词是由别人写的，可以很容易地把你描绘得更好、更糟或不同于你本来的样子，而你却无力改变什么，但一个人去世后在网上留下的自画像，让他人很难掌控你将如何被人们记住。已经去世的人在网络上持续控制着自己的形象，而这种形象可能确实是生动而丰富的，尽管在金钱价值上微不足道，但对许多人来说却是无价之宝，尤其是当几乎没有人再打印照片或把文字写在纸上的时候。

2014年，尼克·加扎德失去了他的女儿霍莉，霍莉的经历很悲惨，本书晚些时候会对此进行介绍。尼克告诉我，他的女儿在Facebook上有大约700个朋友，"在那个年代，那是很多朋友了"。霍莉去世的时候，尼克本人还是个社交媒体新手，几乎从未看过她的资料。但是，在她去世以后，尼克探索了女儿的社交网络账号，并被他的发现深深打动。"这些是她的遗产，"尼克说道，"如果我想更了解霍莉，我会去看她在Facebook上的个人页面。之前我不知道，因为我不用Facebook。但是，一切发生之后，我注册了一个账号，浏览了霍莉的个人页面……一切都在那里。那是她的人生。就像是她在告诉我，她在做这些事情。有我根本不知道她做过的事情，有她对人们所说的话，她做的一些有趣的事……这让我对霍莉有了不同的看法。我能看到……快乐，霍莉的快乐。"

Facebook这类社交网站的个人页面依然具有自传功能。早在2007年，它就允许人们以各种方式对个人资料进行纪念，并承诺将保留这些资料，作为悼念和纪念的场所。虽然Facebook曾经只关注近期发生的事情，但在2011年，它拓宽了视野，推出了新的时间轴设计，明确地将自己定位为一个自传体工具，一个讲述和存储从出生开始的整个人生故事的地方。几年后，也就是2015年，它推出了一项功能，允许人们指定某人在自己去世后管理自己的个人资料页面，而为该功能所起的名字同样意义重大：遗产联系人（Legacy Contact）。

对我们中的许多或大多数人来说，使用社交媒体意味着生活，而不是预测死亡和考虑遗产。然而，对于那些意识到遗产的人来说，除非你不断跟上时代的发展，并相应地规划你的数字财产，否则你可能会发现，你对数字自传的寿命和完整性做出了一些错误的假设。如果你Facebook上的个人资料包含了你的全部历史，以及你从16岁开始拍摄的每一张重要照片，并且你百分百地确定你的Facebook个人资料将永远完整无缺、无穷无尽，让你的朋友、亲戚和后代记住你，那么本书其余部分的一些故事可能会让你觉得需要赶快检查网站的条款和条件，特别是自己的账户设置。

Ω

虽然"能完全控制自己的个人信息和公众形象"这一错觉让人心旷神怡，但你选择并上传的个人简历可能并不是互联网上流传的有关你的唯一信息。最近你"百度"过自己吗？也许你应该这样做，因为你可能会从各种各样的来源中发现关于你的信息。除非你是个名人，作家们都在竞相发表关于你生活的权威故事，否则你在搜索结果中看到的未经授权的传记将是零散的**拼凑**，而不是连贯的叙述。我猜，你会认为其中有些内容是没有问题的，但可能会对其他部分感到担忧。你很可能会发现一些信息是不准确的，或由于断章取义而具有欺骗性，或完全准确但不是你想要发表的东西，抑或只是出乎你的意料。你可能会感到惊讶，因为你忘记了一些东西，或者因为你从一开始就没有意识到这项信息会被捕获。也许有些信息表面上是关于你的，但实际上是关于别人的。你甚至可能发现你已经死了，你已经去世4年了——这正是发生在蕾切尔·艾布拉姆斯身上的事。

不管最初的错误是由算法还是人类（或者由两者共同）造成的，这个错误都激起了外部的涟漪。需要证明自己还活着这件事让蕾切尔相当烦恼。她在2017年12月的《纽约时报》上描述了自己努力地让谷歌相信，有关她死亡的报道实际上是错误的（正如马克·吐温的名言所说）。"很多人试图从互联网上删除关于自己的负面信息或不准确的信息，"她写道，"有很多公司会为你做这件事。但通常情况下，错误信息会出现在谷歌以外的网站上，谷歌并不认为这是自己的问题。"

未经授权的传记中的另一部分是人们在你死后所写的关于你的材料，这也是你的数字遗产的一部分。人们可能会在社交网站上分享他们对你的美好回忆。他们可能会在互联网中运营时间最长的在线纪念网站"全球公墓"（World Wide Cemetery）上写一些可爱的讣告，或者在殡仪馆的在线留言区写下他们的回忆。他们可能会创建并上传一个纪念视频到YouTube或Vimeo等网站，或创建一个网站来纪念你的一生。这些都很美好，但不幸的是，有时情况也很糟糕，稍后你会读到。

Ω

"数字档案"一词可以指各种各样的收藏品，但就本书的目的和分类而言，数字档案不同于在线向读者发布的自传和传记信息。数字档案是幕后资料：我们的电子邮件、短信、应用程序聊天记录，以及我们存储在个人设备或有密码保护的云服务器上的文档和图像。虽然我们可能与他人分享这些资料（当然，尤其是与我们交谈的人），但它们是私人数据，而不是公共数据。它们有时平淡无奇、井井有条，有时缺乏人情味，有时又极为发人深省，无论它们的本质如何，人们可能从未打算更广泛地传播这些资料，如果广泛传播，它们可能会与个人偏爱的公众形象发生戏剧性的冲突。不论你是一个开放的人，还是一个宁愿割掉手指也不愿让另一半接触你的密码和密码文件的人，一旦你想到你档案里的所有东西在你去世后都会被你的近亲看到，那么我猜，你们大多数人都会有点犹豫。但这种情况不可能发生，对吗？

　　大约在新千年开始的某个时候，一位来自密歇根州，名叫贾斯汀·埃尔斯沃思的少年在雅虎开设了一个电子邮件账户。在注册账户时，他会经历一个我们大多数人都非常熟悉的例行程序：必须在一两个框内打钩，表示他接受了服务条款。我们中3/4的人都会承认，我们根本不阅读条款和条件，但如果贾斯汀碰巧属于认真谨慎的那1/4，他就会读到这个账户是不可转让的。在他去世后，他的雅虎账号和电子邮件的内容不会被移交给任何人，一旦雅虎确定他已经去世了，就会删除这个账户。或许他不担心这一点，他年轻健康，年轻健康的人往往相信他们会永远活着。不过，无论如何，这一条款具有法律约束力，措辞明确，贾斯汀完全有理由相信，如果他去世了，雅虎会说到做到。但实际情况并非如此。

　　贾斯汀·埃尔斯沃思没有活很久。他成了一名海军陆战队队员，并前往伊拉克作战。2004年，他在费卢杰（Fallujah）的一次路边炸弹袭击中丧生。除了他为国家做出的贡献和牺牲之外，他现在之所以被人们记住是因为一起法庭案件，这起案件成了数字时代对尸检隐私的首次重大考验。贾斯汀未婚，没有子女，没有遗嘱，其财产的个人代表是他的父亲约翰。贾斯汀从来没有告诉过父亲他的雅虎账号密码，但约翰坚持说他需要访问这个账户，原因尚不清楚。媒体报道说这是出于感情，约翰要制作一本关于他儿子在伊拉克生活的剪贴簿，但在其他场合，约翰说，重要的财务信息存储在这个账户里，管理和处置贾斯汀的财产需要用到这些信息。雅虎反驳说，既然贾斯汀已经签署了他们的服务条款，如果约翰·埃尔斯沃思想访问贾斯汀的账户，他就必须把他们告上法庭。于是，约翰这样做了。

账户不可转让和登录细节受保护在某种程度上是为了防止冒名顶替。服务提供商通常与个人签约，一群人通常不能共享单个电子邮件账户的权利。此外，还有美联邦《电子通信隐私法案》（Electronic Communications Privacy Act）提出的小问题，该法案支持了雅虎条款里不可转让、"死后即毁"的规定。因此，法院最初并没有允许约翰·埃尔斯沃思访问他儿子的账户，这并不令人感到意外。

考虑到这一切，接下来发生的事情相当令人吃惊。这家人提出上诉，而法院做出了让步。法官们仍然拒绝约翰直接访问账户，但在考虑到贾斯汀隐私的前提下，他们判决雅虎提供一些与之相当的东西。他们命令雅虎公司将贾斯汀受密码保护的账户内容，包括照片、文件和电子邮件，下载到一个可以访问的格式中，并将这些内容发送给他的父亲。不久之后，约翰收到了三个大箱子和一张CD，里面有大约10000页的资料。当然，这些数据中有很多并不适合用来制作贾斯汀在伊拉克生活的剪贴簿，也与他的财产状况无关。事实上，很多电子邮件都是写给或来自约翰·埃尔斯沃思从未听说过的人，但他现在可以自由阅读他们与儿子的通信。就像我们在网上可以看到的内容一样，我们的电子邮件账户的内容也是有来龙去脉的。

　　法官对埃尔斯沃思一案的判决仍有争议，我们不太可能确切地知道说服法官命令雅虎公司把邮件交给贾斯汀父亲的关键论点是什么。遗嘱、信托和遗产方面的专家，来自亚特兰大的前法学教授丽贝卡·卡明斯（Rebecca Cummings）对埃尔斯沃思一案的反应非常强烈。她撰写了一篇论文，其中写道，这个案子本不应该是这种结果。她论述说，虽然有很多理由能够证明贾斯汀的父亲可以访问，但没有一个理由"足以令人信服地推翻（贾斯汀）在遗嘱认证问题上的意图，也没有理由允许个人代表默认访问……有密码保护的电子邮件"。你怎么看？你是否愿意填写一张包含密码的表格，授权你的遗嘱执行人、近亲或任何其他人完全自由地访问你的所有数字档案？

$$\Omega$$

　　到目前为止，我已经或多或少地探讨了我们所知道的数字足迹，即使我们没有意识到要将它当作我们数字遗产的一部分。剩下的类别，数字卷宗，则完全是另一回事。尽管我们越来越关注在线监视技术，但我们可能并不知道，在上网时，自己被无声地监视和跟踪的程度有多深。我们在数字世界中留下的数字碎片，就像我们在生活中留下的无形皮肤细胞一样，不可避免地、无意识地脱落。如果你认为Cookie、算法、指纹识别和跟踪技术不能真正准确地描述你是谁，那你显然还没经历过我所遇到的事。

　　有一天，我发觉自己十分需要一双新靴子。我设想的是某种百搭的皮靴，黑色，大概齐膝高。尽管我没有向任何人提起过这一点，也没有在网络上进行过任何搜索，但突然间，我就被广告轰炸了，广告的内容正是我一直想要的那种齐膝长靴。我在Facebook上描述这件事情时抱怨说这太过分了。不出所料，这篇文章带来了更多的靴子广告。也许因为我长期使用搜索引擎谷歌，所以我的需求非常容易预测。《生命黑客》（*Lifehacker*）[1]上的一篇文章说："搜索巨头非常擅长追踪你的搜索痕迹，并利用算法预测你的需求。"正是如此。

而且，监视你的不仅仅是谷歌。每次你在Facebook上点赞，在某个地方签到，或者点击社交媒体上的推荐链接去购物，你都在向诸多第三方提供有关自身的重要信息。如果某些设置被启用，或者默认设置未被禁用，你的智能手机或智能手表就会在你不知情的情况下，记录甚至传播各种形式的个人数据。即使你不签到，你手机上的许多应用程序也可以用你的照片来识别你的位置。几年前，英国科技记者杰夫·怀特（Geoff White）和安全研究员格伦·威尔金森（Glenn Wilkinson）通过一个名为《手机的秘密生活》（*The Secret Life of Your Mobile Phone*）的互动舞台节目向英国各地的观众证明了这一点。如果你在网上观看他们的视频，就可以看到一个倒霉志愿者的面部表情，杰夫和格伦甚至不用碰她的手机就能告诉她，她最近去了阿姆斯特丹的哪家咖啡馆。

也许你认为这类信息对任何尾随数字足迹而来的人而言都没什么意义，但是，让我们思考一件为了你的方便和更有效的浏览体验而经常被追踪的东西——你的搜索历史，即你在网上寻找信息时输入的几个关键词。它们真能证明这种追踪有多么个人化吗？2006年，美国在线公司（AOL）将65万多名用户的未经编辑的搜索数据

---

1 美国著名的生活、软件类博客，以提高个人效率的技术类文章为主。——译者

向公众公开，而不是只开放给他们的学术研究人员。虽然你搜索的一小部分内容在一段时间内可能并没有什么启发性，但是一系列的搜索能够揭示大脑内部的工作、内心的挣扎、灵魂的暗夜。这些都是无意识的、揭露深层心理的自传，由那些没有意识到自己正在创作的人所撰写。

你再也找不到比《我爱阿拉斯加》（ *I Love Alaska* ）更能说明这一论断的资料了。这部2009年上映的纪录片由艺术家莱纳特·恩格尔贝特（Lernert Engelberts）和桑德·普拉格（Sander Plug）合作完成。《我爱阿拉斯加》仅仅由一个用户的搜索数据组成，这些数据来自美国在线信息泄露事件，背景是仿佛与世隔绝的北方。一位女性用美国南部口音讲述了搜索者#711391在3个月里的搜索结果，在这一过程中呈现了一部令人心碎的有声小说。这部电影的宣传片被剪接成了13个小短片，描述了"一个矛盾的家庭主妇的渴望，她梦想着逃离得克萨斯州的炎热生活，逃离肥胖、性挫折和皮肤问题，去到阿拉斯加"。

虽然她从未被指名道姓，但我们知道她是一位中年、已婚、做过手术的休斯敦更年期妇女，体重问题和性问题正困扰着她。搜索者#711391在使用搜索引擎时，并非只是使用一串无聊的单词，与之相反，其搜索风格和措辞将她的浏览历史推入了史诗般的领域，她搜索的顺序和内容一样生动。2006年4月21日星期五的搜索内容有："背痛"……"如何在第一次与网友见面时给对方留下好印象"……"乳房高潮"。2006年4月22日星期六的搜索内容有："花花公子是什么？"……"你能在手机上使用预付费电话卡吗？"2006年4月23日星期日的搜索内容有："如何摆脱相亲时的紧张情绪？"……"你怎么分辨网上的人是否在撒谎？"2006年4月24日星期一的搜索内容有："心脏病发作的症状"……"胸腔积气"……"永远不要承认有婚外恋"。想象一下，如果不是两位电影制作人，而是搜索者#711391的丈夫在她死后仔细研究她的搜索历史，他可能会意识到哪些他以前不知道的事情？

尽管如此，即使是更简洁、更通用的搜索风格，仍然能透露个人信息。搜索者#4417749的搜索历史表现出的情感痛苦和病痛较少，风格也不那么冗长，比如"佐治亚州利尔本的庭院设计师"和"手指麻木"，但这并没有阻碍《纽约时报》迅速确认她是62岁的寡妇特尔玛·阿诺德。阿诺德女士对向她展示搜索历史的时报记者说："我的天哪，这是我的整个私人生活。我不知道有人在我背后偷看。"

数字卷宗是数字遗产的组成部分，很少有人会提前想到这一点。这些数字痕迹超越了更显而易见、更引人注目的Facebook个人资料、博客和以数字形式存储的照片。公司从未打算向他人展示这些资料，但它们可能更能揭示出所谓的社会面具背后的人。韦雷德·沙维特失去了她的哥哥。她在查看他的笔记本电脑时，看到了他整理桌面的方式，看到了他给文件起的名字，她感到很激动。这是一扇窗户，透过这扇窗她了解了哥哥如何推理、思考，如何决定事情的优先顺序，她得以进入哥哥的认知世界。当凯特·布兰嫩失去母亲后，每当她想再次体会母亲在身边的感觉时，她就会回到母亲的电脑前。这些无意中产生的自传资料碎片再次成为笔记本电脑上最令人感动的东西之一。凯特写道："她在电脑上的活动反映了她的内心生活、她的兴趣、她的希望和她对未来的计划，甚至那些永远不会实现的计划的痕迹。母亲的Safari浏览器里的书签就像指南针一样指引着我进入她的心灵。"

Ω

所以，除非你是几近灭绝的数字隐士之一，否则你一定会留下数字足迹。除非你付出相当大的努力去消除它，否则总有一天，无论好坏，这些足迹都会成为你的数字遗产。你每天登录电子邮件，每次使用智能手机，每次在网上闲逛，每次在社交媒体上发布状态，都是在书写你的自传。你在为你未来的陵墓添砖加瓦。你并不是在某个独立的数字墓地里建造它，而是将它建于繁华大都市的中心，也就是 Web 2.0 的互联网上。逝者已经从郊区的游乐场回来，再次融入社区。他们无处不在，他们的图像映在你的屏幕上，他们的声音回荡在你的耳朵里，他们随时随地栖于我们的手掌中。这改变了数字时代的哀悼和悲伤吗？我有两个答案：第一个答案是不，一点也没有；第二个答案是肯定的，你最好相信它的确改变了。

第二章
在线的悲伤

如果你从英国机场乘飞机去爱尔兰，你会发现飞机在刚到达巡航高度的那一刻就开始降落了。到达目的地后，你几乎不会感到有什么新奇之处。无论是在建筑、地形还是在气象上，爱尔兰给人的感觉都很像英国。肉眼难以看到的是文化差异，当语言相同时，人们很容易低估其中根本性的观念变化。不过，不到两个小时的旅行就能让你进入一种完全不同的悲伤文化。

　　我第一次横渡爱尔兰海，是打算在社交媒体上为都柏林的一些组织做关于哀悼的演讲。那是2014年，也就是我与前文中的格拉斯哥通灵者相遇的几年后，网上哀悼已成为一个广为人知的现象。因此，当这件事引起了媒体的广泛关注时，我有点吃惊。当接待我的人开车送我去爱尔兰心理学会演讲时，我向她诉说了我的惊讶。她说："我觉得网上哀悼在这里还很新鲜。嗯，我想着，也许我们只是落后了一点？我不确定为什么会这样。"那个周末，我用一张幻灯片展示了一幅图表，描绘了Facebook在不同国家的使用情况，爱尔兰和英国之间当然没有太大的区别。

　　但话说回来，无论我走到哪里，特别是当我与数字移民听众交谈时，我仍然会遇到有人在某种程度上担心上网哀悼这件事。广播和电视节目主持人以夸张、情绪化的方式表达他们的保留意见，并通过挑衅的方式来让观众保持关注："这难道不是有点**诡异**吗？我是说，在网上和死人聊天很**病态**，不是吗？"每个人都会问一些非黑即白的问题：在网上哀悼是好还是坏？是健康还是不健康？我们应不应该担心？

当我来到心理学会时，我完全预料到会听到一些同样的问题。通晓悲痛和哀悼的心理学家和其他从业者倾向于用更复杂的方式来表达他们的怀疑，比如，在哀悼时查看数字遗物是否会带来"复杂性哀伤"[1]。果然，这组心理学家提出了一些常见的问题，但也有其他一些问题反复出现。令我震惊的是，我从未在其他地方听到过如此程度的表达。我当时正在指出网上哀悼的一个特别的好处，那就是丧亲者可以在一天24个小时、一周7天中的任意时间加入哀悼者的群体。一位年轻女士（她自己肯定也是一位数字原住民）突然举起了手，准备表达一个非常明确的观点。"我看不出来这有什么用，"她说道，"这可不是什么好事。这些丧亲者应该和家人在一起。"其他人点点头，也发表了类似的观点。是的，悲伤的人当然不应该停留在他们的设备上，在他们的房间里与逝者的数字遗物互动，在网上向去世的朋友说话，和其他哀悼者交谈。这是不恰当的，甚至可能是完全错误的。他们应该关掉笔记本电脑，放下手机，**和家人一起哀悼**。

我以为我听懂了他们说的话。我对这种态度很熟悉，尤其是心

1　复杂性哀伤：复杂性哀伤会让人感觉到像是被淹没在一种高密度的悲恸中。很可能你在很长一段时间内难以接受"失去这个人"或"此人已属别人"的事实，因为这份失去，打乱了你正常的生活轨道和其他人际关系圈。——译者

理学家和其他心理健康从业者，他们更喜欢面对面交流。我甚至针对英国心理学家对数字技术的态度做了一项研究，其中一个主要的发现是，无论他们的年龄多大，他们都认为在线互动是一种次等的联系方式，在某种程度上来说不是"真实的"，只是真实接触的替代品。掌握了这些最新收集的数据后，我对自己的回答很有信心，并鼓励人们反思自己在面对悲伤时对"正确"事情所持有的下意识信念。

"这里你做了几个假设，"我说道，"你假设家庭成员**能够**谈论死亡，然而此时他们自己可能也在与悲伤相抗争。你还假设他们愿意谈论这件事，人们通常认为儿童和年轻人应该受到保护，远离死亡。网络环境可能是唯一一个让人能够自在地表达悲伤或谈论死者的地方；而在家里，可能会有或明或暗的规则反对这种做法。"

换句话说，当我鼓励他们反思他们的假设时，我完全没有意识到自己的表达里带有多少个人观点。对话结束后，我爬回接待人的车里，竭力消除似曾相识的感觉。我告诉她，我可能误解了我的听众。我问她："你能给我讲讲爱尔兰人是如何面对死亡和悲伤的吗？"我来此之前没有研究过这个话题，因为我没有意识到这里的情况与英国或美国特别不一样。我不记得她具体说了些什么，但她所描述的确实和我所知道的完全不同。我曾把网上哀悼描述为一种解毒剂，可以消除伴随死亡而来的沉默、孤立的痛苦，但我的爱尔兰听众有点困惑。他们尝试理解，为什么需要治愈一种他们没有意识到的痛苦。

2017年，凯文·托利斯（Kevin Toolis）出版了一本名为《我父亲的守灵：爱尔兰人如何教会我们活着、爱以及死亡》（*My Father's Wake: How the Irish Teach Us to Live, Love and Die*）的书。他为伦敦的一

家报纸撰写了一篇有关这本书的文章，在文中写道："在盎格鲁－撒克逊人的世界里，死亡是一种低语。我们本能地觉得应该把灯光调暗，降低声音，关上荧幕。我们想给死去的人、垂死的人和悲伤的人留出空间。我们这样说是因为不想打扰别人。"托利斯为自家的父亲桑尼举行了传统的爱尔兰守夜仪式：尸体被放在家里照料，孩子们在摆放棺材的客厅里玩耍。人们从四面八方赶来，在死者自家的前厅里，在他的尸体旁边，与他的家人社交、闲聊、吃喝，并表达同情。像这样的守灵仪式曾经更为普遍，但托利斯指出，城市化、医疗化、工业化已使得西方大部分地区的守灵仪式日渐减少。无论出于什么原因，在爱尔兰的土地上，凯尔特的传统依然存在。正如托利斯所描述的那样，这是一种"古老的死亡分享形式"。

我的爱尔兰之行提醒我，要摆脱对悲伤的无意识假设是多么困难，这种假设可能是高度地方化的，特别是对英国的文化、宗教、社群或英国人自己的家庭而言。我们认为我们知道什么是"健康的"悲伤。对于什么是合适的遗产，什么是合适的送别，什么是可被人接受的对待丧亲者的方式，或者对于自己在面对死亡时应该如何表现，我们有自己的看法。我们有各自的经验，知道什么有用，什么没用。所以，在我们的个人织布机上已经织满了关于死亡的信念的单色经纱，而我们现在手中拿着的是一种新材料，多彩而杂乱的纬纱，也就是数字技术。我们假设后者是高度可变的，与很多背景因素有关。网络生活要么摧毁我们的社群，要么促进我们与他人的联系。持续的联系要么使隔离愈加深刻，要么防止隔离。社交媒体要么激励我们成为亲社会的人，要么把我们变成猖狂的自恋者。而数字遗物对满心悲伤的人来说要么是好事，要么不是。在**数字**文化中、在**数字**社区中，悲伤的本质是什么？我们应该遵循哪些规则？

2013年2月，澳大利亚媒体报道了一个故事，故事与少年阿利姆·哈尔基奇的数字遗产有关。2009年，阿利姆在短信和MySpace（聚友网）上受到网络欺凌，然后跳桥自杀。随之而来的审判是澳大利亚法院受理的第一起网络欺凌案件。在他去世后，他的父亲阿里常常打开儿子的衣橱，感受儿子衣服上残留的气味。但过了一段时间，气味消失了，用阿里的话来说，它变成了"灰尘"。但阿利姆的父母后来发现了一件不会消失的事情：他的Facebook账户依然处于登录状态。具有讽刺意味的是，对他的父母来说，这个数码产品成了他们最珍贵的东西之一，帮助他们与这个被网络欺凌逼到崩溃边缘的儿子建立了联系。"100万年过去了，我们都不会删除他在Facebook上的资料，不可能，"阿里在新闻故事中说道，"在他死后的第一年内，他每天都会收到朋友们的消息，后来收到信息的频率就慢了下来。当人们不再给他发消息时，我感到十分失望，因为我不希望他被人们遗忘。"

这篇文章的作者说，没有人能够质疑，对失去亲人或朋友的人而言，保留逝者的社交媒体账号是一件多么有价值的事，但他错了。就在这则新闻被报道的几个月后，BBC报道称，巴西一位悲伤的母亲因为Facebook给她女儿朱丽安娜·坎波斯创建了纪念页面而将其告上法庭。为阿里·哈尔基奇和迪娜·哈尔基奇带来快乐的事情对于朱丽安娜的母亲来说太难承受了。"这堵'哭墙'让我太痛苦了，"多洛雷丝·佩雷拉·科蒂尼奥说道，"在平安夜，她的200个朋友中有许多人贴出了他们和她一起拍的照片，回想他们的共同记忆。她很有魅力，很受欢迎。我哭了好几天。"Facebook先尝试了折中的办法，设置成只有好友可以访问纪念页面，但这对科蒂尼奥夫人来说还不够。阿利姆的父母最害怕的，恰恰是朱丽安娜的母亲最渴望的：

孩子的Facebook资料永远消失。

不出意料，研究表明，经常使用社交媒体的人会发现，社交媒体对缓解悲伤更有帮助；而那些不经常使用社交媒体的人更有可能对是否应该继续保留数字遗物感到不安和疑虑，这是一个"应对悖论"（coping paradox）。同样的数字产品，比如在一个人去世后依然存在的Facebook个人资料，对一个永远在线者来说，可能意味着难以估量的安慰，而对一个数字实用主义者来说，可能意味着难以承受的情感痛苦。你是如何体验数字遗物的，以及当你在悲痛时接触它们对你是否有帮助，将取决于你与数字技术的关系，以及你对特定丧亲之痛的体验。如果上一章让你思考了前者，那么本章将帮助你思考后者。不过，在我们谈到那里之前，需要事先说明一点，到目前为止，这一点并不出人意料：对于悲伤这件事，几乎没有什么是可以预测的，也没有什么是可以确定的。询问与数字遗物互动是"好"还是"坏"，不要指望得到肯定或否定的答案。

Ω

我们中的许多人担心，在面对亲友去世时，我们的感受或行为不合适，或者出于同样的原因，我们会担心其他人。让我们打开任意一个搜索引擎，输入"悲伤"这个词。如果你使用的是谷歌，注意"用户还搜索了……"一栏，因为透过这扇窗，我们可以了解关于悼念，人们普遍的先入之见。在热门搜索中你可以看到，人们认为丧亲后的悲伤是理所当然的，但他们无法回忆起具体的细节。在我搜索的那天，这张清单上的第一个问题是："亲人、朋友去世后，悲伤的七个阶段是什么？"紧接其后的是"悲伤有哪些阶段"和

"悲伤与失去的五个阶段是什么",查看搜索结果时,你不需要向下滚动太久,就可以多次看到对哀悼阶段理论的引用。

1969年,瑞士精神病学家伊丽莎白·库布勒－罗斯(Elisabeth Kübler-Ross)在其影响深远的《死亡与垂死》(On Death and Dying)一书中提出了一个观点:"悲伤的过程由一系列可预测的阶段组成,最终以接受事实告终。"自那以后,这个观点给无数失去亲人的人带来了安慰。库布勒－罗斯提出的五个阶段——否认、愤怒、讨价还价、抑郁和接受,实际上并不是基于丧亲者提出的。她观察到,临终之人自己会经历这几个阶段。然而,它们很快被用于描述在世者的悲痛过程。读者饥渴地抓住了她提出的几个阶段,仿佛他们已经等待了半个世纪,等着有人来解释该如何开展弗洛伊德于1917年在《哀悼与忧郁》一文中提到的"悲伤工作"。

如果人类从诞生之初就面对着失去和悲伤,那么为什么还要抱持着不确定的绝望,寻找着正确的行动方向?自20世纪中叶以来,正确对待悲伤似乎显得尤为重要。当时,精神病学家埃里克·林德曼(Erich Lindemann)接受了《哀悼与忧郁》一文中对悲伤进行的模糊解释,并将其翻译成一份现代精神病学的诊断。多亏了林德曼的努力以及随后稳步发展起来的人类医疗,才有了如今这般局面:如果不能在一段合适的时间内彻底切断与死者的联系,你就可能会被送进医生的办公室。你甚至可能带着抗抑郁的处方离开,被医生贴上"重度抑郁症"的标签。曾经,如果有人最近失去了亲人或朋友,他们就能免于接受抑郁症的诊断。然而,在2013年出版的第五版《精神疾病诊断与统计手册》(Diagnostic and Statistical Manual of Mental Disorders)中,重度抑郁症的诊断不再"排除丧亲之痛"了。

除了担心发疯,或者担心被当成疯子,你可以理解为什么我们会坚持循序渐进的悲伤阶段的概念。悲伤的阶段一个接一个地展开，直到你放手的那一刻；或者当你做了你该做的事，你就能投入工作，放下悲伤。人类与那些我们无法预测或控制的事情进行着激烈的斗争。当我们体验到压力和创伤时，不可预测性和不可控制性是两个主要特征，这并不是巧合。想象一下，一个失去亲人的人在凌晨2点浏览着智能手机，忍受着难以想象的情感痛苦。他们想知道自己还要忍受多久，想知道接下来会发生什么，想看看隧道尽头是否还有一线光明。从某种程度上来说，也许你曾经就是这样子。你甚至不需要敲出"悲伤"这个词，因为一旦你进入相应的"阶段"，自动完成程序会让你立即进入悲伤的状态。

对可预测性的幻想，以及由此带来的希望和控制感，有助于解释为什么库布勒－罗斯提出的五个阶段在互联网和互联网之外继续主导着人们的讨论，尽管它们一直被视为安慰人心的虚构，"几乎称得上是民间传说"。这些阶段令人难以置信，部分原因在于它们是按时间顺序发生的。在库布勒－罗斯的职业生涯后期，她声称她从未打算让这些模型以线性方式被解读，试图以此降低人们的预期。但是，大众的想象力被简明性所吸引。或许，一想到自己已经走到了尽头，却又要再次陷入那种痛苦之中，许多人会感到太沮丧，无法细想。在最黑暗的时刻，我们希望弗洛伊德向我们做出的保证是真的：悲伤应该结束，如果你做得对，它就会结束。

尽管这些关于西方人如何"体验"悲伤的经典故事很有说服力，但越来越多的人开始意识到，或许我们真的在死亡中迷失了方向。到20世纪90年代中期，支持这一观点的声音越来越多，这些观点被汇编到一本文集中，围绕着一个名为"持续联系"的概念展开。本书的第一章简要提过这个概念。持续联系理论是你能想象到的最不新鲜的东西，因为在历史上，甚至在史前，大多数文化都存在与死者的持续联系。只有在弗洛伊德的指导下，西方人才开始在岔路口转向正确的方向。对于有关悲伤的种种"奇怪想法"，持续联系理论做出了反驳，这个概念令人信服地认为，与死者继续保持联系并不令人担忧，它只是人性的一部分。那些认为必须向前看、必须断绝关系的西方人，正在了解许多来自其他文化的人自始至终都在坚持的一件事：亲近祖先是正常的、合适的，而且通常具有积极意义。

与保守的医学实证主义和悲伤的阶段模型理论形成鲜明对比的是，持续联系理论是自由而放任的，它们适当地变换形式，以适应每种文化、亚文化，每种家庭或个人的情况。我们可能会以对死者的记忆或关联感的形式，在没有被其他任何人看到的情况下，体验纯粹内在的持续联系。它们可能在我们的行为中发挥作用，无论我们的行为是私下进行的，还是高度公开仪式的一部分。在中国，与特定祖先保持持续联系可能没有什么商量余地，因为葬礼和追悼会是必要的，以确保去世的人满足且快乐，而不会沦为饥饿、愤怒的鬼魂。如果你来自一个更为倡导个人主义的文化，那么持续联系可能更为自然、个性化和自发，你可能只和那些在你看来联系最紧密的人保持持续联系。这可能指的是家庭成员，但也不一定，你可能与那些没有血缘关系的人也保持着紧密的联系，无论是朋友，还是你从未见过的人，比如你崇拜的名人或其他激励你的榜样。你可能将一个死去的人当成守护你的天使，或者一个触及你心灵深处的灵魂。

显然，在这里，文化背景很重要。社会学家托尼·沃尔特（Tony Walter）解释说，有些人拥有一种哀悼的"关怀文化"。在关怀文化中，人们相信死者仍然存在于某种精神领域，他们仍然需要我们以某种方式照顾他们。他将此与"记忆文化"进行了对比,"记忆文化"认为,我们必须接受逝者已逝的事实,在这种文化中,我们需要做的是记住并尊重逝者的遗产,并且认定他们会通过自己的后代延续生命。记忆文化通常不把死者看作是可持续活动的独立个体。东亚和南半球往往以关怀文化居多,西欧则更接近记忆文化。沃尔特说:"如果不使用记忆作为语言,我们就很难谈论欧洲的逝者。"

然而,无论你来自关怀文化还是记忆文化,这一切都是在持续联系的前提下进行的。如果你失去过一个亲近的人,你可能也经历过与他们之间某种形式的持续联系。你听到他们的声音,看到他们,感觉到他们的存在。在你的思想、梦想或生活中,你能感受到他们的指引或支持。你带着他们一同前行,不仅仅是他们的记忆,还有他们的价值观、他们的特质,甚至他们性格的各个方面。你可能会有意识地努力去做**他们**会做的事情,或者去他们会去的地方。在情感和心理上,他们仍然是你的一部分,他们仍然在你周围的系统中发挥作用。"生者在家庭和精神系统中通常扮演着很复杂的角色,"新版《持续联系》(*Continuing Bonds*)的编辑写道,"他们死后,角色会发生变化,但死者仍可能是家庭和社群的重要成员。"

这句话解释了为什么每一次丧亲之痛都是独一无二的。如果你有4个兄弟姐妹,你不会和他们每个人都拥有相同的"兄弟姐妹"关系。如果你在Facebook上有200个好友,你不会和他们每个人都拥有相同的联系。你和你的同胞之间的关系可能在主题和特征上相似,因为这些关系的共同点就是你,但是每一种关系都是不同的。因为每一种关系在生命中都是独特的,在死亡中也是独特的,所以每一次失去的经历也将是不同的,即使它可以被归入特定的类型或轨迹中。例如,研究悲伤的学者乔治·博南诺(George Bonanno)绘制了丧亲者的三种悲伤反应模式。那些拥有慢性悲伤反应的人会因失去亲人而不知所措，他们可能要挣扎好几年才能正常生活；那些逐渐复原的人受到了沉重的打击，但他们最终会设法重新振作起来，继续他们的生活；而适应力强的人"对失去亲人感到震惊，甚至受伤，但……会设法恢复平衡，继续前进"。然而，这并不意味着我们每个人天生就有一种特定的悲伤"风格"，因为根据失去亲人的情况，你可能会经历很快恢复、逐渐复原或慢性悲伤。

然而，这些轨迹有一个共同的特征——悲伤的强度会上下波动。悲伤有高峰也有低谷，悲伤与满足甚至欢乐交替出现。这些波动的发生不仅是正常的，而且是完全不可预测和不均匀的。一些悲伤理论试图为这种经历提供一个框架，例如，双重过程模型（the dual process model）描述了当我们全神贯注于逝者时，我们如何在迷失方向和恢复方向之间来回摇摆；而当我们专注于生活中逝者以外的方面时，我们就会恢复方向。但博南诺认为，即使是这样也过于死板，没有充分考虑到所发生的振荡的绝对数量。"当我们更仔细地观察随着时间推移丧亲者的情感经历时，会发现波动的程度相当惊人。"他说道。

所有这些概述都非常简单。尽管你个人可能会与库布勒-罗斯提出的五个阶段产生共鸣，但悲伤没有对错之分。无论过程是怎样的，变幻莫测的情绪波动，或是在失落和恢复之间摇摆不定，在沉沦于悲痛和继续前行之间摇摆不定的现象，都是正常的。以各种各样的形式，继续与逝者保持联系是正常的过程，就像几千年来人们一直做的那样。无论你是在积极地关心并与逝者互动，还是仅仅缅怀和尊敬逝者，都不失为一种纽带。每个人的需求和欲望都是不同的，这无可厚非。如何继续你们之间的联系，或是不再继续，应该由你自己，而不是由其他人决定。这就给我们带来了一个棘手的问题——数字时代让持续联系变得越来越容易，同时也越来越难。

$$\Omega$$

让我们先从简单的部分开始：数字环境能被完美地用于促进持续联系，但它究竟是一种支持**缅怀**逝者的文化媒介，还是一种**关怀**逝者的文化？在博客、智能手机和社交网络出现之前，几乎没有人在生活中建立起实质性的数字遗产，所以互联网几乎是专门用来支持持续联系的记忆类型。20世纪90年代，很少有普通人拥有鲜活的、实体的数字遗产。上网后，你不太可能找到关于重要之人的特别生动的描述。如果说20世纪90年代互联网上发生了什么有助于延续生者与逝者的联系的话，那就是人们去世后编辑的网上纪念页面。

当Web 2.0出现时，千兆字节和太字节的数据开始存储在个人设备和远程服务器上，互联网开始存储无数普通人的大量档案。技术上的"记忆"变得出人意料的容易，因为我们的现代技术可以毫不费力地保存数据，在默认情况下，无声地将数据上传到云端，并巧妙地对数据进行分类，以便于我们，或者知道位置并拥有访问权的其他人进行搜索和检索。我们不仅仅用数字领域来**纪念**死者，还开始用这些技术来**照顾**他们：保持接触，与他们建立联系。从本质上来讲，由于死者依靠科技继续留存下去，我们现在正见证着西方人对死者的观念转变。但现在先让我们回到最开始，回到它还只和记忆有关的时候。

一位名叫迈克·基比（Mike Kibbee）的年轻工程师构想了一个平台，这是纪念大量死者的最初的网络平台之一。那是在1995年，迈克很快也会死于霍奇金淋巴瘤。他勇敢而务实地面对即将到来的死亡。首先，他设计了自己的棺材，然后与一位朋友合作，创造了一种结合墓地、悼词和讣告的技术，并将它们全部编译成网络形式。他自己的纪念网页现在仍然存在，复制了刊登在多伦多《环球邮报》（*Globe and Mail*）上的讣告。讣告将基比提出的建立全球公墓的想法描述为"天才之举"，如果此举得以实现，远方的儿子就可以通过电脑"拜访"父母的坟墓。它还进一步描述了在线墓地如何复制了线下生活中的哀悼仪式，使游客可以在在线坟墓上留下一束数字鲜花、一首诗或一条吊唁信息。讣告中写道："互联网的奇妙互联性让人们很容易将在多年前、在不同国家去世的家庭成员的死亡（以及生活的精彩细节）联系起来。"

全球公墓自称是世界上最早的在线公墓和纪念网站。就像线下的墓地一样，这个"优雅、平和、宁静"的空间是一个单独的、专门用来纪念逝者的地方，游客可以参与所有熟悉的哀悼仪式，比如分享故事、回忆和照片，留下虚拟的鲜花，给逝者写信息。而且，和现实生活中一样，有些墓地欣欣向荣，有些却被废弃了。当全球公墓作为第一个在线公墓成立时，有相当多的媒体报道了这件事，当时人们的接受度良好。全球公墓上的大多数纪念活动都是为那些很少上网或不会因为其他事情上网的人准备的。

马克·萨纳接手了公墓的管理工作，因为公墓的前任管理者已经厌倦了这项工作。他告诉我，他之所以接手，是因为他无法忍受他的教子没有可供访问的数字遗产。"在他去世后大约一年的时间里，他就从互联网上消失了，"他对我说，"这让我很苦恼。我接手全球公墓的初衷是希望让我的教子和我的父亲拥有一个永久的网络存在。"它也许是永久的，也许不是——近期公墓就变得异常安静。

它拨出了一笔长达100年的基金，试图保护自己，让自己存在得更长久，然而到了2095年，参观它或许有点像是去一个不再有人埋葬在那儿的小教堂墓地。据我所知，2017年只创建了一个纪念碑。在撰写本书时，2018年已经过去了一个季度，这一年似乎根本不会出现新的纪念碑。当我和马克直接交谈时，他不愿意说出新纪念碑的数目。"数字很小。"他承认道。

其他数字墓地可能更成功，因为它们处在特定的背景下，满足当前的需求，甚至与国家的日程相符。例如，中国香港特别行政区政府开设了一个在线纪念网站，希望鼓励火葬和其他可持续的埋葬方式。只有当"至爱"被火化或埋葬在香港公墓、骨灰龛场，才可为其设立纪念网页。Legacy.com是一个与上述公墓类型迥异的在线纪念网站，它是搜索引擎和死亡新闻平台的华丽结合。这是一家营利性企业，允许人们访问来自美国、加拿大、澳大利亚、新西兰和欧洲各地1500多家报纸和3500多家殡仪馆的讣告。阅读讣告的时间通常是有限的，具体的时间根据他们与各家报纸达成的协议而定。它的特色是由专业讣告作者根据遗产内容撰写对名人的悼念，而不是由与死者关系密切的个人撰写。

虚拟世界"第二人生"中有各种纪念花园，其中一些专门用来纪念某种生命，或某种死亡方式。例如，其中有一块可以俯瞰大海的岩石露出地表，那里柳枝低垂，灯光闪烁，上面立着一块变性人仇恨犯罪和自杀的纪念碑（Transgender Hate Crime and Suicide Memorial）。在其他地方，你可以找到和平谷宠物公墓（Peace Valley Pet Cemetery），这里没有强行规定死去的宠物必须是碳基的生命形式："穿过墓地，看着居民们选择有趣而感人的方式来纪念他们失去的小爱宠，既真实，又虚幻。除了公墓，这座建筑还配有一个礼拜堂，可以为一位朋友举行最后的仪式。"如果你因为距离、日程安排或身体状况无法参加葬礼或表达你的敬意，你可以经常去殡仪馆的网站上签名。

所有这些在线设施都与线下设施有很多共同之处，此外，它们还做了互联网最擅长的事情——使分散在全球各地的人们能够共享和访问信息与记忆。哀悼者应该能够在不受任何限制或阻碍的情况下参加这些仪式，需要交费才能进入一个近期去世者的墓地是很罕见的情况。同样地，一些专门的在线纪念网站对任何能使用浏览器的人免费开放，例如，全球公墓承诺，永远不会收取任何费用，访问者不需要输入账户或密码就能访问纪念网页。然而，也有许多例外。

我以前的一位同事在Facebook上发现了她远方朋友的丈夫的死讯。遗孀悲痛欲绝，只在讣告上发布了一个链接，没有进一步发表评论。当我们坐在咖啡馆里谈论这件事的时候，我的同事拿起她的手机，找到她朋友发的帖子，她知道这是一个过期的链接。她说："现在情况显然会有所不同，因为那是4年前的事了。"无论如何，她还是点击了这个链接。令她惊讶的是，它确实链接到了殡仪馆的讣告和访客留名簿页面，上面写着逝者的名字，让我们称他为拉尔夫·巴克斯顿吧。该页面上写着："你可以为本纪念网站的发展做出贡献，并将拉尔夫·巴克斯顿的纪念页面保留下来。"为了提醒我们还有其他"纪念产品"可供选择，它列出了一个时间表，标明了在线纪念拉尔夫3个月、1年、2年、5年和10年的费用。纪念10年需要花费499加拿大元。我们目瞪口呆地坐了一会儿。页面上还写着："这本留言簿已经存档，无法再访问其内容。修复留言簿是让熟人和亲人表达同情、分享美好回忆的好方法。"该网站还呼吁，即使是家庭以外的人也可以考虑修复这本留言簿，把它作为一份"特殊的礼物"送给拉尔夫·巴克斯顿最亲密的人。在这种情况下，在一个相当令人沮丧的将死亡商业化的例子中，让在线纪念页面保持"活跃"是需要付出代价的。

这些不同种类的在线纪念页面有一个共同的关键特征：它们呈现的人物形象是传记性的，而不是自传性的，受作者的编辑和控制。死者并不是这一过程的参与者，他并不会质疑别人对他的评价。哀悼者可以自由地做他们一直在做的事情，包括抚平粗糙的棱角，随意地神圣化或诋毁，以及决定什么是最重要的，需要被记住的。最终，留下来的人协商并创建了一部经久不衰的传记，一份对死者相当真实的描述，个人或社群对此会感到足够满意，并将其延续下去，而死者自己不会有太多意见。然而，当一个人在自己的一生中创造了大量可见的数字遗产时，情况就完全不同了。

Ω

我平和地接受了自己的年纪，并且可以毫不羞愧地说，无论我对不断变化的时代有多适应，我都坚定地站在"数字移民"的行列。20世纪80年代初，我拥有了自己的第一台电脑，最初是一台德州仪器TI-99/4A，后来是一台Commodore 64（康懋达64），接着是一台Amiga（阿米加）。我从电脑中获得的最大规模的社交互动，就是请朋友们来玩Parsec游戏。当我上大学的时候，万维网还没有被发明出来，但是我们有一个内部网，我会在上面学习。这是太空时代的一项技术奇迹，它使学生们能够通过文字实时聊天。但我们看不到对方长什么样，无数人对此感到失望。

毕业后，我去欧洲徒步旅行。在这两个月里，我和所有的朋友、家人失去了联系。那时我还未拥有自己的美国在线电子邮件地址，当时咖啡馆里只有咖啡，没有电脑。当 Friendster（交友网）和 MySpace 分别在 2002 年和 2003 年上市时，我正忙于研究生的学业，无暇顾及其他。因此，我最初体验的在线社交平台就是 Facebook。我一开始就喜欢上了它，通过这个平台，我可以轻松地发布照片和更新我的状态，并与我的众多朋友、家人保持联系。这对一个曾在许多城市生活过的人来说是件好事，因为我仍然想念着那些地方的人。

我第一次在社交网站上遇到死亡是什么时候？大约是在注册半个小时后，我输入我的高中和大学朋友的名字，看看他们是否也在这个新平台上。我很想和有些人重新建立有意义的联系，但对于有些人，我只是好奇他们现在是什么样子，他们现在在做些什么。我输入了一个熟人的名字（我们就称她为杰茜卡·史密斯吧），出现了好几个杰茜卡·史密斯，大多数人看起来都比我正在寻找的 37 岁的杰茜卡·史密斯年轻得多。不过，有一个链接和其他链接是分开的。我留意到它并不是因为我认出了照片中那个年轻的金发女郎，而是因为照片旁边写着"纪念杰茜卡·史密斯"。出于好奇，我点击了那个链接。

那是在 2007 年，而就在一年前，Facebook 刚突破教育机构的限制，允许 13 岁以上的人通过电子邮件地址登录。在它公开发布之前，很难想象马克·扎克伯格和他的同事曾经围坐在一张桌子旁说："好吧，伙计们，11 年后，我们可能会在全球范围内拥有超过 20 亿的常规用户。每 10 年就会有数百万用户死亡。对此我们该怎么做？我们需要安排多少人来应对出现的特殊情况？"

当然，我当时并不在场，但我敢打赌上述讨论的内容并没有发生。正如你所预料的那样，建立这个网站是为了连接活着的用户，而不是作为一个多功能的社交网络平台和大规模的数字墓地。起初，Facebook上没有纪念功能，也不可能单单根据设计功能来区分已故用户和活着的用户。你只能通过墙上（后来是这么称呼的）的内容、账户持有人突然停止发帖以及其他变动来得到提示。

显然，从长远来看，这样是行不通的，Facebook很快就意识到它们需要采取行动。2007年，Facebook在上市一年后开始将已故用户的个人资料改为"纪念状态"，最初采用的是一种放之四海而皆准的方法。一旦有人将一个用户的死讯告知Facebook，而且这个死讯得到了确认，那么就没人可以再登录这个用户的账号，也没有人可以再对这个用户的个人资料做任何修改。所有的帖子都将重新设置为"仅限好友访问"，包括之前已经公开的帖子在内。来自该账户的通知，比如生日提醒，将会停止。人们仍然可以在墙上发帖纪念逝者，与逝者交流，但除此之外，个人资料会被冻结，看起来和对方活着的时候没有任何变化。

不过，Facebook似乎并不十分确定这些在世时的档案是否会被用于纪念页面。"在纪念状态下，为了保护逝者的隐私，某些个人资料和功能会被隐藏起来，"2007年，Facebook的一位代表说，"我们鼓励用户利用群组和群组讨论来悼念和缅怀逝者。"所以，我偶然看到的页面并不是杰茜卡创建并在生活中使用的Facebook个人资料。相反，正如它的名字所暗示的那样，这是她的朋友们在她去世后成立的一个团体，在某种程度上类似于人们在全球公墓中创建的内容。我读了人们写的信息，看了他们上传的照片，体会到了一种熟悉的感觉，一种超然的好奇心，带有一丝辛酸。当你路过一个发生了不幸的地方，停下来读别在泰迪熊身上、系在枯萎的花束上、挂在灯柱或栏杆上的褪色字条时，你可能会有这种感觉，会想略微刺探一下他人的隐私，同时夹杂着对脆弱生命的沉思。

在点击和滚动了几分钟之后，我开始想知道杰茜卡的个人资料到底怎么了。Facebook才出现不久，也许她根本就没有自己的页面。不过，我点击了几下，先是在群组管理员的名字里，然后在管理员自己的Facebook好友列表上找到了她。她不仅在Facebook上有自己的页面，而且资料非常完整，这并不奇怪。她于1985年出生在一个科技发达的国家，2006年她21岁。杰茜卡是出生在计算机时代的孩子，她是一个数字原住民。她和她的朋友们显然是Facebook的早期用户，在短短几个月的时间里，他们的数字足迹就在这个刚刚起步的社交网站上留下了深远的影响。她的生活是公开的，无论她的衣着多么暴露，语言多么粗俗，聚会多么喧闹，一切都在那里。她显然活得很充实，她和很多观众分享了她的生活，现在我也处在观众群体中。

杰茜卡在世时的个人页面与纪念页面不同。在纪念页面上，人们谈论关于她的事情，但在个人页面上，他们直接与她交谈，进行着生活中的对话。其中一张照片显示，她和朋友们躺在躺椅上，在某个酷热的地方度假。这张照片是在她去世前发布的，下面还有她自己的评论："天哪，我们看起来都很瘦，皮肤都变成了健康的小麦色！！我还想回到那里！！！"她去世后，她的朋友们继续回复她的留言，好像这是世界上最自然的事情。评论是随意的、对话式的，每天都有。就好像她根本没有去世，只是离开了一段时间，今年不能去佛罗里达参加一年一度的短途旅行，但也许下次可以。在我的临床实践中，我一直在直面丧亲和悲伤，并对它们做了研究。许多与丧亲之痛相关的事情促使我对她的个人页面产生了好奇，但最吸引我注意的是：在杰茜卡去世后的6个月里，她的朋友们频繁地进行着普通的对话，而且是用第二人称直接对杰茜卡本人说话。

我注意到的另一点是我自己内心的反应。阅读杰茜卡的文字，浏览她和朋友们的对话，看她的照片，看她的人际关系，这些都带来了与浏览纪念页面截然不同的体验。浏览她贡献的数字遗产时，我开始产生了一种似曾相识的感觉，就好像我认识她一样。事实上，我还记得她的长相。即使是在10年后，我还记得她个人页面上的照片。但这并不是因为我还在看她的个人资料（现在我已经不能浏览她的个人页面了）。那年晚些时候，当我开始正式研究这个课题时，我试图查找她的资料，但未在搜索结果中找到。当时我不明白这是为什么，现在我意识到，这可能是为了对她进行纪念，根据当时的政策，只有她的好友才能找到并浏览她的个人页面。

无法浏览杰茜卡的资料并没有让我很烦恼。我只是一个对某一现象感兴趣的研究人员，我总能找到其他"数据"用于我的研究。如果无法获得杰茜卡的资料，那就用别人的。然而，现在我意识到，对我而言，这是一种无悲无喜的情感体验，顶多只会引起一点点烦心，然而对于那些可能与杰茜卡关系密切，但因为某种理由不在她的Facebook好友列表上的人，他们会有完全不同的感受。如果她的母亲或外祖父母曾因看了她的个人页面而得到安慰，然后某天醒来发现他们再也看不到了，那该怎么办？

现在，我已经拥有了相当多数字足迹。Facebook上有一份个人档案，其中有成千上万的照片、视频、状态和评论，这些资料都表明了我是谁。我在Instagram上展示了我觉得美丽的东西；我在Pinterest上发布的帖子展示了我如何穿衣打扮，如何装饰自己的家；我在Apple Music（苹果音乐）和Spotify上展示了最能打动我的音乐。但只有少数人能看到所有这些信息。我的博客向更广泛的公众公开了我的想法和观点，我的Twitter展示了我的职业身份，发表了我的政治观点，我的网站向大伦敦地区的居民推销我的治疗和写作服务。在成千上万的文字和图片中，我已经写下并继续撰写着我的自传，告诉这个世界我是谁，我在做什么，我关心什么。这种生动、丰富、多感官的记录几乎完全类似于我在日常生活中的自我表现。许多年前，韩国的一位学者描述了数字存在是如何介于思维存在和身体存在之间的。数字存在与两者有着相同的品质，但在本质上是不同的。在我的所有数字足迹中，我在Facebook上的数据最全面地展示了我的个性、价值观、幽默感、形象和过去10年的经历。如果我明天就去世了，这些数据对生者有什么价值呢？如果我的个人资料在我去世后消失了，我的数字足迹也会随之消失，这对某人来说意味着什么呢？可能有很多意义。阿娃是一位数字原住民，她的一个好朋友死于一场车祸，她参加了我的一项研究。她简要总结了她朋友的Facebook页面对她的意义。"（如果她的个人资料被删除了）我就会觉得没法好好和她交谈，"她说道，"这就等于删除了关于她的仍然接近真实的最后一点东西。"

好好与她交谈。我经常听到这种话，似乎除了纪念死者之外，还有其他什么事情正在发生。在21世纪初，一项关于哀悼者在网上墓地等虚拟纪念页面上交流的研究显示，只有约30%的人会与逝者交谈。10年后，我将自己研究的Facebook上5个纪念页面的近1000条帖子列成表格，其中77%的内容是说给逝者听的。对于更加信奉记忆文化，认为逝者听不见他们声音的人来说，留言是为了表达对逝者家人的同情和支持，而不是为了与逝者取得联系。"我知道他看不到我们在这里写的东西，"一位访客说，他们觉得有必要强调这一点，这很有趣，"但我只是想和他的朋友、家人分享我的感受。"

另外3/4的留言则是出于不同的目的留下的。"虽然在Facebook上和你聊天好像很傻，但我知道你能看到，能理解我输入的每一个单词。"一个人说道。"我知道你能看到我的留言，你不能回复真是太逊了……谢谢你让我再次和你说话。"另一个人说道。显然，Facebook在促进联系方面非常有效，无法登录可能会大大阻碍人们互相联系。"迟到的生日快乐！我昨天没法用电脑……但是我记得你的生日，我整天都在想你！"一个人说道。另一位网友也表达了歉意，尽管不是关于错过一个生日："很抱歉，我有一段时间没给你发信息了，我知道那座城堡很豪华，但那里连网都上不了。"

用这种方式写信息只是在遵从习惯的力量或遵循对话惯例，而不是准确地描述我们对人们去世后发生的事情和逝者去向的看法吗？或者我们能把这些信息当作写作者信念的真实反映吗？人们是否认为逝者不仅是有知觉的，而且真的在死后世界的某个网吧里阅读发送给他们的信息？个人的宗教信仰是否会影响他们对自己能够与逝者取得联系的信念？毕竟，我们生活在一个日益世俗化的社会中。在2001年和2011年的英格兰和威尔士人口普查中，认为自己是基督徒的人口比例从71.7%下降至59.3%，声称自己没有宗教信仰的人口比例从14.8%上升至25.1%。据报道，自1990年以来，没有宗教信仰的美国人的比例从8%上升至22%，在不到30年的时间里增长了近2倍。据保守估计，到2020年美国无宗教信仰的人数将超过天主教徒的人数，2017年天主教徒占美国人口的20%，到2035年，美国"无宗教信仰"的人数可能会超过新教徒的人数。目前，新教徒是美国最大的教派，45%的居民认为自己是某种类型的新教徒。宗教信仰逐渐淡化，这是否意味着来世的观念和逝者有知觉的观念也在衰弱？

你可能会这么想，但事实并非如此。有趣的是（与我一直以来的假设相反），对上帝的信仰和对来世的信仰并不总是同时存在的，即使是无神论者或不可知论者也可能相信死后会有某种形式的生命。尽管在过去的几十年里，正规的宗教教育、信仰以及人与宗教之间的从属关系都有明显的下降，但人们对上帝和某种来世的信仰水平仍然很高，而且人们在网络世界中能够如此容易地表达自己的信仰，以至于学者发现一切都更容易调查。社会学家托尼·沃尔特利用网络资料组织了多项研究，以更好地理解我们目前对天堂、天使、灵魂和来世的看法。一名研究人员称，在瑞典，人们普遍能理解死亡和来世的宗教观念，而且与传统宗教相比，这种宗教观念与新时代的思想有更多的共同点，死后重生的概念"颂扬个人、颂扬来世不再受任何惩罚的极乐状态"。

沃尔特还注意到，最近有关逝者成为天使的说法越来越多，甚至很多毫无信仰的人也接受了这一观点。天使曾经是一个人，活在地球上，这是一种新的天使，完全与任何传统的教会教义无关。沃尔特认为，对这种天堂实体的信仰是一种表达与逝者关系的方式，如今天使般的逝者的数据在网上持续存在，使得这种关系更容易被建立起来。他写道："最常遇到天使般的逝者的地方是网上。"他认为，网络空间和天使有着惊人的相似之处，因为人们似乎把两者都看作是穿梭在地球和天堂之间的方式。"不像被关在天堂里的灵魂，"他写道，指的是我们过去对逝者的想象，"天使可以阅读社交媒体上的帖子。因此，技术的发展为宗教信仰，或者说为精神话语提供了一个新的空间。"无论在线环境本身是一种新的天堂，还是只是人们与其他领域的天使接触的媒介，似乎有证据表明，无论是世俗人士还是宗教人士，都相信逝者会收到我们的信息，并为我们在地球上的利益着想。

当我在研究Facebook上与逝者对话的现象时，我自己的研究参与者也证实了这一点。沃尔特将Facebook描述为"天使特别容易接受的地方"。我问阿娃（一位无宗教信仰的年轻女性）她觉得在Facebook上与逝者交流，跟写一封信并把它放在朋友的墓地里有什么不同。她毫不犹豫地说："我觉得如果在她的Facebook页面上和她说话，她会看到的。但当我看不见我写给她的信时，我觉得她也看不见。"那么，关于传递想法和祈祷呢？"你可以在脑子里想一些事情，然后想，'哦，我希望他能听到我说的话'。"一个叫鲁比的女孩说道，她失去了她的表哥，"但是当你在Facebook上写东西时，这是一种更切实的交流方式。"这不仅仅是纪念，而且是交流。如果走进一个人的房间，闻他们衣服的气味，置身于他们的物品之中，就像阿利姆·哈尔基奇的父亲那样做呢？"这很奇怪，"一个叫克莱尔的人说道，"但我感觉他好像能看到。当我在Facebook上和他交流时，我不会立即意识到他已经离开了。但当我在寂静的墓地里看到墓碑上写着他的名字，或者看到他的房间永远停留在那一刻，这会带给我更多的压力。"

如果天使仍有代理人的话，那么他们也应该有社交代理。在Facebook的大部分纪念逝者的页面上，以及偶尔在定制的纪念页面上，我看到了关于逝者的这种假设的大量证据。是的，他们已经去世了，似乎没有人会否认这一点。但在社交方面死了吗？还没有。不像东方文化中的饿鬼，要求在适当的时间以适当的形式得到适当的关注，社交网络上的逝者通常被认为是善良的，与他们的联系（就像通常意义上的天使一样）往往被认为是积极的。不过，人们一般认为他们心存一些期望；或者至少，你可能仍然觉得自己对他们有一定的社会责任。如果你不上网祝他们生日快乐，或者你有一段时间没有打招呼，他们可能会感到失望或被忽视，所以如果你一直忽视他们，你或许应该道歉。他们每天仍然会津津乐道地收听足球比赛的新闻，对婴儿的出生或者你去看的演出很感兴趣。所以在网上分享这些很好，就像我在第一章中描述的那些去佐佐木格家的日本游客一样，通过没有接线的风之电话，分享他们生活中的新闻。如果你和他们解除好友关系，他们可能会感到受伤、被抛弃或被拒绝，所以对很多人来说，把已故的朋友从你的社交网络中删除会让他们产生复杂而奇怪的感觉。通过网络交流来认可并感谢逝者"发来"的信息以及提供的帮助，这很重要，尽管这些帮助是通过网络外的途径实现的，比如自然现象，或者保佑你免受伤害。"谢谢你给我托的梦，你这个怪人。""最近天空中出现了一颗非常明亮的星星，我知道那就是你。""汽车差点滑过了中线，谢谢你让我留在这个世界。"

　　我们的数字环境是否真的鼓励我们相信，它有能力帮助我们穿越地球和天堂，就像天使一样，跨越生与死之间的障碍吗？无论我们是世俗的还是宗教的，无论我们是否相信来世，为什么我们会有一种直觉，认为在社交网络上沟通是跨越死亡，跨越横亘在我们与有知觉、有社交能力的逝者之间的鸿沟的一种有效方式？我们现在已经习惯了通过技术手段与远方的人进行沟通。我们不需要听觉上的暗示，不需要看到某人的脸，就能对自己传达的信息有信心。这种自信可以从 WhatsApp 上的两个蓝色的钩，你朋友的图标滑到你在 Messenger 上说的最后一句话，或者你收件箱里的一个自动"读取"收据中得到。将信息发送到以太网的同时，我们便假定了它几乎会被立刻接收，不管你的通信者有多遥远。

你曾经给一个意想不到的收件人发过电子邮件或短信吗？也许那是一条包含敏感内容的消息？在这种情况下，你是否会安慰自己，也许他们不会收到，不会读它？你当然不会。你知道他们已经收到了，他们现在可能正在看，你很恐慌。如果你所知道的交流都是无边界的、无限的、即时的，你每天利用高科技进行的沟通一贯如此，那么若这种体验会随着你朋友的去世而停止，不是很奇怪吗？看不见或听不见从来没有阻碍过他们收到你的信息。

社交网站上的联系如此紧密的原因还有一个，而且你已经在阿娃说的话里看到了线索。"当我自己看不见我写给她的东西时，"她说道，"我觉得她也看不见。"听起来阿娃是在描述一种内在的持续联系，一种与自我的融合，这样她的朋友就能透过她的眼睛来感知事物。但这句话也反映了其他的东西，与社交网站本质有关的基本的东西。它们的存在意义就是把人们联系起来，把我们都置于一个日益复杂的人际关系网络中，这些算法无时无刻不在暗示着新的接触点。

德国哲学家马丁·海德格尔的英文译者大量地使用连字符来表达我们与他人之间的持续联系：我们从来都不是单独的存在，我们与他人共同生活在这个世界上（Being-in-the-world-with-others），我们所有人都无法摆脱这个特定的存在状态。社交网站只是我们与他人在这个世界上的数字化存在（Digital-Being-in-the-world-with-others）。当然，一开始你是自己创建个人资料，但从那以后，你的个人页面是你与他人共同构建、共同书写的。当马克·扎克伯格在2011年推出新的时间轴布局时，他邀请我们所有人撰写自传，并且慷慨地提议让他的网站成为出版商。扎克伯格在发布会上说："这是帮助你讲述人生故事的重要步骤……这是为了突出和整理你所有的故事，这样你就能讲述你到底是谁。"然而，这些社交媒体上的自传作者不可避免地会有很多合著者。如果你正在写一本关于你生活的精装书，你可以完全控制其创作过程，并把它付印：它就在那儿，白纸黑字，来源可靠。但在社交媒体上，你是和你的合著者、朋友一起写自传。如果你经常在社交媒体上与一个朋友互动，在她离开后再去看她的个人资料，你不会觉得"这就是她"，你会觉得"这就是**我们**"，甚至可能觉得"这正是（is）我们"。

Facebook一直在不断改进对待死亡用户的方式，它公开宣称，此举的目的是让人们更容易继续保持联系。关于这一点，本书后面还会详细介绍，现在只要知道，他们最近的创新之一是遗产联系人，这个角色类似于平台的遗嘱执行人，由用户在生活中指定。遗产联系人不能删除逝者原始好友列表上的任何朋友，但他们**可以**添加不在原始好友列表上的人，比如逝者的父母或祖父母，也可能是Facebook的新用户，他们只是为了访问逝者的遗产而申请成为好友。如果那个人觉得这样做很古怪（有研究表明，不太熟悉社交媒体的人往往会发现，与数字媒体的互动让人感到不安，而不是安慰），遗产联系人也可以下载数据存档，前提是逝者在设置遗产条款时允许这样做。这样，那些没有Facebook账户的人也能够访问下载的档案。用户也可能会要求自己的个人资料在去世后被删除，但要做到这一点，Facebook的用户必须在生活中有足够的意识和动力，深入研究自己的用户设置，并勾选相关的选项。

当你把"Facebook的个人资料在默认情况下会一直保留"这一事实与庞大的用户数量（超过20亿并且还在增长）结合起来，就不难理解，在这个全球最受欢迎的社交网络平台上，死亡人数正在激增。目前还不清楚逝者名单的增长速度有多快，也不清楚逝者的人数何时会超过在世者。研究者预估的Facebook在2065年和2098年的数据已在大众媒体上广为流传，更进一步的研究表明，这些似乎都是相当快速的粗略计算的结果。当然，准确预测临界点将在何时出现是一项挑战，尤其是我们无法预测Facebook未来命运的波峰和波谷，无论是精明的商业决策将成倍地放大这些波峰，还是重大丑闻使其偏离轨道，我们都无法预知。例如，在2018年第二季度，该公司的增长陷入停滞，原因之一可能是2016年美国总统大选产生的争议。即便如此，牛津互联网研究所（Oxford Internet Institute）的研究人员还是尽了最大努力，利用现有的最佳资料（现有19亿Facebook用户的人口数据，以及来自联合国的人口统计数据），对Facebook上累积的全球死亡人数做出了更为深思熟虑的预测。虽然包括2018年注册的最后一个用户在内，新增用户数量大幅下降，但他们计算得出，到21世纪末，将有多达13亿用户去世，此后不久逝者人数将会大幅增长。另一方面，如果该网站要继续乘风而上，以每年13%的速度吸引新用户，并且继续保留逝者的资料，那么到21世纪末，网站上的36.8亿个人页面将成为纪念页面。

不管你怎么看，那都是相当多的死亡用户，"数百万的死亡用户在社交媒体上游荡，却很少社交"的谣言是完全真实的。虽然全球公墓从来没有对有形的墓地构成太多威胁，但Facebook已经成为世界上最大的"墓地"。实体墓地和制作墓碑的公司无疑想知道自己的金库是否会逐渐变空，他们把Facebook视为竞争对手。许多人认为，如果你不能打败对手，那么不妨加入他们。例如，大卫·奎林位于西雅图的纪念碑公司，是几家生产可嵌入传统花岗岩墓碑的二维码的公司之一。他们的网站明确地将二维码关联网页的服务定位为Facebook纪念页面的替代品或附属品，这意味着在世者可以在"生活历史"（Living History™）档案网站上编辑讣告、家庭遗产信息、照片和评论。死亡和社会中心的约翰·特罗耶设想了一种"未来的墓地"，你可以戴着VR设备穿过墓地，在路上还能遇到"复活"的祖先。我见过"增强现实"技术的演示，当你把iPad（苹果平板电脑）的摄像头对准一块看起来非常普通的墓碑时，就能像游戏"精灵宝可梦"一样，在屏幕上弹出逝者的照片。

所有这些技术当然可以让实体墓地更吸引人、更有意义，但随着时间的流逝，当我们可以在雨中、在手机上、在舒适的家里轻松地进行持续联系时，我们还会有动力去拜访真正的墓地吗？我所担心的不仅是墓地没有访客的问题。就像数字遗产和数字技术提供了持续联系的可能性一样，它们也可能破坏这份联系。让我们通过几个听起来似乎永远不会发生的故事来看看事情的另一面。

Ω

首先，想一想你最亲密、挚爱的、结交时间最长的朋友。在理想的情况下，他会是你的童年伙伴，或许你们是在学校结识的，从你记事起，你就认识并珍惜他；又或者这可能是一段更近期形成的友谊。无论如何，关键在于这个人是你生活中不可或缺的一部分。如果他们没有陪在你身边，和你在一起，今天会是一个完全不同的人。没有人像他们那样了解你，而且你们一起创造了很多回忆。你数不清这些年来你们有过多少次对话，互相发过多少条信息，或是在一起拍了多少照片。想象一下，你把所有这些友谊的纪念物都放在一个大鞋盒里，在盖子上写上你朋友的名字。这是一个大盒子，因为所有的东西都在里面：你们在老师的眼皮底下传递的小字条，当你搬到另一个城市后收到的信件，以及几十年来累积下来的一沓照片。

有一天，你收到了最坏的消息：你的这位朋友在一次事故中突然去世了。你感到震惊和怀疑，他一直陪伴着你——你的一部分已经和他一起死去了。你悲痛欲绝，渴望与他建立一种联系，于是你翻遍衣柜，找到了鞋盒，把它拿出来，放在床边。在朋友死后的几周里，你每天都要看很多次盒子里的东西。无论怎么翻看，你的朋友也不会回来，但盒子里的一切不仅让你想起你朋友的样子，还让你想起你们在一起时的感觉。盒子里的东西让你大笑、哭泣、微笑。当你的朋友和家人得知你失去这个朋友的噩耗时，他们会给你发来善意的信息，你也会把这些信息放进鞋盒里。几个月后，你发现你看盒子里东西的时间变少了，但没关系。如果你需要它，如果你心中涌起了看那些东西的冲动，如果你想再次感受你们之间的联系，你知道它在哪里。盒子就在那里，触手可及。

有一天，你听见有人在敲你的前门。打开门，你惊讶地看到了你朋友的父母。自葬礼后你就再也没有见过他们，现在他们不远万里来到你家，而且没有事先告诉你。他们就像看不到你一样，沉默地走进来，经过走廊来到你的卧室。他们草草地把鞋盒捆好并拿上，像来时那样突然地、一言不发地关上门走了。你被击溃，变得不知所措。你渴望找回你的记忆。当你最终和他们取得了联系，想知道他们为什么要这样做，以及询问你的鞋盒在哪里时，他们告诉了你一个可怕的消息：他们把盒子和里面的东西都毁了。你的血液涌进了你的耳朵里，继而似乎从你的身体里被抽走了一般，你几乎能感觉到你朋友的手从你的手中滑落。你又一次失去了他，就像是他又死了一次。

这一次，你不是身为一个朋友，而是身为父母，比方说，你有一个十几岁的儿子或女儿。有一天，他们像往常一样出去了。几个小时后，警察敲响了你的门。你悲痛欲绝，但马上开始做你必须做的事情：振作起来，把发生的事告诉每一个人，并做出必要的安排。作为父母，你理所当然地认为，你将在纪念孩子的活动中发挥核心作用。那时候，所有人都将聚在一起，哀悼这一重大损失，并相互支持。然而，当你艰难地拿起电话打给你最亲密的家人和朋友时，你惊讶地发现他们已经知道了，而且几乎是在第一时间就听说了。你孩子的一些朋友对事故的了解远远超过了你自己的了解，不需要你通知他们这个消息。

虽然你很慌乱，但你还是设法恢复了计划。你寻找照片来呈现你孩子的一生，但是你意识到你没有近期的照片。你再次联系你孩子的朋友寻求帮助。令你惊讶的是，你得知他们拥有的所有照片都被用于一场你孩子的追悼会，而且这场追悼会正在进行中。数百人参加了这场追悼会，而且是在一个你从未去过的地方举行的。你急着赶去那里，却发现门被锁上了。在紧闭的门外，你可以听到人们一起欢笑和哭泣。他们在展示照片、分享故事、互相支持、谈论你的孩子。你敲门，但没有人开门。你更大声地捶打着、踢着门，请求进入，并威胁说如果你不能进去，就要把那里烧掉。那是你的孩子，你应该参加这场追悼会，你本应该是组织者。最起码，你应该在场。

但是，没有人开门让你进去。

Ω

如果你认为这些情景很荒谬，那么你是对的。任何未经邀请擅自进入他人家中盗窃和销毁一盒重要文件的人都可能被逮捕，并被指控非法侵入、盗窃和肆意破坏财产。另外，什么样的人会联合起来为一位已故的朋友策划一场追悼会，却故意不让这位朋友的父母参加？实质上，这就是正在发生的事情。当数字遗产对持续联系造成影响时，事情几乎总是和访问权或控制有关。

有三大类关于访问权的体验会让人感到忧虑，所有这三类都可能影响哀悼者的承受力，从而促使哀悼者决定自己是否想维持持续联系。第一，数字遗产彻底消失所带来的威胁。像云端这样的自动备份机制可能会让我们对所有这些数据的持久性产生一种安全感，但不要上当。数字产物有一种令人焦虑、自相矛盾的双重本质。一方面，它们可以永远存在；另一方面，它们可以消失得无影无踪。因为阁楼里再也没有其他的鞋盒了，所以人们非常害怕失去亲人的数字遗产，他们认为如果失去了，就是又死了一次，就像夜间小偷偷走了与亲人联系的最后希望。"我几乎感到伤心欲绝，"一位年轻的研究参与者说，"对某些人来说，这些东西似乎微不足道，但对我来说这就是一切，（他的资料）是我拥有的和他有关的最后线索。如果我们失去了这些资料，就好像又失去了他一次。有些东西会撕裂你的伤口。"

有些机制会永久地切断你与某人的数字"自我"之间的联系，比如软件故障、网页订阅过期、某个平台规定在账户持有人去世后删除其资料的条款和条件、硬件故障或过时，以及近亲删除社交网络个人资料。如果你是一位数字原住民，你的通信历史和照片完全储存在Facebook上，然后你最好的朋友去世了，他或她的个人资料也被删除了，这就好像是有个人进入你家，偷走了你的鞋盒，毁掉了里面的所有东西，而且这么做都是合法的。

访问权带来的第二个问题是，你知道数字遗产在那里，你想要访问它们，但你做不到。虽然一般来说，不太可能有人把你关在线下追悼会的门外，也没有人能阻止你在公共墓地的墓碑前摆放鲜花，但是你很容易就会发现自己身处于这样一种境地：你亲人的数码影像（或许是他们存在于这个世界的最全面的反映）近在咫尺，却遥不可及，令你感到非常沮丧。也许你不是Facebook的用户，但你的孩子却是，他们生前指定的遗产联系人未能加你为好友。你希望有人能和你一起坐下来，带你看完这些数字遗产，帮你把你想要的东西截屏或者下载下来。此外，人们往往有充分的理由将父母或其他人排除在自己的社交媒体之外，而他们最忠实的朋友可能意识到了这一点。然而，除了无法访问资料，你也将被排除在社交平台上的那个哀悼者群体之外。一位母亲参与了另一名研究人员的调查，她描述了这种排斥造成的破坏。她说，儿子去世后，她没有收到儿子朋友寄来的贺卡和吊唁信，这让她很惊讶。在葬礼上，她儿子最好的朋友告诉她，Facebook上有一个纪念她儿子的页面，但她没有Facebook账户，所以无法访问那个页面。她说，她所拥有的只是一个"空鞋盒"，她本应把写有安慰话语的卡片放入其中。如今，她不知道该怎么处理这个"空鞋盒"。

这个问题对家人的影响比对朋友的影响更大。曾几何时，当一个人去世了，有权接触逝者的是他的家人（合法的近亲），他们可以接触逝者的身体、信息、个人物品、文字作品和照片。继承法就是一切。拥有特殊的访问权也就意味着拥有对其他访问者的控制权，而家庭成员是这扇门的守护者。相比之下，朋友们则处于访问范围的另一端。无论他们与逝者的关系有多么重要，朋友们都有被排除在外、被剥夺哀悼权的危险（剥夺哀悼权指的是某人的悲伤不被看见，其哀悼的权利不被承认）。某位逝者的长期秘密情妇想要回她的信件，她很有可能无法光明正大地从正门进入。学校里的朋友可能自始至终没有听闻逝者的死讯，也可能他们想要参加纪念仪式，但未能及时得知仪式举办的时间、地点。然而，在极短的时间内，力量的平衡发生了逆转，因为社交网络时代是朋友的时代。如果情妇和他是在Facebook和Instagram上结识的，那么她将比一位悲伤但害怕科技的妻子更容易接触到数字遗产。某位父亲可能会发现自己没有孩子的照片，他不得不请求孩子的朋友们提供在葬礼上展示的照片。第二种情况似乎不再那么荒谬了，不是吗？

关于访问权的第三个问题出现在访问过度的时候。如今，人们对纪念资料的使用越来越广泛，但不会经常遇到"表现得如同活着一般"的虚拟存在。那些未能转为纪念页面的逝者个人主页提醒你，是时候祝你去世的朋友莱斯利生日快乐了，或者提出你喜欢"豪华野营假日公司"，因为你去世的朋友基思很享受这家公司举办的活动。非纪念性质的个人页面也会通过被其他人访问和管理而表现得活跃，结果可能会让许多哀悼者难以接受。有些人由于技术上的无知或心理上的天真，不知道他们在逝者页面上的行为会给其他人带来多大的困扰，但有时即使他们意识到了，还是会这么做。

瓦妮莎·尼科尔森的故事是最后一种情况的一个令人心碎的例证。她已故的女儿罗莎的Facebook非纪念主页依然处于登录状态，就好像罗莎还活着一样，她从中得到了安慰。一天，瓦妮莎通过女儿的主页看到了女儿去世时的男友亚当的重要状态更新。这条状态表明，他已经开始了一段新的恋情。瓦妮莎在《卫报》上解释了接下来发生的事情。瓦妮莎感到自己的女儿被"取代"了，这给她带来了难以忍受的情感痛苦。瓦妮莎没有经过认真思考就在亚当的新状态下面发了一条评论。她说："你不觉得现在谈恋爱有点太快了吗？"她刚做完这件事，就恢复了理智，她意识到这条信息会作为亚当已故女友罗莎发出的一条信息，和她的头像一起出现在帖子下方的评论中。瓦妮莎在那一刻所感受到的各种情绪加上恐慌都交织在了一起，这对亚当和其他朋友的影响是难以想象的。

确实，研究表明，当一个人的配偶或父母接管了用户的个人资料时，这对其他哀悼者的应对能力普遍产生了负面影响。然而，即使逝者的主页转为了纪念页面，不会有令人吃惊的信息从坟墓里冒出来，它仍然可能是有问题的。Facebook上没有单独的墓地，你可以选择去或不去。纪念页面的设计一直在发展中，在撰写本书时，即使是纪念页面也被整合在在世朋友的名单中，按字母顺序与所有人的个人主页一起列出。这使得双重过程模型的"丢失方向"和"恢复方向"之间的摆动就像点击或滑动鼠标一样简单——活着的朋友、去世的朋友、活着的朋友、去世的朋友，循环往复。这就像在熙熙攘攘的社区街道上，墓碑随处可见一般。与纪念页面建立联系的可能性总是存在的，而且并不总是那么容易决定接下来的方向：现在是适合停下来、纪念和联系，还是继续走下去？

Ω

持续联系的另一类潜在破坏来自**控制**方面的挑战。即使你确实能够访问一个人的部分或全部数字遗产，也可能发生一些令人不安的事情，夺走你的代理权，从而破坏你继续联系的能力。缺乏控制的问题以多种形式出现，其中之一就是死亡通知。社交媒体传播新闻的速度比地球上任何一支警察部队都要快，所以就像上面的第二种情况一样，在直系亲属知道死亡消息，在他们有机会面对这个事实，或者在他们决定公开事实之前，Facebook 或 Twitter 上就可能出现死亡消息。然后，这些通知可能成为持久存在的数字足迹的一部分，永远提醒着人们那一刻的痛苦。

一些意想不到的数字遗产也会颠覆你对某人的认知，把你们之间的纽带撕成碎片。例如，你可以想象，如果搜索者 #711391 的悲伤的丈夫偶然发现了妻子的搜索历史，他会有什么样的感受？搜索历史里有她的性幻想、她与其他伴侣秘密会面的计划，以及她离开丈夫去阿拉斯加的梦想。即使数字遗产在很大程度上是积极的，也能给悲伤的人带来安慰，但其中存在的令人烦恼或造成心理创伤的因素仍会破坏整体氛围。个人资料照片可能全错了，用户的家人甚至可能无法更改他们所爱之人的个人资料，只能任由这份资料充斥着对逝者的痛苦和死亡负有责任的行凶者的描述，例如，被伴侣杀害的女性，被朋友或家人虐待或欺负后结束生命的人。虽然不那么戏剧化，但正如持续联系存在的种种问题那样，数字足迹一般不会形成哀悼者普遍接受的那种可以流传很久的传记，而哀悼者对此无能为力。任何时候，当多个具有不同需求和偏好的团体访问一组核心的数字遗产时，并不是每个人都对其中出现的所有东西感到满意。谁能最终确定逝者究竟是谁？

20世纪70年代初的某个时候，艾丹决定离开英国，开始新的生活。他留下了一个需要依靠他的家庭，包括一个6岁的女儿凯茜。他离开后，这个家庭在贫困中挣扎。"他是个酗酒、打骂妻子的人，他抛弃了自己的孩子，让妈妈变得几乎一贫如洗。"凯茜说道。她从来没有原谅他的离开，也没再见过他本人。然而，几年后，令人不安的事情发生了，她在 Facebook 上收到了他的好友请求。凯茜从来没有把她那误入歧途的亲生父亲当成父亲，更别说一个"朋友"了，她没有理会这个请求。艾丹继续发送好友请求。最终，凯茜接受了。如果他打算回英国一趟，或者永远留在英国呢？她来自一个相对较小的城镇，她不想在大街上因为碰见他而感到惊讶。如果他改变了呢？即使他没有，如果他死了呢？就算他没有在她的生活中扮演任何角色，难道她不应该知道这个消息吗？

　　最终，艾丹还是死了，尽管他们从未在网上真正互动过，但事实证明，凯茜很难接受艾丹在网上的存在。令凯茜很不高兴的是，她的一个兄弟/姐妹已经和父亲和好了，最近几年，认识他的人为他创建了一个纪念页面来美化他。"我一直讨厌那张他和我兄弟/姐妹的孩子一起拍的照片，"凯茜解释道，"这张照片永远不会消失。它总是在那里。所有这些人都在赞美这个离我们如此遥远的人……我不是说他没有好的品质。但是历史就在这一页上被重写了，我对此无能为力。我不能把他从好友中删除，因为那样我就永远无法看到发生了什么……与此同时，我忍受不了这些内容，因为当我读到这些不像他的描述时，我都有点想吐了。"凯西意识到自己是少数派，所以她不愿在父亲的Facebook个人主页上发布自己对此事的看法。在父亲去世几个月后，她仍在努力克服自己的情绪。

Ω

　　与罗伯特·路易斯·史蒂文森（Robert Louis Stevenson）笔下的著名人物一样，艾丹既是杰基尔博士（Dr Jekyll），也是海德先生（Mr Hyde）。这两个角色是同样真实的，至少对认识他的人来说是这样的。对于艾丹在美国组建的家庭和社交圈来说［据凯茜说，她用

Messenger（微软通信）与他们中的一些人交谈，她认为他们的描述非常不准确，或者至少是不完整的]，艾丹继续存在的数字自我与他们认识的这个男人非常契合。他的数字遗产促进了他们与失去的父亲、丈夫和朋友之间的联系。而对凯茜来说，艾丹那本经久不衰的传记简直就是对现实的歪曲，是她痛苦的源泉，是她心中的一根刺。"这不是复杂性哀伤，"她坚持说道，她熟悉丧亲之痛的用词，"但它是复杂的。"确实，这是复杂的。当一份数字遗产对某些人来说是一剂良药，对另一些人来说则是一处伤口时，应该怎么处理它？谁能决定？好吧，这种情况比你想象的更常见。决定权在公司手中。为了说明这一点，让我来告诉你发生在霍莉·加扎德身上的奇怪而悲伤的故事。

第三章
"我同意以上条款"

2014年2月18日，20岁的霍莉·加扎德身处于她工作的美发沙龙中，她可能非常期待一切恢复常态。几天前，她结束了与阿舍·马斯林的关系。阿舍是个麻烦不断、暴力成性的年轻人，他在他们的关系中一直强迫霍莉。当霍莉将要离开他的时候，阿舍总会特别难过，所以这一周对她来说不太可能是轻松的。但理发是她永恒的爱好，分手后，她本应在拉贝拉美发沙龙里享受日常的一天。她快下班时，她的前男友拿着一把刀走进了沙龙。尽管急救中心竭尽全力挽救她的生命，霍莉还是死于14处刀伤。

这名年轻女子被谋杀，原因有很多，遂引起了媒体的广泛关注。霍莉曾经向警方报告了阿舍的威胁，有人质疑，警方的提前干预是否就能挽救她的生命；另外，在格洛斯特这个犯罪率较低、规模相对较小的城市，这成了一桩极不寻常的事件。格洛斯特的总督察恳求公众将任何有关该事件的视频片段直接交给警方，而不是发布在网上，因为显然有许多目击者用他们的智能手机拍摄了袭击过程。起初，视频在网上传播可能对调查和审判产生负面影响，这是执法部门（或霍莉的家人）需要考虑的在社交媒体方面最紧迫的担忧。

然而，在阿舍被判有罪并被判处终身监禁的几个月后，霍莉的家人就意识到网上出现了令人惊讶和不安的事情。首先是煽动性的文章。我们有时会认为是互联网创造了中伤逝者的现象，但对逝者说一些令人反感的话并不是什么新鲜事。公元2世纪的文献表明，斯巴达哲学家奇伦（Chilon）创造了"不要说逝者的坏话"这句格言。奇伦生活在公元前600年左右，除非真的有人说逝者的坏话，否则他几乎不需要提出这样的建议。人类具有在线上和线下制造深不可测的恶意的天赋，而数字环境让恶霸和网络喷子的影响变得更加恶劣，残酷的评论一直围绕着我们，它们广泛传播，难以抹去，因此更令人难以忘记。

　　我在一家咖啡馆和霍莉的父亲尼克见了面，就在离他女儿遇害的沙龙不远的地方。尼克在本书第一章中出现过，他说霍莉的数字遗产给他带来了安慰，并描述了这些遗产如何把"霍莉的快乐"带给任何遇到它的人。然而，在她去世后不久，一些未经授权的传记突然冒了出来，这一点并不令人高兴。当媒体点名霍莉为受害者时，喷子立刻嗅到了一个受伤家庭的气味，他们毫不犹豫地发起了攻击。尼克记得一个朋友提醒他，他们也成了喷子的目标。"有人给我们发了一个链接，说，看，我们看到了这个，你需要知道它，"尼克解释道，"美国的网站都在指责我让女儿和一个黑人约会。有一个特别的网站登载了我的照片、我孙女的照片、克洛伊（霍莉的姐姐）的照片、霍莉的照片，还有我妻子的照片。"最终，喷子们对缺少回应感到厌烦了，于是他们加倍努力，采取了更加个人化和直接的方式。"然后Facebook和家庭网站上也出现了喷子。说的是类似的，关于我让女儿和黑人约会的事情。克洛伊的伴侣也是混血儿，我的外孙子、外孙女也是混血儿，这让我很担心。很令人烦恼。"

"我们现在谈论的是什么时候的事？"我问他，"在你失去她之后，你是什么时候意识到网上发生了这些事情的？"

"哦，"尼克说道，"几周之内。"

加扎德一家人还在为霍莉被谋杀而感到震惊，他们不知道该怎么办。你怎么能控制陌生人在网上说什么呢？要从哪里入手呢？"这种现象不单单出现在英国，也出现在世界各地……这些负面的事情接踵而至，我们必须努力应对。"尼克说道。他们必须做点什么，这种事太可怕了，他们无法忍受。不知怎的，他们鼓起勇气寻求帮助，寻找解决办法。"我们试图通过政府通信总部（GCHQ, Government Communications Headquarters）、联邦调查局（FBI）等途径关闭这个网站，"尼克说道，"警方在这方面做得很好，他们采取了行动。我说，我们需要这么做。你们可以解决这个问题吗？拜托了。他们说，交给我们吧，我们会解决这个问题。而且……他们确实解决了。我想，这个问题最终被解决了……但我无法百分百地肯定。"尼克停顿了一下说道，"然后，我再也没有重新说过这件事，因为我不想回想起这件事。"

后来，我自己也去网上看了看。当我输入霍莉和克洛伊的名字时，我的胃有点不舒服，就好像我在做一些肮脏的事情，在我输入的名字的旁边，是攻击者在侵犯关于霍莉的记忆时所使用的残忍的关键词。我看了看，至少霍莉和中伤她的网站之间的链接已经被破坏了。在搜索结果的底部有一条提示，上面写着："根据欧洲的数据保护法，一些搜索结果可能已经被删除。"尼克认为他们一家已经向有关部门表达了他们的担忧，有关部门听取了他们的意见，并按照他们的要求进行了处理。他对我说："所以我们不得不与之斗争——一件令人烦恼的事。"他竖起一根食指，表示这是一件"最令人烦恼的事"。

　　霍莉去世时，尼克自称是 Web 2.0 的初学者。当然，他有电子邮件，但他从未使用过任何社交媒体平台。Facebook 对他来说是如此陌生，以至于即使是现在，尼克也严重低估了霍莉去世时 Facebook 的传播范围。他似乎认为，2014 年大多数人对 Facebook 的认知程度与他相仿。"Facebook 还相当新。我们谈论的关于霍莉的事发生在近 4 年前，那时这个平台还不太出名。"他所说的那个时期，在 Facebook 的 12.8 亿用户中，有 2/3 的人每天都登录 Facebook，而美国人则把智能手机使用时间的 1/5 都花在了这款应用上。难怪霍莉去世后克洛伊把 Facebook 介绍给尼克时，他被他们看到的情景吓了一跳。"有人创建了一个'愿灵安眠霍莉·加扎德'小组。"尼克说道。这是一个纪念团体，就像我第一次看到死亡和网络联系在一起时遇到的那个纪念团体一般。"它立刻得到了大约 15000 个赞。"我问这是谁创建的，是朋友还是家人？

　　"我们不认识，"尼克说道，"从某种意义上来说，这挺让人高兴的，因为人们想到了她，但从另一种意义上说……实际上，我们无法控制它。那里什么都有可能发生，这有点令人担心，因为我们已经有了和喷子接触的经验。"

　　尼克说，过了很长一段时间之后，他们家为了纪念霍莉，成立了自己的 Facebook 群组，另外还创建了一个慈善组织"霍莉·加扎德信托"。Facebook 上已经建有"愿灵安眠霍莉·加扎德"这个群组，霍莉的家人不仅仅担心遭到口诛笔伐，还担心情况可能让人困惑。尼克认为，许多人可能会把"愿灵安眠霍莉·加扎德"误认为是由加扎德一家运营的官方网页。他想知道这是否会转移人们对慈善事业的注意力。加扎德一家不想失去那个网页上的点赞和评论，但他们曾经被那样攻击过，他们不禁担心自己无法控制网页上发生的事。他们再次主动出击，试图夺回控制权。尼克解释说，克洛伊联系了"愿灵安眠霍莉·加扎德"的管理员，向他建议由加扎德一家来管理这个群组。

我屏住了呼吸，准备聆听故事的下一部分，同时想起了我的一位研究参与者克莱尔讲述的关于她表妹去世时发生的一件逸事。当时，Facebook上也出现了多个相互竞争的纪念小组。"人们渴望抓住机会，只是为了积攒人气，"克莱尔说道，"有一个人总是试图控制一切，他这样做只是为了获得名声。我的朋友在事故发生一周后无意中听到另一个女孩在抱怨，因为人们正离开她的纪念小组转而加入我的小组。这种心理实在十分狭隘，十分不成熟。"

不过，好在"愿灵安眠霍莉·加扎德"的管理者并不狭隘，也不幼稚，加扎德一家的努力取得了积极的成果。"他回复我们说，好的。这里是所有的资料情况，"尼克说道，"于是克洛伊接管了这个小组。我不确定它现在是否还在运行，因为我们把所有东西都放到了主要的信托网站上。"我认为尼克一家很幸运。这个小组的管理员本可以忽略或无视克洛伊的消息，甚至拒绝她的请求。对此，尼克说道："是的，（他本可以无视）然后发布一些消息。要知道，这不是建立一个假账户，这是'愿灵安眠霍莉·加扎德'。他不是在试图扮演某个人。让我们想一下可能会出现什么事吧。如果他（拒绝交出控制权，而且他）没有恶意或未曾违反（Facebook的）条款和条件，我们将对此无能为力。"

"愿灵安眠霍莉·加扎德"的管理员如此乐意将控制权交给霍莉的家人，我对此并不感到意外。他是一个陌生人，与这个家庭没有任何联系，但霍莉之死在某些方面促使他创建了一个论坛来纪念她。

这并不特别奇怪，正如前一章所指出的，在个人主义文化中，我们选择纪念谁往往是基于情感上的共鸣，而不是家庭关系，有时我们会选择纪念从未见过的人。然而，好长时间过去了，一个与霍莉没有联系的人似乎不太可能一直特别密切地监管着这个群体。尼克是对的，这个网页可能发生任何事情。如果管理员没有回复并告诉他们登录的详细信息，他们将无法对发生的事情进行任何干预。但是，实际上，他们的恐惧立刻得到了缓解。他们可以视情况自由地将该页面的内容与霍莉·加扎德信托的页面合并，也可以不合并。他们重新掌握了控制权。然而，令人沮丧的第三件事让前两件事看起来就像在公园里散步一样轻松惬意。

2014年，尼克可能还是社交媒体的新手，但霍莉肯定不是。她什么都用，Twitter、Instagram、Facebook……尼克在女儿去世后注册了Facebook，他在浏览女儿的个人资料时对自己的发现感到震惊。"这是一个全新的世界，"尼克说道，"她和Facebook上的朋友、家人，还有其他很多人互动。那很棒，这是我们和霍莉之间的联系。就像是她在告诉我，我一直以来就在做这些事情。"

尼克有幸能看到霍莉发布的内容，原因大概只有两个。首先，Facebook最近在其政策上做出了重大改变。从2007年到2014年年初，一旦一名去世用户的个人资料被更改为纪念状态，该个人页面上的所有内容都会被设置为仅好友可见。第一次登录Facebook的用户永远无法访问已故用户的纪念资料，因为**没有任何东西**是公开的，已故用户也不会接受新的好友请求。那些不在死者好友名单上的人，之前能够看到公开的帖子，但突然之间就再也看不到了。然而，就在霍莉被谋杀的几天后，Facebook在一份新闻稿中宣布，公司一直在考虑如何才能最好地尊重已故用户的隐私，并最大限度地考虑到逝者家属的需要。"人们会怎么想？我们是否尊重了逝者的遗愿和遗产？我们是否在尽己所能，为那些因失去亲人而悲痛的人服务？"他们得出的结论是，保持这种平衡的最佳方法是让用户在死后的隐私设置与生前完全相同。Facebook将保持与用户生前签订的隐私协议不变，就像这些用户在世时一样。

如果霍莉是一个更谨慎的人，她的隐私设置可能会更严格。如果她的默认设置是"仅好友可见"，尼克就根本无法访问她的个人资料，至少无法通过他自己新注册的账户访问。但这不是霍莉的性格，她开放地接受任何与新、老朋友联系的机会，她的名单上有700位朋友。她发布的绝大多数内容是任何人都能看到的。"是的，大部分都是公开的，"尼克说道，"也许她不明白所有的设置。但在同时，她希望每个人都能看到，因为她就是那样的人。她的一生都是在社交舞台上度过的，我们知道这一点，因为她被杀害的消息给许多人带来了巨大的痛苦。"根据这项新政策，霍莉所发布内容的可见性将如她生前那样设置，而尼克认为，霍莉发布过的几乎所有内容都应该不受限制。"所有内容"当然包括了霍莉和她的谋杀者的一些合照。

Ω

当新闻首次报道这一情况时，提到的合照数量是9张。由于不熟悉Facebook的结构和设计，包括它的诸多相册，尼克最初认为这就是所有合照的数量。后来，他发现真实数量大约是这个数字的8倍：72张。霍莉的个人页面上到处都有杀死自己的那个人的身影，这并不奇怪。事实上，从统计上来看，这**很有可能**。霍莉是一位20岁的女性。2017年1月，皮尤研究中心（Pew Research Center）报告称，美国18岁至29岁的人群中有88%的人在使用Facebook，69%的女性在该网站注册。此外，美国疾病控制与预防中心（Centers for Disease Control and Prevention）的统计数据显示，女性被熟人杀害的可能性远远高于男性，而半数以上的女性受害者是被她们的亲密伴侣杀害的。在霍莉生活的英国，从2014年3月到2015年3月，44%的女性谋杀案受害者是被伴侣或前任伴侣杀害的。最后，让我们考虑一下，在某人的社交媒体信息中，一段关系有多大可能被可视化地记录下来。据报道，在2018年1月，每天有3.5亿张照片上传到Facebook。当你把一段关系记录在Facebook或Instagram上，而你又不幸被亲近的人谋杀了，那么你的社交媒体遗产将很有可能描绘出你和凶手彼此相伴的状态。

虽然有些人在分手后会删除前男友的照片，但人们在分手后的社交媒体行为却大相径庭。当然，霍莉和阿舍最近才分手。留下这些照片是否出于一种偏爱、一种深思熟虑的选择，反映了她的愿望，还是说这是疏忽？她删除了一些，但漏掉了那72张？她是否打算删掉这些照片，但在那个可怕的下午，阿舍出现在她工作地方之前，她还没有机会去做这件事？我们永远也无法知道霍莉是否打算删掉那些照片，或者保留它们对她意味着什么。然而，我们知道的是，这对她的家人意味着什么。

尼克并没有真正看过或思考过霍莉的Instagram。当我问他霍莉的Twitter的时候，他的回答很模糊，他认为霍莉的Twitter已经被删除了，因为她不会再发新状态了。他错了，在撰写本书的时候，也就是霍莉发表最后一条状态的4年之后，她的Twitter还在。至少对尼克来说，Facebook是霍莉的数字遗产中最引人注目的部分，但他在看到女儿的个人资料时，内心的安慰被阿舍的照片引起的不安淹没了。

"当我看到这些照片时，我感到很不舒服，"2015年，霍莉的父亲在接受BBC记者采访时说道，"说实话，我尽量不看她的Facebook，因为看到这些照片我就会很难过。"我们见面时，他向我形容他的感觉，当他打开霍莉的个人页面时，这些照片会"砸向你的脸"。我注意到，在我和霍莉父亲会面的一个半小时里，即使他提到了杀害霍莉的那个人，也一次都没有提过他的名字。

由于加扎德一家已经能够在一些人的帮助下解决第一个和第二个烦恼，所以他们认为自己能够相对轻松地处理这个新问题。彻底现代化的房地产顾问经常建议人们为自己的近亲保留登录信息，但霍莉没有留下任何的虚拟钥匙圈，没有工具可以解锁她在各个网站的数字遗产。即便如此，这家人也不认为这是个问题。霍莉的姐姐克洛伊知道她的密码，所以他们可以登录霍莉的账户，删除那些令人不快的照片。难道他们不能这么做吗？但是有一个问题。当他们试图登录霍莉的账户时（尼克认为这发生在她去世的几个月后，不过他的记忆很模糊），她的个人页面已经变成了纪念状态。尼克不知道这是怎么发生的，因为家里没有人向Facebook提出这个请求。"我们只能假设，（Facebook）看到了媒体的宣传，记住了这个信息，"尼克耸了耸肩说道，"也许做了搜索什么的，然后他们就把这个账户更改为纪念状态了。这件事是Facebook自己做的。"登录已经不可能了，所以克洛伊知道密码也起不到任何作用。

尽管他们遇到了障碍，但加扎德一家认为从她的个人资料中删除一些照片是一件很简单的事。如果他们联系Facebook并解释了情况，Facebook肯定会明白，这些照片太令人难受了，应该被删除。"所以我发邮件给他们，说明了情况，表示我们希望从霍莉的个人页面上删除一些照片。'你能让我们登录她的账号吗？这样我们就能进行编辑了。'我们没有得到任何回应。"但加扎德一家并没有打算放弃。"我们又发了一封电子邮件，我想我们收到的回复是……'好吧，我们不能改变这个页面，但我们能为你关闭霍莉的个人页面'，"尼克说道，"不，不，不，那不是我们想要的！我们不希望关闭她的个人页面。我们想删除某些东西，那些东西太让人难受了。我可以对银行说'你能把那个账户关闭吗，因为她已经不在了，而且事实上，那笔钱属于我，因为我是她的遗产受益人'。这没问题。但是，当我们处理Facebook页面时……无济于事。我们完全陷入了茫然。"

所以他们尝试了另一种方法。在霍莉去世后，这家人在媒体上联系了很多人，一位记者请尼克协助他写一篇关于数字来世的文章。一位名叫加里·里克罗夫特的律师也为这篇文章做出了贡献。他是一位遗嘱认证专家，对数字资产和数字遗产有着特殊的兴趣，他向他们提出了一些建议。我在有关加扎德一家的新闻报道中看到了加里的名字，于是我给他打了电话，询问他对这件事的回忆。"Facebook当时的态度非常分明，"加里对我说道，"要么关闭账号，要么保持纪念状态不变，总之你现在不能编辑它——两者只能选其一。尼克和他的家人说，他们不想关闭这个账号，他们想访问霍莉的纪念页面，想给她发信息……所以他们不想关闭账号，但也不想见到**他**。我对尼克说：'你看，有一条中间道路。霍莉拍下了他的照片，版权归她所有。现在你是她的遗嘱执行人和受益人，你就说你要收回这些照片的版权。'我猜尼克就是这么对Facebook的员工说的，他们也同意了。"

当加里告诉我这件事的时候，我不知道该如何回应，因为那时我已经和尼克在咖啡馆吃过饭了，我的理解有些不同。加扎德一家可能最终通过直接向Facebook提出版权要求而取得了进展，但实际上事情从未发展到这一步。不过，他们由此获得了完全不同和意料之外的帮助。加扎德一家在一份请愿书上收集了大约11 000个签名，并在当地的媒体上更新了他们的联系方式，比如布里斯托尔的《BBC西部热点》（*BBC Points West*）节目。"我只是想保留霍莉的纪念页面，"尼克说道，"我们还能怎么办呢？"就在那时，"网络治安官"（Web Sheriff）与他们取得了联系。

在接到约翰·贾科比的电话之前，尼克从来没有听说过网络治安官，我也没有听说过。尼克了解到，网络治安官在广阔的互联网上巡逻，与网络盗版者、知识产权窃贼和侵犯隐私者等恶棍展开较量。贾科比是网络治安官的首席执行官和创始人，他似乎是一名知识产权律师，与名人、电影制片厂、唱片公司和摇滚明星打交道。网络治安官的网站上印有老式的星形治安官徽章图案，《滚石》、《好莱坞报道》（*Hollywood Reporter*）和《公告牌》（*Billboard*）等杂志都提到过这个网站。"一位摇滚客户曾经对我说，让互联网远离盗版和其他问题就像给花园除草——你必须控制住它的长势，否则杂草就会长回来，但是，如果你坚持下去，你最终会拥有一个美丽的玫瑰园，"贾科比在他的网站上说道，"从很多方面来看，这是一个非常准确的比喻。很多时候，有人联系我们，希望我们帮助他们把一个网络空间从杂草堆变成玫瑰园。"

当然，阿舍只是霍莉的玫瑰园里的一株野草，但贾科比的公司不是只为服务名人、演员和音乐家而成立的吗？不一定。"如今，你就算不是好莱坞一线明星或摇滚巨星，也可能在网上遇到问题，"贾科比在其网站上发布的首席执行官信息中写道，"从小型企业到网络购物者、家庭、学校，甚至儿童（他们可能特别容易受到攻击），每个人都可能遇到各种各样的网络问题，包括电子欺诈、冒充、网络诽谤、侵犯隐私、恶意攻击、网络跟踪，甚至更糟的情况。"很难想象有什么事会比你女儿的谋杀者的照片出现在她的数字遗产上更糟糕。所以当贾科比在新闻中听到霍莉的故事时，他主动和尼克取得了联系。

"他说，'听着，尼克，我已经知道发生了什么事。你和Facebook之间出现了问题……我会帮你删除这些照片，还有你想删除的网络上、谷歌上或其他什么网站上的任何引用的内容和照片……我都会把它们删除'，"尼克回忆道，"而且他这么做了。他把谷歌里的一些东西删除了，当你搜索某些关键词的时候，有些内容不会出现了。"

"你是不是有一天上网，然后发现它们不见了？"我问他。

"约翰通知我们了，"尼克说道，"他说，一切都已经解决了。那是两三周之后，那些照片都消失了。"霍莉的家人和朋友终于可以好好浏览她的数字遗产，感受霍莉的快乐了。

Ω

我从心理学的角度来看待加扎德一家的故事，我注意到他们在获取和控制霍莉的数字遗产时遇到的问题，使他们的痛苦和苦难变得更加复杂。作为一名心理学家，我知道缺乏控制、无法预测会导致压力甚至创伤。如果加扎德一家能够预见，拥有技能和思考空间来预测和解决网络上出现的问题，如果他们对霍莉的数字遗产有更大的控制权，他们的痛苦本可以减轻。但是出于几个原因，他们不可能做到控制和预测。当然，第一个原因与技术的本质有关。互联网让信息能够迅速地向四面八方扩散，使我们能够影响远方的陌生人并受到对方的影响，无论这种影响是好还是坏。如果没有互联网，美国的喷子可能永远不会知道霍莉在英国发生了什么。如果没有社交媒体，他们就不可能突然对她的家人进行种族主义的谩骂。这个家庭缺乏权力的另一个原因是什么？法律。当前数字时代制定的法律与现代信息技术发生冲突时，一种普遍的混乱和矛盾状态往往会占据主导地位，如果加上死亡，事情就会变得一团糟。

法律、法规及其执行会对人的情感产生重大影响，这无可厚非。真正令我感到有点诧异的是，在数字时代，如果不了解法律，就几乎不可能理解丧亲之痛的心理。在我早期的研究和写作过程中，我亲眼看见了法律常常会加深网络中的丧亲之痛，于是我给总部位于伦敦的情感与法律研究中心（Centre for the Study of Emotion & Law）发了一封电子邮件，询问他们是否在研究关于死亡和数字媒介方面的事。他们的回信很短，说没有，到目前为止它还没有成为关注的焦点。我回答说，他们应该关注这个领域，因为对我来说，承认这一领域的情感影响极其关键。我想这就是我应该做的。幸运的是，我认识一些非常专业的法律专家，他们熟知法律、死亡和数字媒介相交的黑暗地带。

2012年，我与其中几位律师合作，为阿姆斯特丹隐私会议（Amsterdam Privacy Conference）的死亡与死后隐私小组（Panel on dcath and posttem Privacy）工作，他们的专业各不相同，但都对死亡感兴趣。在那里，我第一次看了电影《我爱阿拉斯加》，这部电影无意中展示了美国在线搜索者#711391的自传。如果要我说的话，这是一场面向大约3名全神贯注的观众的精彩演讲。我不确定参加会议的人是被"尸检"这个词吓跑了，怀疑这个词与隐私的相关性，还是找不到房间。然而，对我来说，参加这样一个小组帮助我首次意识到其中涉及了多少条法律：合同法、隐私法、知识产权法和继承法。

正如你可能已经想到的，这不是一个一目了然、容易谈判的十字路口，在那里每个人都知道交通规则。这是一个指示牌混乱、令人困惑的环岛，失去亲人的家庭可能会发现自己在这个环岛里旋转多年，这个地方会发生事故，会有人受伤，却没有统一的高速公路法规。而且重要的是，在这里，即使是规划和建造街道的人，也很难指导我们如何在街道上行走。我们得到的最好的指引是以条款和条件的形式出现的，这些条款和条件控制着我们如何使用任何给定的互联网站点——然后引发了你的第一个问题。

在我探讨条款和条件对于死者的重要性之前，让我们从更一般的角度来思考一下它们。在前数字时代，对我们生活影响最大的可能是那些与我们的经济状况有直接关联的条款和条件。我曾不止一次，在极度愤怒的情况下打电话给一家手机、信用卡或公用事业公司，抗议它们收取过高的费用或意料之外的费用，而且我自信地认为是它们犯了错。几乎每一次，我的电话都是由一位和蔼而坚定的客户服务助理接听的，他向我指出了我在签约使用他们的服务时同意的条款和条件。挂掉电话，我发誓下一次一定会更仔细地阅读条款和条件……下一次，我又没有做到。对于在线服务，我们关心的条款和条件往往涉及如何使用我们的数据和如何保护我们的隐私，这是网络世界的首要考虑，"隐私政策"几乎等同于"条款和条件"。即使你使用的是免费的在线服务（Instagram、Facebook和一些基本的电子邮件服务目前在技术上都是免费的），你也不能想当然地认为，没有仔细检查使用条款也不会在将来让你付出任何代价。

早在2008年，卡内基·梅隆大学的两名研究人员就开始估算，阅读我们使用和访问的所有网站的全部隐私政策需要付出多少时间和金钱成本。请注意，不是我们在这项任务上实际投入了多少时间，而是作为消费者，我们为了履行一项相关的责任，**必须投入多少时间。**"在行业自律的理念下，消费者应该访问网站，阅读隐私政策，并选择提供最佳隐私保护的网站。"研究员克拉诺和麦克唐纳写道。我猜，对你访问的每一个网站执行如此严格的程序，在你听来相当陌生，如果克拉诺和麦克唐纳的计算接近正确，那么我们对这样一项任务的反感是可以理解的。这些研究人员分析出，隐私政策的平均篇幅是2518个单词；按照每分钟250个单词的平均阅读速度计算，每份条款的阅读时间总共约为10分钟。这个时间听起来并不长，但如果考虑到你在12个月内访问了多少网站，总时间就相当长了。在2007年、2008年左右，克拉诺和麦克唐纳进行研究时，估计美国人平均每年访问1452个网站。在全国范围内，这带来了美国每年7810亿美元的假设机会成本。就个人而言，你每年需要花244个小时来阅读你所访问网站的所有条款和条件，如果再使用克拉诺和麦克唐纳所说的"比较购物"方式，时间就会翻倍，一年总共需要约76个工作日。

我不知道你是怎么想的，但我会努力花76个工作日来阅读所有的条款和条件，更不用说在那之后的10年里，需要花的时间更长了，如今智能手机和移动设备已经成为人手的延伸。当然，时间不够并不是我们不读条款和条件的唯一原因。首先，就像霍莉·加扎德一样，我们可能并不在意它们。"她希望每个人都能看到自己的页面……因为她就是那样的人。"她父亲说道。但他也猜测，她并不理解所有的隐私设置（也许他的猜测是正确的）。

"我和一些青少年做了一个一次性的小项目……用通俗易懂的英语向他们解释Snapchat（色拉布）和Instagram等网站的条款和条件，"帮助了加扎德一家的律师加里·里克罗夫特说道，"'（我说）你知道当你注册时，这些公司可以读取你的私人信息，我们可以出售你的数据吗？'这些孩子说：'我不知道！如果我早知道，我就不会注册了！'当青少年和成年人在同意这些条款和条件的地方打钩时，其实他们并不明白这么做意味着什么。"理解我们找不到的东西也相当困难。我想起了《银河系漫游指南》(*The Hitchhiker's Guide to the Galaxy*)中的一个片段，阿瑟尔·登特躺在一辆黄色推土机前，强烈抗议他们为了给一条路让道而要拆除他的房子。地方议会的一位不友善的人士说，规划署发放拆除通知书已经有一段时间了，登特先生没有看到吗？阿瑟尔结结巴巴地说，他当然看到了，但要看到它相当困难，因为它是这样被展示给任何感兴趣的居民的：在一个废弃的厕所里，通知书被放在一个上锁的文件柜底部，柜门上写着"当心豹子"。

正如道格拉斯·亚当斯（Douglas Adams）可能预测到的那样，阅读条款和条件的时间往往比最优时间要短，我们在实际使用一个网站或应用时，需要点击好几次才能看到条款和条件，或者它们被隐藏在网站最不容易打开的地方。对此我们可以做些什么。研究表明，当条款和条件出现在应用程序商店时，我们不太可能阅读它们；而当我们实际使用应用程序时，如果我们可以看见这些条款和条件，那么会更有可能注意到它们。但是，即使我们能找到它们，我们也可能无法理解那些晦涩难懂的法律术语，无法达到大学水平的理解要求，也无法解读其中所用的模糊措辞。也许条款和条件更多的是出于对法规的遵守而不是对消费者的道德义务，所以它们已变得更加复杂而不是更简洁，更冗长而不是更简短。我们被信息淹没了，被即时的满足占据了，即使这些信息与我们真正关心的事情有关，我们也无法耐心地读一读。虽然霍莉自己可能并不太在意数据保护，但很多社交媒体用户确实很在意。2018年3月，有新闻报道称，Facebook的安全网被"攻破"，数百万用户的数据被"入侵"，入侵者是违法犯罪公司——剑桥分析（Cambridge Analytica）。成千上万的Facebook用户对此感到震惊和愤怒。

Facebook进一步澄清，剑桥分析公司之所以能够获得个人数据，是因为相关人员（Facebook用户）允许第三方访问他们的数据，此时怒不可遏的情绪有所消散。也就是说，就像《银河系漫游指南》中的议会一样，Facebook并不总让用户方便地审查和理解他们的选择，也不总让用户行使自己对数据的控制权，所以这个案例和其他很多案例一样，并不完全是用户的错。幸运的是，世界各国都在采取措施，解决长期、复杂、隐蔽的条款和条件问题。例如，在欧盟，新的《一般数据保护条例》（GDPR，General Data Protection Regulation）于2018年5月生效，要求所有处理数据的机构以"简洁、透明、易懂和容易获取的形式，使用清晰易懂的语言"，并提供有关它们如何做到这一点的信息。这是个好消息，尽管当我浏览这些公司对我的信息的处理方式做了哪些更新、改进时，我仍然感到有些疲劳，但无论如何，现在管理我们数据的规则正在改变，我们应该很快就能对很多事情有更清晰的认识，包括在我们去世后，我们的数据会遭遇什么……对吧？

嗯，没那么快。《一般数据保护条例》的一项简短条款解释说，新规定"不适用于死者的个人数据。成员国可就死者个人资料的处理方式制定规则"。欧盟将数据保护这一令人困惑的责任推卸给了成员国，这并不特别令人意外，但我能理解为什么他们会觉得合情合理：数据保护通常不涉及逝者。涉及数据保护、隐私、版权和合同的法律一般只适用于"自然人"，即具有法律地位的活着的人。自然人享有人权，他们拥有物质和知识产权，可以签订和实施具有法律约束力的合同，他们可以期望自己的数据按照公认的标准得到适当的保护。逝者不能这样做，因为他们不是自然人，他们没有这些权利。

虽然某些合同的权利和义务可能会传给逝者的继承人，但个人持有的在线服务供应商账户并非如此。大多数在线服务都将"一个账户匹配一个用户"的政策作为其使用条款的一个组成部分，这是可以理解的。互联网的隐形斗篷，即无法通过个人的身体和面部特征在网上识别他们（至少到目前为止），使得各种犯罪活动成为可能——身份盗窃、冒充、侵犯版权、银行欺诈、恶意通信、中伤、诽谤。当一家互联网公司不能确定它的用户是谁的时候，它就处在了责任危机的边缘。当某人去世时，合同应该解除，即使账户的内容可以通过某种方式传递，但账户不能转让，这似乎是有道理的。尼克·加扎德认为，这样的对价[1]不太可能让霍莉感到不安。"霍莉永远不会知道她在Facebook上同意了什么，也不会知道她离开后将受到什么影响，"尼克说道，"她甚至不会想到这件事。即使它是白纸黑字写好的。当你处于这个年龄时，你是天不怕地不怕的。"

然而，并不只是用户对这些东西感到困惑。控制了我们的数据的是公司，他们可能拥有强大的力量，但涉及用户的死亡时，他们很难接受并回应说自己也负有重大的责任。当我和加里·里克罗夫特（给加扎德一家提建议的律师）交谈时，我向他讲述了金试图关闭她父亲在亚马逊上的卖家账户，但失败了的故事。[2]"这只是一个迹

---

1 Considerations，指合同的一方为换取另一方的某种承诺，而向另一方付出的金钱或非金钱代价。——编者
2 见第一章，第41—43页。——编者

象，表明这是一个新领域，企业还没有把它们的条款整合在一起，"他说道，"法律并没有要求公司必须给出这些条款，但我认为，从某种程度上来说这在商业上有必要，因为这是提供给客户的一项服务。我认为，当人们遇到问题并抱怨时，当公司陷入困境时，他们会想：'好吧，伙计们，我们遇到问题了，这需要时间；我们需要变得更圆滑。'我认为这将是一个商业现实。"

我想，也许，我应该给亚马逊这样的公司做无罪推定[1]。毕竟，自从金第一次联系他们，告知她父亲已经去世以来，已经有一年半了。也许在此期间，他们已经更好地掌握了这些商业现实，所以我决定给自己设定一个任务。首先，我要试着在亚马逊网站上弄清楚，一个丧亲者应该如何处理他们亲人的账户。我打开了手表上的计时器，但20分钟后就放弃了，各条线索都断了。然后我拨通了客服热线。

"我能问一下，如果有人去世了，那个人在亚马逊上有一个卖家账户，我该如何关闭他的账户呢？"我问道。

"您想销户吗？"客户服务代表说。

"不，不，"我说道，"我不想关闭某个账户。我只是在网站上看看，如果你**确实**需要做这样的事情，那么程序是什么，我想知道你能否告诉我，在哪里能找到这些信息。"

他让我等了大约5分钟。

"实际上，网站上没有任何相关信息，"他重新拿起电话后说道，"但您需要做的只是通过安全检查，并要求关闭账户。"

"具体需要做些什么呢？"我问道。

"您必须验证这个人的电话号码、姓名以及与该账户关联的电子

1　假定其无过失或无罪。——译者

邮件。"他说道，尽管他似乎也不完全确定。

"不需要填写那个人的密码吗？"我问道。

"不，您不需要输入密码。"他说道，听起来更不可信了。当我指出，只要有电话、姓名和电子邮件地址，只要你愿意，你就可以关闭任何人的账户，而不管他们是否已经去世时，他似乎变得更加困惑，这似乎是不对的。你不需要证明那个人已经去世了吗？

"呃，不，"他说道，听起来更慌乱了，"您不需要这么做。只需要电话号码、姓名和电子邮件地址。您想要我把这个问题提交给主管吗？"

我说好。当那位倒霉的客户服务代表回来时，信息就不一样了。这一次，他说，如果你有密码，你可以登录并请求关闭，但实际上，如果那个人已去世，你需要发送一份死亡证明的副本，然后它就会被关闭。我建议把这些信息放在网站的某个地方可能会有用，这样丧亲者就可以更容易地访问这些信息。关于这个问题，他没有什么可说的，所以我问他，我还能和谁谈谈这个想法，他又让我等了5分钟。他回来后说，"内部审查部门"的人很快就会与我联系。直到现在，我还在等待。

在整个谈话过程中，我强烈地意识到，我只是一个四处挖掘的作家，在想象一个假想的场景。我没有失去任何亲人，也没有处于悲痛之中。客服每次让我等一会儿，我对金的同情就会增加3倍。我想起了所有我听说过的其他事件，关于家庭成员遇到过令人发狂或冷漠无情的数据控制者的故事。尤其是像加扎德一家一样，由逝者的直系亲属讲述的故事，这些作为逝者之至亲的哀悼者认为，他们本应拥有比实际多得多的权利。

Ω

　　"当地法律"这个短语针对的是某个特定地方——我们在做某些事时所处的**地方**。正如我们有悲痛和哀悼的地方文化一样，我们也有关于死亡和继承的地方法律。地方不一样，各个地方的法律也有许多不同之处。有些类型的法律在不同的地方是相对一致的，比如版权法，这是一个世界范围内普遍接受的公约。数据保护法的变数要大一<u>些</u>，有类似的地方，也有存在分歧的地方。欧洲的数据保护法可能与美国的有很大的不同，但在欧盟**内部**是一样的。如果你在欧盟成员国居住或经营生意，你将受到《一般数据保护条例》的约束。但是，规定着我们去世后财产如何传递下去的法律呢？有的地方统一，有的地方不统一，各地的法律各不相同。

　　埃迪纳·哈宾佳博士（Dr Edina Harbinja）是我前面提到过的那位极其专业的法律伙伴，她马上告诉我，我们的对话时间太短，甚至无法开始讨论细节。"我们甚至不能看每一个司法管辖区，我们只看原则，"她说道，"我们不能讨论27个或26个（欧盟）成员国，也不能讨论所有美国的州并对它们进行分析。"她解释说，简言之，在美国，继承法属于州管辖，而不是联邦管辖，所以内华达州的继承法可能与新罕布什尔州的不同。在欧盟，继承法也因成员国而异。一个匈牙利人和一个芬兰人可能受同样的数据保护法和隐私法的保护，但法律对继承权的规定可能大相径庭。"继承法真的、真的不一样。"她摇着头说道。

　　我们只有几个小时的时间，但我有很多问题。我意识到这很复杂，但我想至少试着去理解一些事情。我想知道，至少在英国和美国，数字的"东西"是否可以算作可传承的东西，作为个人财产在遗嘱中执行？你听过很多关于数字化遗嘱的讨论，但如果有人在法庭上提出质疑，你会坚持吗？Facebook 的遗产联系人和谷歌的"闲置账号管理员"（IAMs，Inactive Account Managers）是否具有与遗嘱执行人相同的权限？如果你像霍莉·加扎德一样，在没有遗嘱、数字化遗嘱，也没有指定遗嘱执行人的情况下意外死亡，会发生什么？

与霍莉不同的是，我有一份遗嘱，对于一个 40 多岁的人来说，这也是相对不寻常的。我是自己利用网上找到的一项服务撰写的遗嘱，而不是遵循遗嘱和遗嘱认证律师的建议撰写的，我认为我可以把我想留下的东西留给任何我想给的人。我觉得，我可以将一切按照我所希望的方式安排好，从如何处置我的财产和身体，到在葬礼上演唱什么歌曲，我的遗嘱会把这些全都确定下来。我会这么想是可以理解的。在东方世界的许多地方，在集体主义文化中，家庭重于个人，那里的法律往往规定，你**必须**把一定比例的财富留给特定的人。但在西方个人自治的传统中（我出身的传统），遗嘱是自由撰写的。所以我的假设是正确的，我可以自行决定哪些受益人会得到我的个人财产。我假设了几乎所有东西都属于"个人财产"（包括数字化的东西），但事实并非如此。当埃迪纳解释，法律规定我们可以和不可以用传统的物质与知识产权以及资产做什么时，一切似乎都相对简单、易于管理、条理清晰，甚至考虑到了国家之间的差异。然而，一旦我们将"数字"这个词加入其中（数字财产、数字资产、数字作品），事情就开始变得有趣起来。

我问埃迪纳关于贾斯汀·埃尔斯沃思（那个在费卢杰路边被炸弹炸死的士兵）的情况。和霍莉一样，他去世时没有留下电子或其他形式的遗嘱。和霍莉一样，他很可能从未完整地阅读过有关使用该平台的条款，也不知道如果他去世了，他的数据会被如何处理。这两个例子在一个重要方面有所不同——霍莉的数字遗产是公开可见的，而贾斯汀的情况涉及私人电子邮件。然而，与霍莉的父亲不同的是，贾斯汀的父亲能够对抗服务供应商的条款和条件，而且服务供应商给了他想要的：访问他孩子的个人数据。如第一章所述，约翰·埃尔斯沃思能够获得贾斯汀的雅虎账户里的所有内容，即使雅虎的条款与条件已清楚说明，账户持有人去世后，必须关闭该账户。贾斯汀的父亲辩称，根据加州继承法，作为直系亲属，他有权获得这些资料。

即使涉及死者，我的立场大体上也是支持保留用户隐私的，但是法院决定将贾斯汀的私人信件交给他父亲，为了试着理解这种情况，我和埃迪纳对这一具有争议的决定提出了反对意见。我指出，就在不久前，财务记录、个人记录以及通信内容都是纸质的，没有别的选择。如果你希望你的私人资料在你死后不被人看见，你可以把它们保存在秘密的地方或销毁它们，又或是在遗嘱中委托一位可信赖的遗嘱执行人处理它们（在英国显然可以这样做，因为即使它们在技术层面上一文不值，它们也满足"有形性"这一要求）。纸是有形的，一箱箱的信件也是有形。对于那些没有留下遗嘱就去世的人，在没有销毁私人信件的情况下，在世者可以自由地阅读他们想要阅读的任何东西，唯一的约束是他们的良知。所以即使它们不是纸做的，贾斯汀的电子邮件不就和纸质信件是一样的吗？法院认为贾斯汀账户里的内容类似于传统的财产，如果一个人去世后没有遗嘱，财产会传给他的直系亲属，这难道不对吗？如果作为他的父亲，约翰·埃尔斯沃思能够在一个更进步的时代，轻松地获取贾斯汀的通信和财务信息，法院可能会想，为什么现在他不能拥有同样的能力，就像其他许多悲伤的父母认为他们应该拥有的那样？

"从'重要法条'（black letter law）的角度来看，规则就是那样，它不能被视为财产，"埃迪纳说道，"它不满足'财产有形性'的要求。但除此之外，网络信息非常**个人化**，包括个人数据、个性、个**人身份**……它们与线下那些不那么个人化的财产（传统的资产、土地、财富和金融资产）极为不同。"我争辩说，实体信件也可以是个人化的。它们可以被赋予书写者的人格和身份，它们可以作为物质财产传递给直系亲属。

"是的，这些信有一种物质性，"埃迪纳说道，"但信息更少，数据更少，也更简单。没有一个属于某家公司的账户。它是一张纸，一份有形的财产，一封信。写信的人拥有它。所以线下的信件归属更简单。在线上，一个账户包含许多不同的元素，既有中介服务供应商，也会涉及多个个体、数据、服务器。"

因此，就有形性而言，数字"资料"可能被认为与非数字"资料"不同，它可能被认为是合法可执行的，也可能不被认为是合法可执行的，这取决于当地的法律。但是你的知识产权呢？一个人的知识产权，你头脑中的无形创造可能有价值，可以以各种形式储存，并传递给你的直系亲属。埃迪纳解释说，是的，一个人的继承人在一定时期内享有版权，时间长度取决于制度，可能是当事人去世后的50年，也可能是80年。约翰·埃尔斯沃思无法以版权为理由获取贾斯汀的信件，因为他的电子邮件既没有向公众公开，也没有被视为原创作品。但霍莉在Facebook上发布的内容，包括她拍的照片，几乎都是公开的。在网络治安官成功地将阿舍的照片从霍莉的Facebook个人页面中删除之前，霍莉的近亲希望利用版权为理由将照片（尤其是霍莉自己拍的照片）从网站上删除。也许这是可能的，因为霍莉的资料是如此公开。事实上，也许这就是网络治安官所使用的方法。但是，如果霍莉只有10个朋友、50个朋友，或者有100个朋友呢？那这种行为能算作"出版"吗？那么我呢？作为一名摄影爱好者，我当然把自己精心制作的照片视为自己的知识产权。如果我在Facebook上发布一张这样的照片，只邀请一些人来浏览，浏览人数只有300多人，而且我的隐私设置是阿尔卡特拉兹[1]级别的，这算不算"出版"？即使我的近亲无法登录我的账户，他们能否就资料的所有权提出异议，并在我死后对其拥有发言呢？

"不清楚，"埃迪纳说道，"目前缺乏判例法。对于Facebook来说，这取决于你的隐私设置。所以，如果你对某些内容设置的是仅朋友可见，或者朋友的朋友可见，这都是一个有限的圈子，我认为这不算公开。这是个人数据，是私人的，还没有出版过，所以已出版作品的版权在这里发挥不了作用……但是，如果你在Facebook上的设置是公开可见，那么它就是向公众开放的，这就涉及了知识产权。围绕着它有很多问题：知识产权、数据保护、产权、合同。这是一**团糟**，是一个烂摊子，没有经过严格的监管。"

当我和埃迪纳谈论这个令人绝望的错综复杂的法律环境时，我感到了一种对知识的迷恋。而当我和一个叫迈克拉的人交谈时，我感到很难过。迈克拉的故事发生在实物和数字化的模糊边界上，介于有形财产和无形创意、知识产权之间，它说明当人们去世时，受到质疑的不仅仅是**在线**数据。迈克拉交往多年的男友卢卡是一名电影摄影师，他把他们去加州旅行的珍贵静态图片和动态影片存储在笔记本电脑上，没有做任何备份。后来卢卡突然去世了，他的家人

1　阿尔卡特拉兹岛，是美国旧金山的头号景点，曾是联邦监狱所在地。——译者

从他们的公寓里拿走了卢卡的东西，包括这台笔记本电脑。

到目前为止，情况听起来相当清楚。根据英国法律，死者没有留下遗嘱，笔记本电脑是死者的一件有价值、有形的物品；由于这对情侣没有结婚，所以卢卡的父母是他的直系亲属。根据版权和继承法，卢卡的知识产权（他拍摄的照片和影片）也传给了他的直系亲属。起初这并不重要。迈克拉的情绪不太好，她有更紧迫的事情要考虑：她需要照顾好自己。几年后的一天，她比往常更思念卢卡，想再次看到那些照片，于是她在Facebook上给卢卡的弟弟发了条信息，问能否得到笔记本电脑上这些数据的一份副本。她得到的回答是生硬的，多少有些自我保护的意味——难道她不能早几年来要这些东西吗？笔记本电脑坏了好长时间了。迈克拉崩溃了。她一直以为，等她准备好了，就能拿到一份资料副本，但显然，这份资料永远消失了。

然而，和数字时代的所有这类案例一样，事情并没有就此结束，因为电脑上不仅仅有卢卡的创造性产出。迈克拉也是一名摄影师，她曾用卢卡的相机给卢卡拍照，这些照片也被储存在了笔记本电脑上。显然，并不是所有的东西都不见了。在笔记本电脑坏掉之前，他的家人已经把一些照片下载并保存了下来，那些照片对迈克拉来说具有巨大的个人和情感意义。她知道这一点是因为卢卡的家人会时不时地把照片上传到Facebook上。

"他们在社交媒体上发布我拍的照片，这真的很奇怪，"她说道，"那是我的视角，是我眼中的他，它们是我的照片。"我试探性地问她，是否考虑过申请版权，这似乎很有可能成功。不过，尽管迈克拉看到这些照片会很痛苦，但她对用法律手段获得这些照片并不感兴趣。她试图通过做其他事情来接受这个事实，比如在附近的公园里种一棵树来纪念卢卡。她说："这些事关乎成长，关乎未来。"

$$\Omega$$

尽管Facebook上突然出现的卢卡照片让迈克拉产生了矛盾的情绪，但她所面临的情况并不完全是一家公司的问题。这种情况与朋友和家人之间的冲突有关，与谁有权照顾逝者的遗体以及他们的财产有关。对于这一点，我们将在后面的章节中详细讨论。让我们回到我们交给在线服务供应商的数据世界中，许多控制和处理我们生活中数据的公司显然在死亡方面有相当多的工作要做。其他人已经开始努力去解决这个混乱的问题，它是如此草率和令人困惑，以至于埃迪纳和我花了喝好几杯咖啡的时间来谈论这个问题。

第一个取得重大进展的是谷歌，在2013年，它推出了闲置账号管理员功能。与我在亚马逊网站和客服中心的经历大相径庭的是，我能够很快找到关于闲置账号管理员的详细信息，因此我最初对其透明度，对于其他用户可以访问什么内容，不能访问什么内容的用户设置方式印象深刻。谷歌用户可以指定一个受信任的联系人，当他们第一次设置闲置账号管理员时，不会收到消息，但是当他们在一定的时间内没有参与任何与Google相关的内容时，闲置账号管理员将收到通知。"约翰·多伊（john.doe@gmail.com）指示谷歌，在约翰停止使用他的账户后自动发送这封邮件。谷歌账户团队谨上。"这是此类通知的一个范例文本。现代公民至多可能在一年的时间内不使用谷歌，如果过了一年，闲置账号管理员就会收到这样一封邮件。用户决定闲置账号管理员是否可以访问他们所有的数据，还是只能访问其中的一部分："约翰·多伊允许您访问以下账户数据：'谷歌

+'、Blogger（博客）、Drive（云端硬盘）、邮箱、YouTube。点击此处下载约翰的数据。"[1]

我认为这是清晰合理的，但当我自己尝试时（使用链接并尝试用自己的Gmail账户登录），一个卡通形象就会弹出。这个卡通形象描绘了一个看起来很沮丧的机器人拿着扳手，两条腿和左臂都零零碎碎地放在地板上。下面的文字说明是："你的账户无法进行这些设置。"点击几下之后，我仍然不知道我的谷歌账户是否真的无法决定我的数据在我去世后的命运，以及如果不行的话，不能设置的原因是什么。即使我一直没有弄明白，也从来没有指定过闲置账号管理员，我的近亲也可能会通过某种方式获得我的数据。谁知道呢？"没有一家供应商曾在条款和条件中承诺，我们会这么做，"埃迪纳说道，"所以对于谷歌来说，如果你没有设置过闲置账号管理员，那么他们有一条政策，可允许他人访问一些内容，但他们说他们不会保证这一点。"

Facebook的遗产联系人能更好地保证这一点吗？我已经调查了一段时间，现在已经得出了结论。这个于2015年引入的功能，看起来没有谷歌的闲置账号管理员那么细致深入，但设置起来可能更简单。正如书中早些时候介绍的，遗产联系人的权利有限。如果死者事先设置好了，谷歌闲置账号管理员可以看到电子邮件，而Facebook上的遗产联系人则无法看到私人信息。他们可以下载的档案只有来自可见时间轴的资料。遗产联系人只能添加好友，而不能删除他们。他们不能改变逝者自己的隐私设置，事实上，除了主要照片和时间轴顶部的固定内容，他们根本不能改变太多内容。我对别人在我离开

1　以上通知范本选自谷歌账号的"About Inactive Account Manager"（关于闲置账号管理员）条款，我查看该条款的日期为2018年8月28日。——作者

后，相对而言不干涉、不侵入我的Facebook个人资料感到放心，所以我很高兴地指定我的伴侣作为我的遗产联系人，我认为这个决定会很有分量。然而，我的伴侣还不是我的近亲，所以我有一个问题要问埃迪纳。

"告诉我，这种情况下将会发生什么事——"我说道，"假设某人设置了一位遗产联系人。这个人不是他的近亲，而是他的朋友，或者别的什么人。假设他的父母联系Facebook员工，告诉Facebook：他们的儿子或女儿去世了。他们对遗产联系人一无所知，他们说：'我们想更改这个设置。'大概Facebook会对他们说，对不起，某某的爸爸妈妈，某某指定了一位遗产联系人，这个人负责管理这个账户，没有哪项条款规定某某去世后要更改这个设置。所以，他一直都是遗产联系人。"

"不对。"埃迪纳打断我。不对？"在英国不是这样。"她自信地又说了一遍。我有一点惊讶。我问她，确定吗？"确定。"埃迪纳说道。

我注意到这是我在整个讨论过程中感到最慌乱的一次。最近，我在多个电视和广播节目中向英国公众保证，"遗产联系人"功能是一种控制你数字遗产的方式，我想知道自己到底有多蠢。"那么……那么……在英国，"我结结巴巴地说道，"某人可以指定一位遗产联系人，并且确信（呃，确切地说，这只是他们的臆断）此人将有权以他们希望的方式保留该账户。但是，用户的近亲依然会出现，并且……并且……"

"法庭不会承认的，"埃迪纳实事求是地说道，"遗嘱有相应的手续。目前遗嘱还没有数字化。它必须用纸和笔签署，不可能是电子的，必须提交给法院，并按照法律规定执行。因此，电子遗嘱或任何形式的电子设置在英国根本不被认可。"我感到很尴尬，就改变了话题，询问美国的情况。埃迪纳解释说，在美国，联邦层级有一条示范法，如果各州立法机构愿意的话，也可以将其作为一个模板来遵循。它被称为《统一受托人访问数字资产法》(Uniform Fiduciary Access to Digital Assets Act)，简称UFADAA。当埃迪纳说出这条法律的首字母缩写词时，她笑了，但她说，法律本身是要认真对待的，因为它完全是革命性的。"这条法律明确表明，如果死者在生前用任何在线服务或技术进行了设置，表明他们想要自己的数字遗产在自己去世后以某种方式进行处理，那么对这份遗产的这种设置将会凌驾于遗嘱之上。这是这一点在全世界范围内首次被承认。"

换句话说，在一个《统一受托人访问数字资产法》法律生效的州，Facebook的遗产联系人将具有法律效力。在撰写本书时，美国的许多州使用了《统一受托人访问数字资产法》的模板，在它们的地区实行这一规定，但并非所有州都这样做。如果你正阅读到这里，并且自信自己已经在任何平台上为自己的数字遗产做好了安排，那么你知道这项设置在你居住地的继承法中是否具有法律强制性吗？我认为你不知道。

所以，那些看起来相对简单的东西，似乎再也不简单了。我以为我能控制那些东西，其实我不能。约翰·特罗耶博士定期在巴斯大学教授死亡社会学的课程。对于每一批新生，他都会提出一些问题。其中一个问题是："如果你能把一件数字物品传给你的后代，那会是什么？"对于我来说，答案就是我的Facebook个人资料，那些公开可见的内容。作为一名作家、摄影师，作为一个移居国外的人，我10多年来一直在这个平台上向远方的朋友和家人描述我的生活、我的激情、我的喜怒哀乐以及我的观点，并为子孙后代记录有情感价值的事情。这不仅很有自传色彩，还记录了我小女儿的成长历程、她的性格、她的外貌。令我震惊的是，我为这件珍贵的数码艺术品所做的安排，并不像我想象的那样重要。而且我很惊讶，我以前从未意识到这一切。多年来，我一直专注于这个话题，我被认为是一名专家……我不是一名律师，但在电视和本书的这一章中扮演了律师的角色。如果我不知道这件事，别人还有什么希望知道呢？我们何时才能指望我们的法律赶上新的数字现实？

就像加里·里克罗夫特所说，商业激励最终将推动企业解决问题，但现实是，只有当大问题出现并在各地的法庭上得到检验时，才会出现这种情况。我们将开始选择一套适合数字时代的新法律。一个如此不同的数字时代，可能需要创建一套全新的法律，而不是对旧的法律进行修改。对埃迪纳来说，这是一个正在进行的学术研究领域。"很不幸，"她满怀渴望地说道，"我们还没有就这种情况打过一场大官司。当我们打这场官司时，人们就会意识到这个问题有多混乱，也将引发更多的讨论。"

这些法庭案件还没有达到临界数量，事情正以一种庄严的步伐前进着，速度大约是正在进行的数字革命速度的1%。2017年，英国法律委员会（Law Commission）发起了一场公众咨询，即围绕遗嘱问题对法律进行现代化改革，其目的完全值得称赞。一切都很顺利，直到你谈到数字资产——他们说他们暂时不会监管这些资产。这听起来很愚蠢，但后来我明白了为什么那么多立法者不想碰它。大多数参与法律改革的人仍然坚定地站在数字移民的阵营里。"我不想贬低我的同事，因为大多数人都在努力把工作做好，为他们的客户提供最好的服务，"加里·里克罗夫特说道，"这是一个新兴领域。我想，肯定不是所有人都有很高的知识水平，因为连我都被当作是对这个领域相当了解的人。有时候，我仍然觉得自己有点像一个新手，而不可避免地，其他人会比我还要落后一些。"

我知道这种感觉。我自己是一个伪装成数字原住民的数字移民，但我一直沉浸在死亡和数字化的主题中，我明白它的重要性。立法者所具有的数字化专业知识更少，优先考虑的范围更广，他们在法律和政府部门工作；我与失去亲人的人一起工作，与帮助他们的从业者一起工作，目睹了当前缺乏明确的法律对人们产生的影响。我明白，当失去亲人的家庭在数字遗产法律的蛮荒地带与企业发生冲突时，他们有多痛苦。令人高兴的是，即使面对严格的条款和条件，以及令人困惑的法律和政策，有时也能找到解决个别问题的办法，就像加扎德一家的例子一样。这是原本可以实现的最佳解决方案，但可能不是典型的情况。尼克希望事情能有所改变，这样就不会有更多的家庭经历加扎德一家所承受的痛苦。

"当然，首先，拥有这些账户的人需要更多地意识到，一旦他们去世，他们的账户会发生什么，"尼克说道，"其次，我不认为你可以一概而论。我认为……当出现需要特别关注的情况时，比如谋杀、恋童癖、虐待，公司需要考虑家属提出的要求……你需要考量每个人的情况。如果你正在销售一件产品，你就代表了一项服务和一件产品……即使你没有法律责任，也有道德上的责任。我们需要给人们机会，让他们采取行动，使整个社会、个人、近亲受益。"

道德责任。我一直认为，推动条款和条件发生演变的不是道德责任感，而是经济现实，是由于媒体报道了一件大事（比如剑桥分析公司那样的故事），引发用户强烈反对，带来威胁。我记得就在Facebook改变其纪念资料政策之前，发生了一件事（该政策是在2014年2月霍莉遇害的那一周宣布的）。一位名叫约翰·伯林的父亲曾多次请求Facebook为他的儿子杰西制作一段特别的"回顾"视频，但都没有成功。杰西今年21岁，是一名来自密苏里州的吉他手，他在睡梦中毫无征兆地去世。Facebook的政策是不为纪念账户创建回顾视频，所以他们最初拒绝了。绝望之余，约翰在YouTube上发布了一段不加粉饰的、充满感情的视频请求，这段视频迅速走红，获得了数百万的点击量。这段视频促使Facebook改变了之前的立场，他们宣布，今后将乐意向逝者家属提供回顾视频。在同一份声明中，他们做出了改变，意外地让尼克看到了霍莉的帖子，尽管他自己的Facebook账户是在霍莉去世后才注册的。

声明是这样说的："从今天开始，我们将保持个人内容的可见性。这样人们就可以以符合逝者对隐私期望的方式查看纪念资料。我们尊重某人在生活中所做的选择，让他的家人和朋友能够继续看到他们一直能看到的内容。"理想主义的观点是，Facebook做出这些改变是出于对用户和社会的道德责任感。更愤世嫉俗的观点是，这是出于经济考虑——保留那些纪念资料可能意味着对获取数据的特殊要求会减少，社群运营团队的工作量也会减少。也许你认为答案显而易见，但我既无法确定企业的动机，也无法确定我自己的数据在他们监管下的命运。

Ω

不确定个人数据之命运的不仅仅是我一个人，很多人都不太清楚，以至于他们甚至不敢使用Facebook个人资料的纪念功能。有的人自己安排去世后的事，有的人在犹豫要不要让数据控制者知道有人去世了。他们对这一行动的过程或结果一无所知，对这些变化的真正意义既不确定也感到不安。有些人没有通知Facebook，让逝者的个人资料完全保持不变，就好像这个人还活着，或者由已经登录或拥有密码的朋友或家人管理。为了让资料保持"活着"的状态，并与去世的人保持联系，丧亲者最终可能会冒充逝者来管理Facebook。

后一类人的数量致使我们更深入地研究一个我们已经接触过，但值得更仔细研究的问题。在传统和法律上，死者没有隐私权。这种情况改变了吗?

第四章
逝者隐私权 vs 家属隐私权

制作人正在制作一档关于数字遗产的节目，她和我取得了联系，因为她希望我能给她一些线索。她对社交媒体知之甚少，她没有Facebook账号，所以很难理解节目的主角——一位名叫蕾切尔的丧亲母亲——告诉她的一些事情。几年前，蕾切尔失去了女儿凯蒂，并因她进入凯蒂Facebook账户的权限发生了变化而难过不已。制片人问我："我能给你发一份背景资料吗？"她把资料发给了我。我听了5分钟，这是一个现在已为人熟知的故事：一个与数字遗产有关的问题，一个困惑的家庭，一种无助感。随着每一次尝试解决问题，这种无助感只会加深。我给制片人回了电话，看看她需要我做些什么。她正在试图理解，纪念状态会如何改变凯蒂的Facebook账户。蕾切尔到底再也无法看见什么？

我回答说，如果凯蒂的朋友名单上有她的母亲（显然有），那么她看到的凯蒂的个人资料应该和往常一样。很显然，蕾切尔觉得有些事发生了很大的变化，而且在某种程度上对她来说这很重要。最后，我意识到制片人用"Facebook页面"这个词的时候既指凯蒂好友列表上所有人都能看到的内容，也指凯蒂在Facebook上的私人信息。

蕾切尔是因为再也看不到凯蒂的 Facebook 信息而感到难过吗？制片人不确定。我也不确定，蕾切尔说，凯蒂的朋友们是用 Messenger 相互联系的，没有任何证据表明蕾切尔在 Facebook 上给凯蒂的朋友们发信息。我有些不安，想到了（第二章提到的）瓦妮莎·尼科尔森，她曾写过，当她以女儿的身份登录时，她给已故女儿的男友发了一条信息。我还想到了一项研究，该研究证明，当一位逝者的社交媒体继续被其他人"管理"时，人们往往会感到不安。对这些管理逝世孩子的社交媒体的父母，我表示同情，但他们不了解或者担心将个人页面纪念化，没有充分意识到这对其他人的潜在影响。为了更加明确发生了什么事，我让制片人帮我联系蕾切尔，当时她正在伦敦城里，最终我和她在她下榻的酒店里见了面。

蕾切尔的故事在很多方面和加扎德一家的经历类似。凯蒂和霍莉去世的时候年龄差不多。就像霍莉的个人资料一样，凯蒂的 Facebook 页面上也有一些让家人感到痛苦的照片。其中一张照片尤其让蕾切尔和凯蒂的哥哥感到不快。不幸的是，它的位置相当重要：不是方框头像本身，而是横跨页面顶部的那张更大、奠定了整体基调的横幅照片。蕾切尔和我把椅子拉近了一点一起看。蕾切尔说，左边的是凯蒂，她正对着镜头咧嘴笑，但和平时的样子相比，她看起来不太开心。从装饰可以认出来，照片的背景是她在护士公寓的房间。蕾切尔说，心形是凯蒂的最爱。凯蒂的右边是一位护士同事，我叫她梅利莎，她也在微笑，同时做了一个与背景中的心形相呼应的手势。照片拍摄后不久，凯蒂就在这个房间里去世了。她从自己工作的医院的储物柜里取了过量的胰岛素给自己注射。梅利莎是第一个让凯蒂的家人意识到事情不妙的人，她在蕾切尔的语音信箱里留下了一条混乱的、歇斯底里的留言。凯蒂去世后，梅利莎断绝了与凯蒂家人的所有联系，甚至在Facebook上屏蔽了蕾切尔。

　　凯蒂与霍莉这两个案例之间最重要的共同点之一在于，一张令人不安的照片让她们的家人无法好好浏览亲人的个人资料，但还有更深层的原因。就像霍莉的个人页面一样，凯蒂的个人页面也在家人未提出明确要求的情况下被更换成纪念状态。凯蒂的家人曾与Facebook联系，要求删除或更改横幅照片，就像加扎德一家曾与Facebook联系，要求对部分内容进行编辑一样，但毫无效果，据蕾切尔回忆，他们从未收到过任何回复。直到今天，蕾切尔还不知道凯蒂的个人页面是如何更换为纪念状态的，也不知道为什么会这样。她只知道，个人页面更换成纪念状态后，她就失去了曾经拥有的访问或控制权限，也无法再更改令她不安的个人资料图片。雪上加霜的是，她甚至没有完全意识到自己曾经有能力换掉这张图片，现在已经太晚了。我不敢向蕾切尔提起这件事，因为我担心这会让她太沮丧，会加重她的痛苦。

　　尽管这两个故事有很多相似之处，但关键是，霍莉父亲的优先考虑与凯蒂母亲的需求有所不同。在我与尼克的谈话中，他从未提过想要访问霍莉的私人信息、电子邮件账户的内容或她在Facebook Messenger上的通信内容。他说，在他们一家与Facebook的争执中，无法访问这些资料从来都不是一个问题。他只关心公开的内容——一直公开的那些资料。但是，当蕾切尔失去访问这些信息的权限时，她崩溃了。在制作人发给我的录音中，蕾切尔用一个特别的词来描述当凯蒂在Facebook上的个人主页被更改成纪念状态时，她是什么感觉——（放下了）"吊闸"（Portcullis）。我不记得以前听过这个词，所以我拿起手机查了一下。它的定义是："一道坚固、沉重的门闸，可以沿着通道两侧的凹槽向下移动，以封锁通道。"我想象着那些波纹状的金属栅栏，它们在晚上被放下时，发出巨大的咔嗒咔嗒声，几乎震动了我所在的东伦敦街区的所有商店橱窗。它们用看似很牢固的挂锁锁住，隔绝了外面的一切。

对蕾切尔来说，"吊闸"一定是一个特别贴切的比喻，因为我们当面交谈时，她又用了这个词。那时我们正谈到她在照看女儿的个人资料时扮演的看守角色。她说，作为凯蒂的母亲，她应该一直有权访问凯蒂的各种在线账户里的通信内容。当她发现自己无法登录凯蒂的 Gmail 账户时，这种访问第一次中断了。蕾切尔认为这是因为她前夫更改了密码，我无法证实这一说法，但她确信一定是这个原因。即使家庭和睦，数字遗产的管理也可能是一个有争议的问题，但蕾切尔与前夫的关系让事态变得更加艰难。"我本来可以自己修改密码，让他无法登录。我不想那么做，但他做了。"蕾切尔说道。从她那里，我听到了这对夫妇分开时所说的尖刻话语，同时也听到了他们失去女儿的痛苦。"这意味着我现在无法再访问她的电子邮件了，能访问电子邮件对我来说非常有用。我想看那些信件，我希望自己是她的信息保管人。"

她停顿了一下。她是注意到了我脸上的什么东西，或者注意到了我的肢体语言吗？我是在传达什么，使她开始关心我的想法吗？事实上，我想知道我和节目制作人谈话时一直在思考的问题的答案：蕾切尔想要的是看到凯蒂的私人信息吗？她感到心碎是因为失去了这个权利吗？突然间，她似乎迫切地想打消我的疑虑，"我不打算去看这些信息，"她说道，"但我可以通过 Gmail 联系到她的朋友。"她在录音中也提到了这一点，她失去了一个渠道，她原本可以通过这个渠道继续与凯蒂亲近的人联系。

蕾切尔某天上网时，在凯蒂的 Facebook 个人主页上看到了一个她意料之外的单词"纪念"，与她当时的感觉相比，无法访问Gmail似乎相对无关紧要。这个新词的加入并非唯一的变化，她很快发现她再也看不到凯蒂在Facebook上的私人信息了。"感觉就像一个吊闸被咣当一声关上了，你进不去。就是这样。它对我说，现在你在Facebook上能做的就是看看这张可怕的照片……拒绝访问。作为一位母亲，我只能像其他人一样查看她的账户并留言。对我来说，作为她的母亲，我几乎感到双重的丧亲之痛，因为有个匿名的人决定了现在会发生这样的事，而且它的确就这样发生了。我没有办法求助，我有问题，但无人可问。我不知道该怎么办。"我在浏览凯蒂的页面时听到了蕾切尔在重复——"作为一名母亲，作为一名母亲"。

蕾切尔觉得她应该对这个账户保有特殊的访问权，并不只是因为她是凯蒂的妈妈。她相信这是她女儿的愿望。蕾切尔解释说，她的女儿没有留下电子遗嘱，但她的行为清楚地表明了这一点。在去世之前，凯蒂取消了电脑的密码，登录了所有的电子邮件和社交媒体账户，并在电脑桌面上的一个文件夹里留了一封自杀信。"她在做准备……她是一个非常聪明的女孩，她前前后后都想清楚了。她想让我们使用她的苹果电脑。"蕾切尔说道。警方把笔记本电脑归还给他们之后，凯蒂的哥哥就利用她联系人列表中的信息单独给她的每个朋友打电话，他们不想在社交媒体上传播这一消息。"我想这是我们第一次操作她的Facebook账号。"蕾切尔说道。

然而，这一阶段的事情很快就结束了。最后，每个人都收到了通知，葬礼已经结束，人们表达了哀悼和悲痛。蕾切尔不仅用笔记本电脑和电脑上的应用通知凯蒂的朋友们她的死讯，还做了其他一些事情。最初，蕾切尔把Facebook的资料形容成一条连接凯蒂朋友圈的线索，连接的途径是可见的涂鸦墙、后台消息，或者两者兼有。

虽然她没有提到自己阅读了女儿在 Facebook 上的信息，而且在我们的讨论中她一度暗示自己没有这样做，但笔记本电脑上一定还有其他一些东西让这位悲伤的母亲能够洞悉女儿在去世前几天、几周、几个月里内心世界的痛苦。在某些地方，凯蒂本不需要取消密码，而且有些事情她可能从来没有打算让她的家人知道。

例如，我们目前还不清楚，凯蒂是否有意保留了自己的浏览记录，是否经过一番考虑，才保留了自己的 iPhoto 的内容。在她去世前浏览过的令人心碎的网页中，她的母亲不仅能看出凯蒂隐瞒的抑郁症的严重程度、她赴死的决心，还能看出她希望尽可能毫无痛苦地实现这一目标。透过这扇窗户，我们可以看到她的想法是多么辛酸。"她在去世前几天浏览的页面非常令人痛苦，这些页面谈的是自杀方法、相关事宜和致死剂量……一些生理上的可能性，从哪里注射到肌肉，诸如此类，"蕾切尔说道，"我的意思是，她非常小心地制订了计划。她在临终时给予了自己同病人一样的关怀和体贴。"浏览历史记录并不是唯一一个能让蕾切尔了解女儿情感世界之动荡的渠道。"她的电脑上有照片。浏览这些照片……非常痛苦。我不知道会在那里面找到什么。成千上万张她自己的照片，自拍照，她看着镜子里的自己……看起来很伤心，下一张她看着自己，哭了。真是令人心碎。"蕾切尔深深地叹了口气说道。

死亡与社会中心的约翰·特罗耶会询问他的学生一些问题。其中一个问题在上一章提到过：如果你只能选择一个，你会留下什么数字资料呢？还有一个问题是：如果你明天就要死了，而你的父母可以看到你笔记本电脑上的一切，看到你拥有密码保护的账号里的一切，那么你会是什么感觉？约翰告诉我，他没有正式收集学生们的答案，但他透露，答案总体趋势是内心感到矛盾，而不是接受这个想法。我并不感到奇怪。不管出于什么原因，我对家人或朋友能够访问和阅读逝者的历史信息怀有强烈的不适感，我不希望我的伴侣或近亲能够访问我混乱的数字档案。也许这是因为埃迪纳观察到的实物信件与数字信件之间的区别。也许，这在很大程度上取决于你的个人背景，但埃迪纳和我都认为，我们的电子通信历史比我们在纸上看到的任何东西都更加个人化、更全面、暴露了更多信息。有趣的是，当蕾切尔给我讲述一个有关另一项遗产的故事时，我的态度没有那么严格，反而更加宽容。"这周，我前夫给了我一盒（凯蒂的）东西……（说）里面全是垃圾，他不想要。好的。垃圾？！"蕾切尔用怀疑的口气说道，"我打开一看，是相册。这是很珍贵的东西。盒子里有她朋友写给她的小字条、日记和卡片。这些都是很棒的东西，凯蒂认为它们很重要，所以保存在一个盒子里，里面还有一把锁。"

　　带着抗拒和不情愿，也带着好奇，我让自己想象失去一个21岁的女儿会是什么样子。我想象着，在我面前的桌子上，放着一台笔记本电脑（或者任何她将在2031年用来存储数据的设备），旁边放着她现在正在写的那本孩子气的、有挂锁保护的日记。打开哪一个给我的感觉更自在？为什么？1923年，在经历了多年的挫折和失败之后，考古学家霍华德·卡特（Howard Carter）终于打开了图坦卡门国王（King Tutankhamun）陵墓的封印，凿开了一道门的一角，几千年来这道门一直严密地防范着入侵者。当他拿着蜡烛对准洞口时，昏暗的光束落在了洞内保存完好的物体上。探险队的资助者、卡特的雇主卡那封伯爵（Lord Carnarvon）在附近徘徊，问他能否看到什么。"可以看到，"卡特深吸了一口气说道，"一些很棒的东西。"

Ω

我们所说的"隐私"是什么意思？这个概念如此神圣，以至于1948年联合国将其纳入《世界人权宣言》。该文件第12条写道："任何人不得任意干涉他人的隐私、家庭、住宅或通信，也不得侵犯其荣誉和声誉。每个人都有权受到法律的保护，不受这种干涉或攻击。"联合国的宣言为所有国家和人民设定了一个基本的全球标准。事实上，几乎所有人都同意，某种程度的隐私对每个人的幸福和独立自主都很重要。它是一种普遍的文化，以某种形式存在于每一个被系统研究过的社会中，但尽管它无处不在，它的形态却在不断变化，从一种文化到另一种文化，从一种语境到另一种语境，这证明了隐私问题难以定义，也难以立法。其多变的性质部分与它的多维度有关：领土隐私，指的是有助于保护个人隐私的空间；身体隐私，保护人体的尊严；信息隐私，主张拥有和控制我们的个人数据，以维护我们作为个人的尊严和完整性。

不过请稍等。所有这些都过时了吗？你还记得在什么地方听说过隐私已经过时了？隐私（尤其是信息隐私）在超网络化的在线环境中是否依然存在？如果我们如此轻易地放弃它，这不是说明我们不再在乎它了吗？当然，隐私曾经被认为是神圣而不可侵犯的，但在一个前所未有的技术时代，每个人都在不断地跟踪并监视着其他人，这头"神圣的牛"已经被宰杀了吗？2010年，Facebook的首席执行官（或许不是最公正的权威人士）发表了一份声明，大多数新闻媒体将其解读为"隐私已死"。马克·扎克伯格在与TechCrunch[1]

1　全球著名的科技媒体公司，致力于科技新闻、创业公司报道与互联网产品评测。——编者的一次台上对话中说:"人们已经变得十分放松自在,不仅分享了更多信息、不同种类的信息,还公开地与更多的人交流。这种社会常态是随着时间的推移而发展起来的。"接着,他提出了疑问:Facebook是否应该为过时的观念费心?"我们认为,我们在系统中发挥的作用便是不断地创新和更新我们的系统,以反映当前的社会准则。"他说道,这使得读者思考Facebook究竟是对已过时的隐私进行了"革新",还是仅仅对其所谓的灭亡做出了恰当的回应。他说,如果他能重新来过,他会让Facebook从一开始就公开,这就是目前社会对区分公共信息和私人信息缺乏兴趣的原因。"我认为Facebook这么说只是因为它希望这种情况能成为现实。"《纽约时报》的一名评论员说道。

如果你看看人们在网上都做些什么,你可能会倾向于同意扎克伯格的观点。在寻求即时满足的过程中,人们确实会为了相对微小的回报而交出自己的个人信息,即使这些信息已经湮灭在过去。当我们被要求用纯粹经济化的语言来表达时,我们可能不会特别重视我们的信息隐私。例如,2013年的一项研究发现,西班牙的互联网用户认为他们浏览历史的价值相当于马德里麦当劳的一顿巨无霸套餐,大约价值7欧元。低估值的原因之一可能是人们不知道这些浏览历史会产生什么样的影响。如果这项研究的参与者观看了《我爱阿拉斯加》这部影片,或者更深入地思考了他们至亲至爱的人能够访问他们所有浏览历史的现实后果,他们的估价可能会大不相同。不管我们在隐私问题上付出多大的代价,当隐私和公众的界限发生冲突时,当我们失去对信息的控制,发现我们选择共享的个人数据并没有如我们预期的那样得到妥善管理时,这对我们来说显然很重要。当我们向朋友或值得信赖的伙伴披露私人信息时,我们相信接收者能够按照我们希望的方式管理这些信息。如果你的朋友曾经未经同意就把你的一只猫从笼里放了出来，如果你曾经口齿不清地表示"这件事不该由她来说"，你就知道控制自己个人信息的权利是不可剥夺的。如果你和一家公司就你的个人数据达成了社会契约，后来这家公司的信息处理方式却违反了你的预期，你可能会感到惊讶和愤怒。

当许多Facebook用户发现他们认为"安全"的数据被第三方使用时，或者换句话说，当他们发现他们实际上并不理解他们所同意的条款和条件时，他们会非常愤怒。目前还不清楚有多少用户因为剑桥分析公司的入侵而直接删除或停用了他们的Facebook账户，但研究表明，人们放弃社交网络的主要原因便是担心隐私问题。许多没有删除或停用Facebook账户的用户一定仔细考虑了来自自己社交网络的信息是否反映了自己的真实状况。

一些持怀疑态度的人最终决定留下来，这证明了隐私悖论，即隐私担忧并不一定能预测隐私行为。人们可能很在意隐私，害怕受到侵犯，但仍然允许其他人访问他们的个人信息。隐私悖论意味着，对实际或可能发生的侵犯隐私行为的焦虑可能会迫使我们停止活动，但持续参与的具体的、即时的回报可能会把我们从悬崖边拉回来。这也意味着马克·扎克伯格在当天晚上可能没那么担心，但尽管如此，在剑桥分析公司的争端之后，他开启了一场"道歉之旅"，改变了他对用户控制个人信息之重要性的看法。

如果你的国家接受《世界人权宣言》，如果你是一个人，你就有合法的隐私权。即使你的国家不接受，我也会说，从道德上来讲，你有隐私权。从心理上来说，你可能需要它。以领土隐私为例，即使是像啮齿动物这样的非人类生物，如果在需要的时候无法与他人实现身体上的分离，它们也会挣扎着走向衰落。如果你是人类，你无法控制你的私人空间，无法控制他人与你身体的互动，或他人对你个人信息的访问权，就会产生严重的心理后果。

隐私是为自己设定的界限："是对亲密度的决定拥有控制权的一种状态，包括对亲密接触、亲密信息和亲密行为的决定。"婴幼儿发育不成熟，只有一个新生的自我意识，不需要做出这样的决定，但他们不久后就能获得这种能力和倾向。比如，在我女儿7岁的时候，她逐渐意识到我是如何在社交媒体上展示她的生活的，于是她在卧室的门上贴了一张声明。

图 5 作者的女儿佐薇贴在卧室门上的声明

图中文字："佐薇的私人财产，不要进来！谢谢你。备注：不要拍这张声明，我指的是你，妈妈。"

我无视了她的声明，但我的侵犯行为并没有逃脱惩罚。她等待着时机，当我们单独坐在车里时，她就开始和我对质。

"我知道你的一个秘密。"一个严厉的声音从车后座那儿传来。

"我的一个秘密？"我茫然地说道。

"你私自在网上分享了我说过的一件私有物品，"她冷冷地说，"我在梅拉妮的电脑上看到了我门上那张声明的照片。"

"我很抱歉。"我心虚地回答道。

然后是一阵沉默。

过了一会儿，她强调说："应该由我来决定是否公开。"

有学者将隐私的概念分为两类：资源隐私和尊严隐私。资源隐私认为隐私只是一种工具，具有某种工具价值。例如，为了能够使用某项服务，我将向您提供一定程度的访问我私人信息的权限。这是一种浮士德式的交易，在数字世界中每天都会发生无数次。这不是我的故事中发生的事情，这里没有任何交易。那扇门背后没有什么秘密，没有任何她想要保护、保存或交易的实用价值。这份声明没有任何敏感之处，而且它也不是那么原创，以至于我侵犯了她的知识产权。

这次交流关乎她对另一种隐私的主张：尊严隐私。尊严隐私是一项原则，即个人根据自认为合适的情况来确定自己的界限，这一想法具有**内在价值：应该由她来决定是否公开**。从根本上来说，她在那个时刻的隐私与那张声明无关，而与自决有关。她曾试图减少看到这张声明的人，而我却推翻了这一企图。通信隐私管理（CPM，Communications privacy management）理论用一个名词来形容这种情况——"边界动荡"。我违反了她的规定，把事情弄得一团糟，而这种混乱的连锁反应是，她在一段时间内不信任我。我们进行了一次谈话来重新建立规则，其中一个结果就是我请求她允许我在博客和这本书中再次使用这张照片。

等我的女儿最终进入青春期，弄清楚自己是谁，并将自己与父母区分开来后，我知道她可能会比当下的她与我分享的更少，而且她可能会对侵犯隐私更加恼怒。这只是青少年正常发育过程中的一部分，当她成为一个合法的成年人后，她对自己拥有的空间、身体和信息的信念可能会变得更加坚定。然后，就像发生在我们所有人身上的情况那样，年龄或身体虚弱将开始侵蚀她维持自己界限的能力，直到死亡降临，带来**致命的**一击。作为一个社交媒体时代的孩子，如果她去世了，她会在意父母是否能访问她的数据吗？虽然"私人生活"这个词很常见，但"私人死亡"并不存在，是吗？

Ω

图坦卡门国王的墓门被打破后仅仅过了6个星期，卡那封伯爵就去世了。在大众媒体的推波助澜下，阿瑟·科南·多伊尔（Arthur Conan Doyle）关于卡那封伯爵突然死亡的假设激发了公众的想象力：卡那封被法老的诅咒击倒，这便是打扰已故王室成员安息的代价。当然，木乃伊的诅咒是杜撰的。卡那封伯爵实际上死于蚊虫叮咬后的感染，当时离发现青霉素还有5年。埃及古物学家进入古墓，挖掘出这位少年国王，并把他的身体和财产运送到世界各地，这有什么问题吗？在现代，对古物的力量满不在乎的殖民主义者，将古代遗存运回遥远的博物馆，肯定会让人感到尴尬不安，但这里还有什么值得关注的吗？询问木乃伊对这一切感受如何，是否荒谬可笑？2010年，一名医学伦理学家和一名解剖学家聚在一起，剖析了这件事的道德问题，许多大众新闻媒体也开始关注这个问题，质疑埃及木乃伊是否拥有隐私权。木乃伊的权利是一个相当小众的问题，不是每个人都在谈论它，它并没有演变成一个重大的新闻事件，也没有促使法律发生变化。

逝者可能有隐私权的观点（即使是那些同伴和继承人早已去世的逝者）从未得到过特别认真的对待，但现在它比以往任何时候都更重要。尊重逝者可能是大多数社会普遍重视的一项道德原则，但传统认为，不需要把正式的隐私权置于首位，侵害逝者隐私充其量只是有些过分而已。然而，时代变化，以及这种变化发生的方式，似乎在促使人们进行重大反思。变化应该是相当明显的。在人类历史上，从未有过如此大量的个人信息在我们知情或不知情的情况下，在谷歌、Facebook和无数其他平台上被收集、存储、传输和共享。

埃及木乃伊留下了被亚麻包裹的尸体、珠宝和镀金的陪葬品，尽管留存下来的纸莎草卷轴教会了我们很多关于埃及社会的知识，但古代统治者并没有给我们留下很多现代意义上的个人数据。就我个人而言，我的外祖父母不仅留下了他们物质的、有形的物品，还留下了各种自传式的、能说明问题的文字和数字记录，包括布片上的标签，一本笔记本，上面有一辆大众威斯特法利亚露营车内部装饰的尺寸和草图，还有财务账目和其他各类文件，以及那盒"二战"时期的信件。也许你坚持认为木乃伊的文物，还有我外祖父母的遗物不应受到侵犯。不过，无论你对此有何看法，这些材料的亲近感与数字时代人类去世后留下的东西相比，简直是小巫见大巫。对于为什么家人**应该**接触到亲人的数字资料，人们经常提出的理由是，这与获取已故亲人的身体、语言和视觉记录没有什么不同，比如蕾切尔最近从前夫那里收到的信件、日记和照片。但是，数字记录是否具有某种特质，使得它们不仅是个人化的，而且在某种程度上具有超个人化的特征？它们是否足以引发人们对逝者隐私的全面反思？

　　隐私可能是一项人权，但人类是会死的、有生命的、会呼吸的生物，有时在法律上被称为自然人。法律通常假定只有自然人才具有法律人格，因此，只有自然人才享有完全的隐私权。人们通常不认为死者对此有多大兴趣。埃迪纳提到的"重要法条"是老生常谈、确立已久的法律原则，很少有法官能够或愿意对其提出质疑。值得注意的是，重要法条背后往往有着数百年的传统，因此可能不会过多考虑数字化的问题。

　　以领土隐私为例。如果你去世了，你就不能继续控制你的财产，因为已经没有"你的"这个概念了。此外，你在生活中所占据的物理空间是有形的，比如你拿着钥匙的房子，你用栅栏围起来的土地，你用"私有财产——禁止擅自进入"的标志装饰的大门。在你去世后，所有这些都将传给你的继承人、国家，或归还给你的房东。数字领域缺乏物理有形性和感知价值，因而也不具备同样意义的"领土"。

　　那么你的个人隐私呢？你是否有权免受不正当的侵犯，比如有辱人格的待遇、未经授权的搜查和人身攻击？在某些司法管辖区，亵渎尸体可能是违法的，你的家人或亲密伙伴，即实际会受到这种侮辱影响的当事人，会被认为是罪行的受害者。例如，在我的家乡肯塔基州，要判断是否发生了犯罪亵渎行为，衡量标准在于这种行为是否会激怒"普通家庭的情感"。逝者自己大概再也不会感知到这种对他们尊严的蔑视或被其伤害了。

　　你可能还会惊讶地发现，在许多地方，逝者本身几乎没有身体隐私的权利，因此攻击逝者的身体可能根本算不上犯罪。例如，在英格兰和威尔士的法律中，尽管大多数人认为对尸体不敬是一件可怕的事情，但法律体系"无法处理亵渎尸体的案件"。如今，在大多数情况下，真正的尸体相当难以接近，因此，谢天谢地，亵渎尸体的行为很罕见。另外，数字遗产以及数字纪念页面则更容易被访问和攻击。2011年，一名来自雷丁、名叫肖恩·达菲的25岁男子在YouTube和Facebook上发布视频和信息，嘲笑死去的青少年和他们的家人，他的攻击目标之一是娜塔莎·麦克布莱德的哥哥为她创建的悼念页面。最后，他被判有罪，并被处以18个星期的监禁，但罪名是"恶意通信"，而不是嘲笑逝者。

最后，还有信息隐私，这指的是我们管理个人数据的能力，以及按照我们的意愿保护或披露这些数据的能力。这曾经是一个非常直接的问题，在某些方面与领土隐私和身体隐私重叠。如果你有私人性质的口头记录，你可以把它们放在你家里的文件柜里，或者放在你个人领地的某个延伸区域，比如你在银行租的一个保险箱里。你可以把个人照片锁在一个盒子里，如果这些照片足够敏感的话，你甚至可以随身携带钥匙。在数字化之前，很少有人会要求你提供个人信息来换取商品和服务，而提出这种要求的很可能是法律机构或其他政府实体。在任何社交活动中，人们可以随时决定是否说出他们的私人信息。现在，妖怪已经从瓶子里出来了。我们的信息已经离开了我们实际可控制的范围，自由地在这片土地上传播，甚至传播到了国外。

与隐私本身一样，"个人数据"可以有不同的定义和类别。一类信息可以用来识别、定位或联系特定的人，它们有时也被称为个人识别信息。另一类是敏感的个人信息或敏感的个人数据，你会判断这些信息是否与他人有关，而且这些数据足够私密，你可以选择将其隐藏或者披露，在什么情况下向谁披露。这属于"也许这不关你的事，如果我相信你，也许我会告诉你"的范畴，在这一框架下，欧盟2018年的《一般数据保护条例》纳入了包括你的种族和民族出身、你的政治观点、你的宗教或哲学信仰、工会成员身份、你的基因和生物特征数据、健康数据，以及有关你的性生活或性取向在内的信息。然而，与其他大多数数据保护立法和法规一样，《一般数据保护条例》并不适用于任何非"自然人"。这是欧盟成员国需要解决的问题。关于我们的个人数据在我们活着的时候应该如何受到尊重和保护的准则变得越来越明确和规范，但我们去世后这些数据应该如何处理，在很大程度上仍有待商榷。

但是，这重要吗？对于不保护逝者信息隐私的做法，通常的观点是它不会产生真正的伤害。本质上，逝者不会或不可能被这种侵犯伤害，因为他们已经去世了。在上面提到的恶意攻击案件中，受害者并不是娜塔莎·麦克布莱德，而是她的家人，是肖恩·达菲恶意信息的接收者。按照无实际伤害的思路，为什么对逝者的个人信息实行免费开放访问政策会有问题呢？为什么一个死人（在法律上根本不是一个"人"）应该拥有"在去世后，保存和控制他或她的名誉、尊严、正直、秘密或记忆的权利"，也就是去世后的隐私？

埃迪纳·哈宾佳是这么认为的：去世后的信息隐私只是逝者长期享有的控制权的逻辑延伸（如果逝者来自具有相当程度的遗嘱自由的国家）。逝者（而不是国家）关于什么做法合适的想法在很大程度上决定了处理你保留的资产的能力。她写道："如果财产是个人人格的延伸……那么人格同样会超越死亡……财产是通过遗嘱来超越死亡的。"同样的理念也适用于知识产权的版权，这一法律领域在全球范围内相对协调一致，而且在不同地区之间肯定比继承法更加一致。正如上一章所提到的，创造了一种艺术或文学表达的人去世后，这些作品的权利将传给他们的继承人，有时在一段特定的时期内有效，有时永远有效（如法国）。埃迪纳称，从这个意义上来讲，"法人"并没有随着死亡的到来而消失。"尊严、正直和自主性确实能在死亡后继续存在，有时甚至可以无限延续……因此，法律人格确实超越了死亡，隐私也应该超越死亡。"

当埃迪纳和我面对面地交谈时，她提到了我们遗留下来的数据相对超个人化的本质。当时，我还没有听蕾切尔说起她从前夫那里收到了一盒凯蒂的东西，但我脑海中已经有了一个"信件盒子"的形象。为什么要区别对待网上的东西和那些被遗留下来的实物呢？比如盒子里的信件，像是詹姆斯和伊丽莎白——我外祖父母之间的亲密情书，这些东西如果没有被毁掉，近亲很容易就能拿到。如果没有人再写实体信件了，而都在网上书写，那么为什么丧亲者就不能看到他们一直能看到的东西呢？

"在网络世界里，我认为自主性（个人做决定的能力）应该是排在第一位的、最重要的价值。"埃迪纳说道。当然，总的来说，凯蒂笔记本电脑上的资料和通过电脑可访问的资料都不是公开可见的，包括凯蒂有意编辑的信息，以及无意储存的数据，其中包含了一段惊人的个人记录，这是一扇通往凯蒂内心世界的窗户，反映了在人生最后一段时期，凯蒂内心世界的脆弱和痛苦。"个人应该有权选择如何处理这些账户，"埃迪纳继续说道，"但如果没有做出这样的决定，那么我认为近亲不应该拥有默认访问权限。"

那么，我们能否确切地知晓，凯蒂有没有对她去世后的信息隐私做这样的决定？她的电子邮件由谷歌托管，但她没有闲置账号管理员。英国数字遗产协会在2017年进行的一项调查显示，约90%的受访者也没有这么做。她有Facebook的账号，但没有遗产联系人，85%的受访者表示，他们没有对自己的社交媒体账户做任何计划。凯蒂没有立遗嘱，很多人也和她一样。在接受"数字遗产调查"的受访者中，只有37%的人写过传统遗嘱，2%的人回复说他们写过"社交媒体遗嘱"。

我发现自己倾向于同意蕾切尔的观点，即凯蒂做了决定，她想要分享她的信息，但这部分看法是基于我持有的各种偏见和假设。因为我总是把自己的电脑和账户锁起来，不与任何人分享我的密码，所以也许我很难想象不这么做的人。对我来说，与其纠结于凯蒂没有一直用密码保护这些信息这件事，我更容易想象凯蒂是存心想消除这些障碍。但是，如果她平时并没有一直保护她的个人数据呢？如果她以前总是保持登录状态，如果她非常痛苦，原本打算退出登录，但是忘记了，又如何呢？如果她陷入了混乱之中，无法像她母亲认为的那样仔细地规划这方面的事情，那又如何呢？当然，如果她确实故意删除了这些密码，并在她生命的最后时刻登录了这些账户，我们可以很容易把这一系列的行为解读为"我允许你访问这些私人资料"。这似乎完全有道理。

当然，事情并不总是那么清晰明确。就在我和埃迪纳谈话的时候，新闻上报道了一个15岁的德国女孩在铁轨上自杀的故事。她的父母无法访问她的Facebook信息，但他们担心她在去世前曾受到欺凌，他们想看到女儿的电子通信记录。Facebook拒绝了，德国法院也拒绝了。数字死亡（Death Goes Digital）播客和博客的作者皮特·比林厄姆（Pete Billingham）在一篇评论文章中写道，逝者的情感体验优先于逝者的隐私。这或许尤其因为逝者还是个孩子："如果你是一名家长，你可以理解并同情他们，因为他们想要知道那些信息中是否藏有答案。这个念头会每天侵蚀你……让你想着，你或许能在孩子和朋友的对话中找到那句话，向你解释，引导你理解，或向你展示孩子为什么会去世。但如果你不知道孩子社交媒体账号的密码，你就无法进入那个世界。"

最终，在德国联邦法院于2018年7月做出的一项重要裁决中，一名法官表示，同意女孩的父母查看电子通信记录。首席法官乌尔里希·赫尔曼（Ulrich Herrmann）表示，没有理由区别对待Facebook上的数字内容和实体信件，他判决Facebook应该让死者的父母访问该账户的内容。这正是埃迪纳·哈宾佳一直渴望的那种大官司，但即使这一裁决使德国的情况更加明朗，它也可能会被证明是一个有争议的决定，其他司法管辖区是否会效仿，仍有待观察。

特别是当死亡令人费解或出人意料时，当存在令人不安的问题，却没有现成的答案时，许多人可能会说，悲伤的父母想要知道他们所能知道的一切，这是理所当然的。换作你，你会怎么做？在你的世界被摧毁后，你希望答案能给你带来一种难以捉摸的平静感，那么你会在孩子极其丰富的网络信息中寻找这种平静吗？你最终是会得到你所寻求的解脱，还是会得到更多的痛苦，这是一个未揭开谜底的问题。不论你是否意识到了，这都是一场赌博，对于你来说，这值得一赌吗？如果存在一股你未能预料也无法控制的力量，阻止你去寻找它，你会有什么感觉？不难想象你可能会和下文中的莎伦有同样的感觉。

Ω

莎伦的女儿去世已经有4年了，但她在电话里的声音仍然因愤怒而变得沙哑，4年来对Facebook的怨恨让她的喉咙发紧。虽然我们从未单独见面，但在我们交谈的时候，我能想象出她的脸，因为2015年的时候，我和她一起出席了BBC电视台的一个关于数字遗产的新闻现场。莎伦的女儿埃米去世时23岁，是这位寡母的独生女。虽然她的死亡并不像霍莉被谋杀和凯蒂自杀那样充满暴力和麻烦，但莎伦仍难以理解和接受。埃米去世之前非常健康，但没几天就因为一种罕见的心脏病去世了，她的母亲非常震惊。

莎伦想不明白这种事是怎么发生的。埃米在去世前的日子里一直在做什么？她感觉怎么样？是否有什么东西（无论是什么），能说明发生了什么事？埃米的Facebook页面还没有更换成纪念状态，所以如果她的消息记录中有什么可以给莎伦提供更多的信息，比如一些答案或者一些安慰，那么莎伦就有可能通过登录埃米的账号来获得这些信息。莎伦没有账号和密码，但她和许多父母一样，认为如果她给这个社交网站写信，他们肯定会把这些信息告诉她，因为她是女儿的近亲。她寄给我一份她当时填写的报告的副本。

其他通知投诉：#5834023……

您想报告什么：其他

什么权利被侵犯了：请帮我加急，我23岁的女儿已经去世了，我需要她的登录密码

检查是否适用：无法访问

为我们提供足够的信息来定位Facebook上的内容：请快点帮助我

内容如何侵犯了您的权利：请快点帮助我

选择一项：权限拥有者

"请快点帮助我，请快点帮助我"。莎伦反复表达的痛苦，最终被判定为格式错误的求助请求，以及她认为自己能够得到所需材料的设想（错误地将自己定义为"权限拥有者"）都让人印象深刻。她告诉我更多细节后，更让我感到心酸的是，她在埃米去世后不久就发出了这种绝望的求助，那时候葬礼甚至还没有举行。

一方面，令人鼓舞的是，与我交谈过的其他一些家长不同，莎伦确实记得收到过回复。另一方面，这个听起来像录音的信息又往她的心上插了一把刀，就像是你拨打紧急求助热线，但只听到"所有线路正忙"的录音一样。很难说这类回复是由人类还是聊天机器人发出的，但我确信聊天机器人在那个时候并没有被用于Facebook的这类交流。正如人们所料，这封邮件一开始说，Facebook对莎伦失去了女儿感到非常遗憾，但随后很快又强调了埃米的隐私权。

报告所选用的"权利"这个词很有趣，因为这一权利是由Facebook自己的条款和条件赋予的，没有被载入法律（许多司法管辖区的死者均受此影响），但回复的信息里没有提到这一点。Facebook表示，它非常重视对用户隐私的保护，这似乎是在暗示，目前还没有证据表明，被要求提供信息的用户实际上已经死亡。如果用户确实已经死亡，Facebook只能向遗产的"授权代表"提供有关账户内容的信息。电子邮件继续写道，即使对于这样的授权人士，仅仅提出请求或提交相关文件也不会立即获得成功，从逝者的账户获取内容需要一个漫长的过程，同时也需要法院的命令。这封邮件以某个人的名字落款（我们叫她"杰姬"），后来我们确认了她是Facebook用户运营部门的员工。

莎伦没有灰心，她继续和对方沟通。她回信给杰姬，感谢她的迅速回复，并解释说离举办葬礼只有几天了。"真的很紧急，我需要看看她的历史消息……这当然不是一个恶作剧。"莎伦向她保证道。显然，在她的印象中，只要她能证明她的女儿确实去世了，Facebook就会认识到她的需要，并认为她有权作为母亲访问埃米的信息。她建议Facebook的相关部门查看埃米的Facebook页面，确认她的女儿确实去世了。莎伦解释说，有一个链接，点击它就可以看到当地一家报纸的头条新闻，报道了埃米的英年早逝。杰姬回信说，根据莎伦提供的信息，她无法帮助她。

尽管双方来来回回地交流着，但莎伦始终没有得到埃米账户的登录密码。她与用户运营部门的通信只是提醒了Facebook：埃米已经去世。根据其政策，Facebook把埃米的账户更改成了纪念状态，但这一结果并非她的本意。莎伦还收到了一个链接，她可以通过这个链接请求删除已故用户的账户，就像霍莉·加扎德一家一样，这与埃米悲伤的母亲想要的正好相反。4年后，莎伦说她依然经常浏览埃米的个人资料，她说这"至关重要，没有它我会迷失自己"。最后，莎伦仍旧没有得到她想要的，但她得到了一些她不想要的东西：一个链接，点击这个链接，她就可以切断和女儿的联系；个人页面更改成了纪念状态，在埃米生日那天，她不会再收到提醒信息。莎伦觉得她不是唯一一个受此影响的人。"10天前是她的生日，"莎伦对我说道，"Facebook没有发送通知说，今天是埃米的生日。在她去世后，我就再也没有收到生日通知了。真的，埃米还在Facebook上，那天还是她的生日。"

Facebook拒绝让莎伦查看女儿的信息，这让她很震惊。部分原因似乎在于她无法理解，除了家人的情感和愿望之外，他们如何或为什么还要考虑逝者的隐私。"不允许我查看私人信息，这让我很恼火。他们说这是数据保护，保护个人的记忆……你看，这是不对的，这是不对的。"莎伦说道。她的声音虽然微微颤抖，却很强调这一点。"他们应该尊重近亲的意愿。（悲痛的家庭）不应该需要提出这样的申请。Facebook 所要做的只是获得法律的支持。当有人去世时，我们必须走一套流程。"

"他们没有一套流程吗？"我试探性地问道。我指出，从邮件的内容来看，他们似乎有相当多的流程，尽管可能不完美，也可能缺乏人情味。

"他们有一套法律流程，"莎伦承认道，"但他们没有一套富有同情心的流程。失去她是迄今为止我遇到的最糟糕的事情，因为我们非常亲密，我们是非常非常好的朋友。她把我看作她的母亲，非常尊敬我……她绝对尊重……"莎伦停顿了一下，说道，"我的心都碎了。"

我突然回想起2015年新闻报道的一个片段，并想到了莎伦用手指着屏幕，展示她空白的 Facebook 好友列表的场景。在埃米去世后，她莫名其妙地从这个名单上消失了，这是莎伦觉得这个社交网站给她造成的一连串侮辱和伤害中的最后一个。她告诉我，她是如何再次向 Facebook 求助的。她回忆说，双方再次无法沟通，没有解决问题的希望。直到莎伦把她的故事告诉了 BBC，埃米才重新回到莎伦的朋友名单上。我回想起蕾切尔反复强调的"作为她的母亲"的说法，心里把它和莎伦在最初向 Facebook 询问时选择用来描述自己的词汇"权限拥有者"联系了起来。我想起莎伦向我保证埃米是多么尊重她，她们是多么亲密，我不知道这其中是否还有另一层含义：埃米会希望我能看到那些信息，她有这样的希望。她信任我，我是她的妈妈。

我同情莎伦的痛苦，听到她的痛苦，我觉得自己像个双重间谍。我心里有一种罪恶感，当我和莎伦说话的时候，罪恶感就会出现，现在当我写作的时候，心里也有罪恶感。从某种意义上来说，我当然站在莎伦这一边。我是一个独生子女的母亲，有一个深爱的女儿。我是一名心理学家，一名为丧亲之人服务的执业医生。我深切地、毫不费力地理解她十分正常的愿望——想要获取这些信息，尝试并解决她头脑中有关健康的女儿为何迅速衰弱和死亡的痛苦疑虑。我对数字时代的悲伤有足够的了解，能够理解实际的（或预期的）失去数字遗产访问权的痛苦。尽管她一直能看到埃米的部分个人资料，但当她女儿的名字从她自己的朋友名单中消失时，莎伦经历了创伤性的"二次死亡"，在数字时代，很多哀悼者都害怕并经历过这个过程。我同样认为她转发给我的来自Facebook的信息很冷酷，没有人情味，我也感到愤怒，因为丧亲者在亲人去世后，要想找到该做什么以及如何联系Facebook的信息，方法并没有变得更容易。我对莎伦渴望看到这些信息的心理原因感到同情和好奇。

尽管如此，我不确定自己是否认为她有权访问埃米的私人数据。和凯蒂以及绝大多数网民一样，埃米并没有在社交媒体上立遗嘱，也没有在任何平台上表达自己的愿望。但与凯蒂不同的是，无论埃米多么尊重和爱莎伦，无论她们母女关系有多亲密，埃米在去世前没有登录她所有的账户，也没有把密码告诉莎伦。在这种情况下，讨论埃米是否想要别人访问她的私人数据就不那么容易了。也许你同意关于死后隐私的道德观点，并认为，在未来通行的法律中，过度个人化的信息数据应该被视为逝者的合法延伸，就像物质和创造性财产一样。也许你不同意，所以不会持有和我一样的保留意见。

我有点想问问莎伦以及蕾切尔对此的想法。但是如你们所见，我要么是一个太懦弱的记者，要么就是一名太敏感的心理学家，不敢提出这个话题。直到我和蕾切尔、莎伦的谈话结束，我都不敢问她们那些一直萦绕在我脑海里的问题。我怀疑这些问题会引起她们的愤怒、受伤、自卫或以上全部情绪。如果你们的女儿实际上不希望你们阅读她们的信息，甚至即使她们去世了，也不希望你们阅读呢？我没有问两位母亲她们是否相信有来世，但沃尔特谈到了我们如何看待天使般的逝者在守护和保护我们这些活着的人。如果埃米或凯蒂现在看着她们各自的母亲，而莎伦和蕾切尔仍然无法阅读女儿的信息，这对埃米和凯蒂来说意味着什么？

2018年年初，我参加了"信息伦理圆桌会议"（Information Ethics Roundtable），不同领域的学者齐聚一堂，讨论大数据、算法、监控、数据保护和隐私问题。在我自己的小组中，有一位同事展示了在以色列进行的一项调查的结果。在这项调查中，478名互联网用户被问及他们希望在死后如何处理自己的个人数据。其中一个问题要求受访者考虑，在他们去世后，他们希望谁能访问他们的各个账号。具体来说，谁希望他们的父母在他们去世后能够看到他们社交网站上的内容？不到1/4（22%）的人表示愿意让父母看到自己社交网站上的内容，而68%的人表示，他们愿意让配偶或伴侣看到这些内容。那么电子邮件或其他私人渠道中包含的消息呢？不到1/5（19%）的受访者表示愿意让父母看到这些内容，而同意配偶查看私人信息的受访者比例稳定在68%。显然，我们和父母之间容易形成一道相对较宽的信息界限，这在青春期和成年早期表现得非常明显，这种习惯我们会保持一生，为的是让他们或我们获得更大的安慰，而这些偏好延伸到了我们死亡之后。对于那些不希望其他人访问自己数据的受访者来说，最常见的原因是什么？你猜对了，这是一个一旦你咽下最后一口气，便通常在法律上不再成立的原因，而且直到最近，在涉及逝者问题时，这个原因依然毫无意义，那就是隐私。

Ω

隐私，这是最后一个复杂的问题，尽管它是这里要解决的最后一个复杂的障碍，但它一直是这个问题不可或缺的一部分。关于它是什么的线索，不仅分布在本章中，而且整本书中都有涉及："信息""社交""网络"。虽然日记可以纯粹为自己保留，但信息总是**发给**或**来自**另一个人。与自己社交是荒谬的，我们无法组成一个人的网络。如果逝者的Facebook时间轴上可见的内容通常是由多个个人共同构建的，那么作者身份可能是数百个人，但消息历史总是至少涉及其中一个人。

我们谈论的不仅仅是逝者的信息隐私，还有他的身份和敏感数据。这涉及逝者在网上通过信的任意一人和所有人的数据。还记得埃尔斯沃思的案例吗？法庭下令雅虎公司把贾斯汀邮箱里的内容下载后交给他的父亲。雅虎公司如此抗拒的部分原因可能是，这些内容中的大部分与贾斯汀的父亲收集他的遗产所需要的东西无关，只是他与其他许多人的通信，其中一些人约翰·埃尔斯沃思可能从未见过。其中一些人已经接受了雅虎的条款和条件，希望雅虎能为他们的通信保密。他们中不太可能有人想过，如果贾斯汀出了什么事，他们的电子邮件会落入他家人的手中。直到他去世，这个案件才登上新闻头条。

这并不是说数字时代的人们不关心隐私，即使是那些从小就习惯了社交网络的年青一代，也会关心隐私。事实上，年轻人比他们的长辈更能保护他们的网络隐私。就在马克·扎克伯格宣布隐私不再是一种社会规范的同一年，一项研究正在进行，研究中71%的年轻人称，他们已采取措施，掌控自己的隐私设置，47%的博客用户

（包括像Facebook这样的社交平台用户）表示，他们曾经进行过"博客清理"，删除了一些评论和帖子，这些评论和帖子是他们发布的，但后来有了别的考虑。一旦意识到信息披露对自己和他人的潜在社会影响，我们会多次评估、校准和调整我们发布的关于自己的信息。我们意识到潜在的问题，但又受到参与所带来的利益的驱动，于是不断地对资产负债表进行计算：我将获得的社交好处是否值得我披露那一点点私人信息？最重要的是，无论我选择何时披露，我是在向谁披露这些信息？对于这些数据，谁在我所选择的共享圈子里？

这时候，通信隐私管理理论就再次登场了，因为它再次与这个问题相关，并且很容易找出原因。通信隐私管理理论解释说，当一个人分享有关自己的"私人"信息时，就会从根本上改变这些信息的性质。最初的所有者不再是唯一拥有它的人，它再也不会像原本那样"私有"。一旦你告诉某人一些原本只属于你的信息，你选择的接收者或接收者们将成为该信息的联合股东或利益相关者，隐私边界已经永远被改变了。如果是一对一的电子邮件交流，隐私的界限便已经扩大到两个人，即一个二人组。如果这种情况发生在Facebook上，你的好友个数是432，而且你把发布的内容设置为仅好友可见，那么隐私界限就扩大到了432人。

有趣的是，你很少听到有人说"请不要把这封邮件转发给其他人"或"请不要截屏或与他人分享这些内容"，他们通常不需要这么说。对于那些习惯了这种交流方式的人来说，这是隐含的要求，几乎每个人都明白，他们有责任维护群体的隐私边界。当有人打破这一默示协议，将某个人的个人信息传播到圈外时，原因可能如下：他可能对文化背景并不知晓；可能不了解隐含的规则；或者在事情悬而未决、不够清晰时，人们难以对边界达成共识。偶尔有人会进行更明目张胆、更蓄意的侵犯。在任何情况下，打破信任圈（那些没有在平台的条款和条件中说明的、不言而喻的、保护数据的社会规则）的人都可能得到言语或行为方面的负面反馈或惩罚。信息的原始拥有者甚至可能重新调整他们自己的边界，以排除侵犯者。

但是，当数据的原始拥有者已经不在人世，无法再甩开边界侵犯者的手腕，重新划定自己的边界时，责任还在联合利益相关者的身上吗？他们是否会维持假定的互惠协议，以保护团体内部共享的信息？我想起了梅利莎，即凯蒂横幅照片中的那个朋友，凯蒂似乎信任她。我记得蕾切尔谈到，她在凯蒂去世后努力与梅利莎沟通。我很同情这位悲伤的母亲，她通过 Messenger 联系凯蒂的朋友，寻找她迫切需要知道的答案。我还记得蕾切尔告诉我，梅利莎最终在 Facebook 上屏蔽了她。

当然，在逝者的内部信息圈子里，相关的人可能不仅仅忧心于逝者数据的保护问题，他们可能很关心自己的隐私。在一个只有实体信件的"蜗牛邮件"时代，家人可以很容易地获得照片和任何保留下来的日记。但是，获得他们的亲属写给别人的信将是一件更棘手的事情。与此相反，现在他们可能突然发现自己拥有了无数其他人写给已故家人的信，然后他们能够凭这些信，想象家人写给对方的内容。一方面，这些资料可能不会让家人产生太多情感共鸣或影响，因为这些信件不是由他们失去的亲人撰写的。有时它们可能会给人安慰；有时它们可能会引发更多的不安，引发家人去世后难以解决的问题和疑虑：这个人是谁？他或她为什么要给我的儿子/女儿/妻子/丈夫/父亲/母亲写信？这段话是什么意思？他们是什么关系？相比今天，纸质信件时代不太可能存在这么多问题，通信的片面性在叙述中留下了很大的空白。现在的情况完全不同了。我们在信封的两面都贴上了邮票，写上时间、日期甚至是地点。过度个人化，确实会涉及更多人的个人数据，而不仅仅是逝者的。

就像贾斯汀·埃尔斯沃思的朋友们可能遇到的情况一样，当我们在网上给密友写信时，我们很少考虑这样一个事实：如果和我们通信的人出了什么事，那么信件的读者可能会大幅增加。有时候，我们可能会思考，当我们输入一条特别私密或特别敏感的信息时，如果其他人看到了它，那意味着什么？在各种设备上通过技术手段进行的沟通可能会导致信息落入他人之手，而那些无意的受众很容易就能认出我们，并与我们联系，提出他们可能有的任何问题或不满。这种情况或许会让我们踌躇不安，但我们几乎从未考虑过，一旦和我们通信的人去世，会发生什么。

让我们假设一下，和你通信的重要人物是他们信息隐私的坚定保护者，他们全副武装，拥有层层密码保护，但另一个人有充分的理由，希望在他们去世后看到这些数据。如果未来的法律认定死者没有权利继续将其以数字化形式存储的个人信息保密，这将如何改变你在生活中与朋友自由交流的状态？这会对我们的个人自治和自由构成什么样的约束？另一方面，如果有一天，死后隐私被纳入法律，有多少悲伤的家庭会发现自己无法接触到亲人曾经写过的任何东西，也无法看到他们最近的照片？在一个个人隐私如此频繁地涉及众多共同利益相关者的时代，我们该从何处下手，来探讨逝者的隐私？

Ω

在你的大脑快速运转的过程中，你可能会联想到，欧盟在其最新的数据保护规定中不愿处理死后隐私问题，它渴望让成员国自己在这片特别棘手的丛林中奋力前行。你可能会同情英国的法律委员会，该委员会在2017年发起了一场公众咨询，其目标完全值得称赞，即围绕遗嘱对法律进行现代化改革，但他们在谈到数字资产时却失去了勇气，称暂时不打算监管这些资产。埃迪纳·哈宾佳对此大翻白眼，在她看来，这是如此关键的时刻，她对法律委员会做出的决定非常失望，她认为改变需要尽早发生。

我刚刚就这个不可推卸的挑战进行了探讨，设计了某种连贯的线路，带你初步了解了这个领域。我对那些隐藏在这些不为人知的规则背后，深感困惑和矛盾的人表示同情。在一个全新的、无限复杂的环境中，我们几乎不可能理解所有影响我们生活隐私的风险、裨益和其中的权衡，更不用说死亡了。当一个活着的人所划定的界限在他去世后被改变时，确实会引发严重的动荡，遗留下来的过度个人化的数据可能会带来极大的安慰，也可能带来巨大的痛苦。在考古学家进入图坦卡门国王的坟墓的百年后，当我们进入死者数据资料的山谷，推开在那里发现的门时，我们也像卡那封伯爵一样，经历着奇迹和诅咒。

第五章
管理网络上的逝者

外祖母伊丽莎白去世后，有一段时间（在我母亲看来，这段时间太长了）她被停放在一个没有墓碑的坟墓里，唯一能表明她存在的是一块长方形的翻动过的泥土，上面长着新草。也许在安放纪念碑之前，需要先把地面上的泥土修整一下，但我母亲想知道，她的父亲詹姆斯是否对这些事情无动于衷。"我觉得他其实并不在乎墓碑，"母亲说道，"他从来没有好好考虑过他父母的墓碑。"不管他有多冷漠，我母亲仍对外祖母坟墓的状况感到不太高兴，她把自己的想法告诉了父亲。然后他们两人一起着手解决这个问题。

到那时，詹姆斯最初的冷淡态度似乎已经发生了很大的变化，他们来到纪念碑公司，准备以让所有人都满意的方式解决这个问题。考虑到他懒散的态度和朴实无华的本性，人们可能会认为詹姆斯想要以最简单、花费最少的方式完成这项工作。然而，在经历过早前的一番犹豫之后，他现在似乎觉得有必要在社会或情感上创造一些更有意义的东西。"那时，"母亲说道，"他不在乎花多少钱。他只是想做一些非常特别的东西，让每个人都满意。"虽然她没有明确地说出来，但我怀疑，为了达到这个目的，这对父女之间进行了一些感性的对话，准备一起决定用什么样的墓碑来纪念伊丽莎白（以及在适当的时候，纪念詹姆斯）。

印第安纳州石灰岩的颜色从灰色到浅黄色不等，该州的大部分地区都覆盖着石灰岩，无论是在自然环境中还是在人工环境中，你都可以看到它。印第安纳州的贝德福德离我外祖父母住的地方不远，这个地方自称是"世界石灰岩之都"。20世纪20年代，该城镇的采石者协会出版了一本教育专著，将印第安纳州的石灰岩描述为"建筑材料中的贵族"。对外祖父母来说，这似乎是一个合适的选择，他们一生都居住在印第安纳州的南部，但我母亲清楚地记得，纪念碑公司不鼓励他们用石灰岩制作伊丽莎白的墓碑。"它会在某种程度上磨损或变质……它只能经受住400年，而不是1500年的自然侵蚀，"母亲说道，"他们不会再使用石灰岩了。如今，墓碑都是用大理石或者花岗岩制作的，这些材料制作的墓碑将永远保存下去。"我告诉她，我们在伦敦的厨房扩建工程的设计师也用寿命论说服我们使用大理石或花岗岩台面，他告诉我们这个厨房将永远存在下去。我母亲对此表示怀疑，因为她曾经多次翻修厨房，但她也笑了。"我们都在努力以某种方式获得永生，因为现在很多人都不相信有来世。我的意思是，我想用花岗岩做我的厨房台面，然后你也可以用那块花岗岩制作我们的墓碑。"她说道。

我母亲现在会开一些关于永恒的玩笑，但当时她和我外祖父显然是抱着永恒的希望而被说服的，他们遇到了一位真正的艺术家，他们最终委托他用大理石雕刻伊丽莎白的纪念碑。我母亲去他的工作室拜访过他，她对他的外表感到吃惊：从头到脚布满大理石灰尘，像幽灵一样白，在灯光下反射出奇怪的光芒。雕刻家反射出奇怪的光是有原因的，因为覆盖在他身上的是科罗拉多圣诞石（Colorado Yule）的微小颗粒，这是一种只有在科罗拉多高山上才能找到的石头，开采起来非常困难，成本很高。它呈现出令人震惊的白色，由99.5%的方解石组成。只有品质最好的石头才能成为制作美国重要的州标志和国家标志的物料，而科罗拉多圣诞石便获得了这一资格。20世纪初，华盛顿特区的标志性建筑——林肯纪念堂的建筑师认为，为了给这座重要建筑披上一层华丽的外衣，让它成为林肯捍卫民主的光辉象征，唯一合适的材料就是高雅、纯粹的科罗拉多圣诞石。考虑到材料的成本，他遇到了相当大的阻力，但他成功地论证了这种石头的美学特性会使花费物有所值，从而获得了支持。到1922年完工时，这座建筑已经花费了300万美元，相当于今天的4000多万美元。所以，当我母亲说我外祖父不惜一切代价时，她并没有夸大其词。

他们选定了这块珍贵的石头，剩下的只需要选择雕像的形状了。最终，詹姆斯决定把这座装饰妻子和自己最终安息之地的纪念碑雕刻成一只天鹅的形状。外祖父说，天鹅一生只有一个伴侣。我母亲回忆起她对天鹅雕塑的第一印象："哇！"她记得当时自己在想，"这真的是白色的！"这是她在工作室里看到这只天鹅时的第一印象，当时艺术家正在锯开它的表面，塑造出天鹅休息时紧密折叠在身体两侧的翅膀，天鹅的脖子摆成了一种休息的姿势。当它被立在墓地之后，母亲更加注意到它的光辉，它与周围一排排相同的墓碑形成了鲜明的对比，墓碑的顶部有着柔和的线条，就像一艘明亮的白色小船在灰色的波浪上浮动。

天鹅与周围环境不协调这一事实本身并不是问题。在一些墓地，纪念建筑间可能存在竞争关系［让人想起巴黎拉雪兹公墓（Père Lachaise）的具有象征地位的纪念碑］，但是亲人埋葬在印第安纳州杰斐逊维尔的核桃岭公墓（Walnut Ridge Cemetery）中的家庭不会过于在意与邻居攀比，而且墓地里的居民对此也并不在意。更重要的问题直到我外祖父去世后不久才出现。随着时间的推移，这件作品被证明是各种物质的现成宿主。污垢和有机物在其粗糙的表面沉积并开花。"一开始还不错，"母亲说道，"它只是看起来有点暗，这有助于防止它看起来太白。深色的褶皱突出了优雅的特征。但后来它看起来那么凄凉，就像被遗忘了一样。"

图 6 伊丽莎白的天鹅墓碑

我母亲从来没有想过这只天鹅需要保养。墓地的工作人员只是负责打扫地面，他们不习惯被问及如何更用心地维护墓地。我母亲打电话给这位艺术家，订购了他推荐的所有清洁产品，但由于缺乏经验，附近又没有水源，她自己动手清洁的尝试失败了。毫无疑问，要保持林肯纪念堂的整洁需要雇用一群人，但我母亲没有任何雇员，只有她自己、一瓶清洁剂、几个袖手旁观的墓地员工，还有一只脏兮兮的天鹅。

幸运的是，我家的一位朋友知道怎么做，并主动提出要帮忙，于是这只天鹅就恢复了原来的样子。我妈妈不知道这个朋友是怎么做到的，她也不记得清洁剂的名字，但至少这只天鹅又恢复了原样，像一根疼痛的拇指一样突出醒目，这是被好好照料的结果。但是下次谁来做这项工作呢？下下次呢？我们家的人分散在美国各地，养育了一代从未见过曾外祖父母的孩子。尽管她很欣赏天鹅的美丽，但我母亲认为，如果重新来过，她不会做出同样的决定。科罗拉多州圣诞石可能在"永远"方面承诺得太多，却没有兑现。母亲去墓地时，注意到雕像底座上散落着一粒细沙，映衬着抛光的黑色大理石底座。随着天气的变化，天鹅身上极其昂贵的白色大理石正在脱落。"也许后世的人会看到一只小得多的天鹅。"母亲说道。

我告诉她，在挪威、瑞典和德国这样的国家，人们的专用坟墓会在20年或25年后失效，除非他们的家人出钱延期。如果没有支付维护费，这些尸体就会被送去火化，或者被埋进一个集体坟墓里，而这块地则会被更多当代逝者——也就是那些去世不久，还能被生者生动地回忆起来的人——重新利用。这可能会让美国人惊愕不已，由于生活在一个幅员辽阔的国家，美国人仍然享有为许多代已故公民提供个人安息之所的奢侈。更小的国家则没有那么多空间。当然，妈妈一开始很震惊，因为她从来没有听说过墓地回收的做法，但后来她笑了。在与天鹅问题斗争了20年之后，她在这些事情上变得更加务实。尽管如此，一想到这只天鹅会被人忽视，我母亲就感到很不安。当她和我外祖父做出决定时，他们都不知道纪念碑的维护费用会很高。他们都没有意识到，当他们委托别人去创造这块墓碑时，他们也在创造责任、工作和义务。我的母亲深切地感受到了这一责任，她愿意做天鹅的管家，但20年后，她不太可能还在这里了。

"我不会花很多时间去想这件事，但在我离开后，可能就没有人维护这块墓碑了，除非家里有其他人愿意承担起这个责任，"母亲说道，"只要还有人在这里，还有人在乎，这是可以做到的。在这些人离开以后，没有人知道谁会承担起这个责任。"

多年以后，在我年老的时候，我在想我是否还会穿越大西洋，去往我出生的地方——我外祖父母生活和去世的国家。如果我这样做了，我是否会因为参观核桃岭公墓的黑天鹅（后来可能会作为黑天鹅出名）而感动呢？看着它，看着堆积了几十年的尘垢掩盖了它的自然光芒，我会感到内疚吗？我会不安地怀疑，认为自己逃避了本应属于我的责任吗？

Ω

在和母亲交谈之后，她对天鹅的一些担忧传递给了我，我是詹姆斯和伊丽莎白最年长的孙女，也是地理位置上最遥远的孙女。然而，维护我外祖父母的纪念碑是一项挑战，如果我选择接受它，应对起来应该相对简单。它是有形的、可触摸的，处在一个固定的位置，这是一个结构简单的物体，相对来说很坚固，尽管它的底座上积了大量的细尘。即使我仍然住在千里之外，若给指定的看护人一点钱，并且指导一下该如何保养，也足够了。

如果在一个在线墓地里，有一只我可以远程维护和访问的体面的虚拟天鹅，事情会简单得多，不过，我的外祖父母会认为这是一个奇怪的想法。抛开它们之间的区别，美国的公墓、全球公墓、Facebook、遗产网站和杰斐逊维尔纪念碑公司（Jeffersonville Monument Company，我的母亲和外祖父曾向这家公司买过一只科罗拉多圣诞石天鹅，现在已经倒闭了）有什么共同点呢？他们都提出，有些公司甚至承诺说，他们提供的某些东西可以永远存在下去。但如果我们的某些东西永远存在下去，谁来负责照看这些东西呢？无论是线上还是线下，逝者及其遗产都需要一名管家。

那些关心逝者的人一定会通过许多不同的纽带来完成照看工作。第一个照顾者是那些在逝者的遗体走完地球上的最后一程时照顾他们的人，这些人通常是家庭成员和各种类型的死亡工作者，他们的角色由传统、惯例和法律明确规定。处理好遗体后，人们关心和关注的点转向遗产，此时的照看者——通常是遗嘱执行人、个人代表、直系亲属、管理人——也往往知道自己的位置，了解自己的受托责任。人们在公墓里购买墓地或骨灰安置所的龛位，伴随而来的任务是在约定期内保护及维护纪念碑。然而，超越这一点，我们便进入了一个更加模糊的领域，特别是涉及了在线领域。谁来负责保护一个人在生活中留下的更无形、更感性、更**数字化**的元素，以及这个人在世界上所表达的东西或记忆？谁拥有、管理或照料数字遗骸？谁守卫大门，允许或拒绝某人进入，防止他人亵渎，保存记忆并向其致敬？

这种对数字遗产和纪念物的管理，虽然不太清晰，但潜在的责任却很重。事实可能证明，不管有形墓地的纪念碑有多么精致，石料有多么昂贵，这种管理要比维护任何有形墓地重要得多，也更有意义。管理者可能会通过亲属关系、友谊、职业责任或合同条款来照顾死者，但让我们先从家庭开始。我敢肯定，有那么几天，苏珊会希望她唯一要处理的事情就是一只大理石天鹅和几个装满纸信的活页夹，因为她的管理职责比我母亲的要宽泛得多，在很多方面都是如此。

Ω

　　当我在Twitter上公布我的电话时，苏珊和我取得了联系，她希望聆听人们在数字环境下分享的关于死亡的经验。最近，她有好几位亲人、朋友相继去世。死神以各种形式降临，但在拜访苏珊最亲近的人时，死神往往隐藏在癌症之中。2004年，黑素瘤夺走了她的女婿——小女儿约翰尼·休的丈夫的生命。接着是第二次打击，约翰尼·休被诊断出患有第四阶段的宫颈癌，即使苏珊陪女儿去的是专业癌症治疗中心，但治疗这个阶段的宫颈癌也是一个巨大的挑战。苏珊承受着很大的压力，她在帮助女儿为生命而战的同时还坚持工作，苏珊的丈夫约翰也是如此，他要照顾两个已经失去父亲的十几岁的外孙。

　　约翰正在消瘦下去，苏珊想，考虑到他所承受的压力，这是可以理解的。当他被诊断出患有结肠癌时，肿瘤已经扩散到了他的肺部、肝脏和大脑。每个人都在与自己的疾病进行斗争，每个人都意识到了对方的痛苦，对于苏珊来说，丈夫和女儿的最终死亡是毁灭性的。虽然苏珊的丈夫被诊断出癌症的时间晚于她的女儿，但他却是先去世的。约翰去世仅仅58天后，约翰尼·休（一个以她父母的名字命名的女儿）在苏珊的怀里去世了。即使经历了这一切，命运似乎下定了决心要更残酷无情地对待苏珊。苏珊最好的朋友埃米莉是一位深受大家喜爱的当地教师，也是苏珊的精神支柱，她在约翰尼·休去世1年后因脑癌去世。女婿、丈夫、女儿、最好的朋友都去世了，所有这些都发生在8年内。

　　为了找到面对如此多亲近的人去世的方法，苏珊开始写一个关于悲伤和面对死亡的博客。对她来说，这当然是死亡与数字世界相遇的一种方式，但这并不是她回复我Twitter的主要原因。"这么多人去世，"她在给我的一封电子邮件中写道，"在社交媒体上上演，而且还在继续上演。"

一开始并不是这样。当癌症最初向她的家庭发起猛烈攻击时，Friendster和MySpace（聚友网）等社交媒体网站正介于起步和过时之间，而Facebook尚未向公众推出。苏珊的女婿去世时，并没有留下任何重要的数字足迹，因此家人为他创建了一个纪念网站，希望为哀悼者提供支持，也为他的两个年幼的儿子留下一份网络遗产。后来，当我和苏珊交谈的时候，她实际上也没有过多地参与社交媒体。那时圣诞节刚过，苏珊暂时停用了她的Facebook账户。要理解其中的原因，有必要了解在这段时间里发生了什么。在这段时间里，苏珊不仅加入了Facebook，而且在生活中不断地感受到Facebook的存在，甚至感到了压力，她在Facebook上所花的时间和精力超出了自己的想象。

乍一想，这似乎有点奇怪。苏珊之前没有社交媒体账号，对Facebook一无所知，对Twitter漠不关心。虽然苏珊并不排斥科技，但她不喜欢社交媒体。女儿生病后，她几乎没有多少时间可以支配，要兼顾工作和照顾女儿。在这种情况下，怎么会出现苏珊既要负责自己的个人资料页面，又要负责多个支持页面的局面呢？答案就在她在我们的采访中使用的一个词中，她使用这个词甚至比使用"悲伤"还要多，是使用频率最高的一个词，那就是"社群"。早在社交网络出现之前，苏珊和她的家人就已经是俄亥俄州社群的中心人物了。她的高中男友，也就是后来成为她丈夫的约翰，是一位美国橄榄球明星，拥有多项州纪录。当约翰和苏珊结婚后，他们留在了这个地区，他们的3个孩子接受了当地的教育，其中包括约翰尼·休。

苏珊说，休是高中的"宠儿"，是返校节女王（homecoming queen）。每个人都认识他们的家人。因此，当约翰尼·休生病时，每个人都很关心，他们都感受到了这家人的痛苦，都想知道最新的情况。

事情很快变得难以管理，他们一家每天要接很多个电话，还要不断地开门，但他们想到了一个主意：创建一个Facebook支持页面，在上面发布最新消息，让人们在那里表达支持。苏珊没有Facebook账号，无法创建支持页面，所以她的朋友埃米莉创建了约翰尼·休的朋友圈，这是一个封闭的Facebook群组。这个群组的成员人数迅速增加到数百人，每一个新成员都要经过埃米莉和苏珊的亲自审查，以确保他们与这个家庭有真正的联系。后来，苏珊注册了一个Facebook账号，和埃米莉一起成了这个群组的管理员。从很多方面来看，这个发布有关约翰尼·休消息的中心，以及接收该群组中七八百人关心的地方，都是天赐之物。"我们得到的大部分支持都是令人振奋的。知道这么多人支持着我们，思念着她，关心着两个外孙，我们感到很安慰。所以这是一种很好的沟通方式。"苏珊说道。但事情并不总是那么简单。

"人们的期望让我感受到了压力和焦虑。要知道，'我需要更新支持页面'，"苏珊解释道，"奇怪的是，我觉得有责任这么做，因为人们是如此善良，他们一直在付出……但是，我必须对我发布的东西非常小心。每个人都在聆听我发布的东西。外孙们在Facebook上也很活跃，我必须……确保我写的东西都已经传达给他们了。我需要认真思考。我不能只是登录Facebook，然后说：'今天她装了一根引流管，治疗后她很不舒服，整晚都在呕吐。'有时候，你不能说出你想说的真实情况，因为他们会非常敏感。我感到我也必须试着让自己振作起来……随着时间的推移，我越来越难向公众展现积极的一面。"

苏珊也觉得她需要和女儿一起浏览这些帖子，一起查看所有的信息和每个人的关心，但有时这对约翰尼·休来说太难应对了。"并不是她不感兴趣，我认为她是感兴趣的。如果一定要解释的话，是因为她不想成为对这些内容负责的那个人。"责任落在了苏珊和埃米莉身上，他们一起努力，这个群组是容易管理的。但是后来约翰也病了。有一段时间，社群中密切关注此事的成员通过约翰尼·休的朋友，同时得到了关于父亲和女儿的最新消息。过了一段时间，关于约翰的更新转移到了苏珊自己的个人资料页面。苏珊说，当埃米莉开始接受癌症治疗时，"发生了一种独特的三角关系。我认为我的女儿和我的丈夫深受社群的爱戴，埃米莉同样如此。她是一位独一无二的教师，我怎么强调都不为过，我甚至无法用语言来描述这种感情"。

不出所料，苏珊在埃米莉的支持页面上找到了自己的归属，苏珊也成了这个页面的管理员。苏珊在采访中经常用到的另一个词是"洪水"。洪水般的支持、洪水般的慰问、洪水般的悲伤，洪水般的信息淹没了约翰尼·休、苏珊和埃米莉的个人Facebook页面，淹没了那些为生病和死亡的人提供支持的页面，所有这些责任最终都落到了苏珊的肩上。她从来都没有认真想过要删除这些页面，也没想过要删除约翰尼·休的Facebook纪念页面。首先，这些是苏珊自己可以去的地方。"（现在）人们不去墓地，而是会浏览网页，"她说道，"并且说一些你过去会在墓地里说的话。"此外，这些纪念页面对很多人来说显然很重要，苏珊看到其他人继续访问和怀念，从中得到了安慰。只要责任不是太大，就可以接受。

悲痛欲绝的日子始于11月，约翰尼·休的生日就在这个月。在这个月里，她的未纪念化的个人页面会提醒朋友列表中的每个人，给他们失去的朋友、女儿、母亲、妹妹送上生日祝福。人们会上传她的照片，有些是苏珊从未见过的，有时还会加上她和约翰尼·休的标签。在苏珊始料未及之时，它们突然出现在她面前，一时间让她屏住呼吸。那个月的晚些时候，约翰的忌日到来了，他是在感恩节那天火化的。苏珊在看自己的个人页面时，与约翰有关的记忆涌上心头。接下来是埃米莉和苏珊女婿的死亡纪念日，它们都是在12月，这些回忆与网上所有的圣诞欢声笑语奇怪地交织在一起。"你知道的。在假期，人们会上传他们幸福家庭的照片，"苏珊说道，"他们的家庭是完整的，没有破裂。这些东西都会触发你的情绪。"2月到来，她终于可以喘口气了，因为约翰尼·休的死亡纪念日在1月。

对社交媒体的参与是很难调节的，如果你退出了，你就完全出局了；如果你加入了，你就会得到一切。如果你调整你的设置，防止别人给你加标签，不再关注那些你不想看他们更新的人，禁用"在这一天"（on this day）的照片功能，你或许可以避免情绪被触发，但这会耗费你的精力，你可能会失去你想要的东西。如果你觉得别人都指望着你，那么你就会更有动力与别人保持联系。然而，在这特殊的一年里，苏珊没有足够的精力去做这一切。夜幕降临，树叶飘落，标志着最艰难的季节开始了，她做出了一个决定。

"当时是10月下旬，"她说道，"我想，我不能再这样干一年了。我忍受不了做这件事了。就我的悲伤和应对能力而言，我做得还可以，但有时真的很痛苦。所以我在10月底关闭了我的Facebook个人账户。我会重新激活它，但要等到2月。也许吧。然后回归正轨。这是他们去世后我第一次这么做。"她需要从管理工作中休息一下，最终，她决定要把这项工作交给其他人去做。她认为火炬会传给她的外孙们，尽管不能保证他们会采取同样的方式。她把他们需要的所有信息保存在多个设备上，其中一个设备上有一个清晰的USB驱动器，她把文件命名为"获得妈妈的材料的密码"。

去年10月，在我与她交谈之前，苏珊或许是第一次采取了措施，把自己的悲伤和需求置于她深切感受到的责任之上。她感觉这并不一定是她对约翰尼·休、约翰或埃米莉的直接责任。这是其他所有爱他们的人的责任。虽然苏珊从照料那些数字遗产中退了出来，但是她让数字遗产的另一部分来照顾她。40多年来，每天晚上，苏珊都把头靠在她一生的挚爱、青梅竹马的心上人的胸前，让他的心跳声带着她入睡。当他躺在临终关怀中心，奄奄一息时，苏珊知道他活不了多久了。她感到越来越恐慌，于是问护士能否帮她捕捉一些对她来说特别重要的东西。所以现在，每天晚上，苏珊用她的MP3播放器或智能手机播放丈夫心跳的数码录音，伴着他的心跳声入睡。她的家人可能一直是这个社群的核心，苏珊对这个社群充满感激和责任，但是现在，至少在网上，至少在2月来临之前，这个悲伤的社群必须自己照顾好自己。

Ω

有时候，需要加以关心和关注的不是数字传记——那些有意识上传的、可见的资料——而是一位逝者的数字档案：他们的电子邮件、信息历史、文件、照片和从未打算公开的各种文件。韦雷德的哥哥塔勒在2011年突然去世了。塔勒没有患长期疾病，他的身边没有一个团结的社群，也没有人期望他妹妹能在几个月或几年的时间里告诉人们他发生了什么事。一天早上，他离开了他在以色列的公寓，打算在那天晚上回家，却在一瞬间被一辆汽车撞死了。

韦雷德面临着与苏珊不同的情况，但在管理哥哥的数字遗产时，她仍然感到自己对哥哥的朋友、家人和同事负有一定的责任。"他是一个了不起的摄影师，"韦雷德说道，"有几个人找到我对我说，塔勒给他们或他们的摩托车拍了照片，但他没有机会把这些照片交给他们了。"韦雷德想帮忙，但首先，她感觉进入塔勒的公寓非常困难，打开她哥哥使用过的电脑的电源也很困难。根据姓名、大致日期和照片内容等零碎的信息，从笔记本电脑上的成千上万个文件中找出某个人的照片，是另一项挑战。韦雷德做事很有条理，这让这项挑战变得容易了许多。"我设法找到了他们想要的照片，他们都很激动。你知道吗，找到那些照片……他给他们拍的最后一张照片，然后交给他们，感觉好像给了他们一份大礼，"韦雷德说道，"为了能把一些对他们很重要的东西交给他们，我不介意花些时间寻找。"

然而，事情还没有结束。其他在她哥哥的生活中处于核心地位的人也需要一些东西，塔勒最好的朋友问韦雷德能否删除他和塔勒之间的电子邮件，韦雷德很乐意帮忙，部分原因在于她相信私人信件是神圣的。"我的意思是，我对我最好的朋友说的话，我最好的朋友对我说的话，只有我们两个知道。不应该有其他人知道这些内容。"韦雷德解释道。与照片不同，塔勒的电子邮件被保存在外部服务器上，受密码保护，所以韦雷德不确定该如何完成这个任务。然而，她还是决定试一试。"我用了'整理'这个词。在他去世后，我需要把他的生活整理好。我们整理了他的公寓、他的东西，我感觉我也应该整理好他在网络上的遗产。"韦雷德说道。不过，说比做更容易。

进入她哥哥电子邮件账号的过程涉及复杂的伪装和侦探工作。她在不熟悉的水域里游泳，小心翼翼地前进着，生怕任何一个划水动作会让她接触哥哥数据的机会变得渺茫。"我不知道我在做什么。我不知道他们是否有相应的政策，我没有确认。直觉上，我觉得我必须给他们（电子邮箱服务提供商）写信，就好像我是我的哥哥一样，对他们说'那是我的账户，我需要访问它'。我本能地认为，如果我说自己是他的妹妹，而他去世了，我能访问电子邮件账号的机会就会少得多。我不知道它们可能会不存在。"韦雷德从塔勒的主要电子邮件账户开始，但服务提供商问了她一些安全问题，她不知道答案。为了碰碰运气，韦雷德问塔勒的朋友们能否猜出正确答案，这个策略成功了，她登录了这个邮件账户。之后，她打开了其他需要访问的网站，点击"忘记密码"，然后通过她已经登录的电子邮件账户重置密码。韦雷德意识到这种解决方法违反了一个账户绑定一个用户的条款和条件，所以她不想告诉我塔勒的电子邮件账户属于哪家公司。她的电子邮件账户属于同一家服务提供商，她担心如果向我披露这些细节并将其公布，她可能会失去自己的电子邮件账户。她花了几个月的时间，最终实现了哥哥最好的朋友的请求。又有一件东西被整理好了，但还有更多的事情要做。

在韦雷德浏览所有数字资料的那段时间里，塔勒的成年孩子们都在急切地想拿回父亲的笔记本电脑。"他们只想让他的电脑尽快归他们所有，"韦雷德说道，"当时他们20岁出头，他们的父亲刚刚被杀害……他们不明白为什么我花了这么长时间。"拖延的部分原因与她发现那项任务对心理和情感的影响有关。她感受到了哥哥孩子们的痛苦，他们的愤怒让她觉得难受，但是她还不能把笔记本电脑还给他们。她有一份似乎没有人理解的工作要做，她要坚持做下去，不论她发现这份工作让她感到多么孤独和疲惫。她让自己最好的朋友在她工作的时候和她一起住在公寓里，离她很近，但不是在同一个房间里，这样既能保护她的隐私，又能给她一种支持的感觉，而且她向塔勒的孩子们请求，再让她保留笔记本电脑一段时间。这项任务需要花一定的时间才能完成。尽管他们都很不耐烦，但韦雷德觉得她实际上是在对她哥哥的孩子们履行一项重要的责任，也许也是在对她哥哥履行责任。她还没有准备好把笔记本电脑和账户交给他们。

"我哥哥去世时的年纪是55岁半，"韦雷德说道，"他离婚了。他有自己的生活，我觉得把他的电脑直接交给他的孩子们是不对的。他是独自一个人。"她的语气带着某种意味，她低下头，扬起眉毛，看着我，想看我是否明白她的意思。"我所做的事情是，按照发件人的名字来整理他的邮件。如果是女性的名字，我会稍微往下看看，直到能分辨这是工作邮件还是私人邮件。如果是私人邮件，我不会看，会直接删除。如果是工作邮件，我就把它保留下来。因为，你懂的，我觉得当你出去约会，向别人介绍自己的时候，除了你和这个人，其他人不应该知道你们都说了些什么。"

我想到了苏珊，她为外孙们管理他们母亲的遗产，不仅仅有约翰尼·休的Facebook账户和支持页面，还有她的电子邮件和Facebook Messenger的内容。正如韦雷德没有继续阅读她哥哥的私人邮件，苏珊说，她没有读过约翰尼·休的私人通信内容，她不感到后悔，总有一天，她会把全部内容都交给两个外孙。"我不认为里面会有任何不适合他们看的东西。"苏珊自信地说道。如果以后两个外孙想读这些私人通信，那是他们的选择。韦雷德没有这样的机会。她确信自己所做的一切不仅是为了保护塔勒的隐私，也是为了保护他的孩子们。

几年前，在一个关于死亡和濒死的会议上，我被一场演讲打动了，它讲述了一些我从未想过的事情：228名遇难者的个人财产是如何被归还给他们在英国的家人的，一个我从未听说过的行业为完成这项任务提供了支持。在飞机失事、海啸、爆炸或恐怖袭击之后，相关工作人员会给遇难者的个人物品拍照，并将照片整理成目录，供亲属辨认。大批洗衣工人会清洗、缝补、熨烫遇难者的衣物，并整齐地摆放好，将其与其他个人物品打包，并安全归还给遇难者家属。悲伤的家庭收到的是一个整洁的包裹，而不是一堆乱七八糟的东西。韦雷德坐在哥哥安静的公寓里，面对着他的笔记本电脑，觉得自己也在用他的数字资料做着同样的事情：小心翼翼、煞费苦心地把哥哥的人生整理好，然后把它发布到这个世界上。

听了韦雷德的故事，我想到了所有处在悲痛中的人，以及所有那些对逝者的管理存在争议的情况。一方面，我能理解韦雷德的观点，能设身处地地为她着想。另一方面，我想到了塔勒的孩子们，我从来没有和他们说过话。他们的姑妈对什么是恰当的看法会和他们的看法有很大的不同吗？有些人可能会把韦雷德的工作称为"擦洗"，和我母亲试图把天鹅纪念碑擦得纯白无瑕类似，只是更复杂，而且对象是数字资料。最后，了解了韦雷德之后，我倾向于认为，如果她的行为是一种擦洗，那是相对有益的，而且当然是善意的。这种做法还有更多邪恶的例子，它们的实施者毫不怀疑地认为，创造和延续亲人的数字遗产（或将其彻底抹消）的权利是他们的，而且是独属于他们的。这些人在法律上和道德上是否正确，取决于你的看法。

Ω

汤姆·布莱德格鲁和沙恩·贝特尼·克龙在一起已经6年了。他们共同拥有一栋房子，共同经营一家企业，并且一起收养了一只狗。

据大家说，他们是心灵伴侣，深爱着对方。如果换一个不同的环境，他们本可以结婚，但在2011年的时候，他们居住在加州，在那里同性恋人结婚是违法的。悲惨的是，正如沙恩在他拍摄的关于他们生活的电影中所说，汤姆将永远无法实现更改他姓氏的承诺。汤姆在和朋友拍照时从楼顶坠落，不幸身亡，但是，医院拒绝这位和他共同生活了6年的伴侣探视他的尸体，因为沙恩没有被归类为"家人"。

在这之后发生了很多令沙恩痛苦，将其边缘化的事情，其中第一件比较痛苦的事情是：汤姆的父母要求删除他们儿子的Facebook个人资料，其中包括他和沙恩的生活记录以及他对沙恩爱的表达。如果这一行为背后的意图是删除表明他们的儿子是一个同性恋的资料，那么这的确令人震惊，同时也并不出人意料。汤姆的父母来自美国中西部的一个保守地区，他们的教会明确地教导同性恋是一种罪，是对上帝的冒犯。无论是线上还是线下，悲伤者的宗教团体都以公开和微妙的方式，创建并相互加强他们所认为的关于逝者生死的可接受叙述。在你最需要支持的时候，偏离这种叙述可能意味着孤立。在汤姆的父母陷入悲痛时，删除与他们的信仰不一致的网上资料可能是他们唯一能做的事情。当Facebook上相关的资料被删除后，他们可以继续为汤姆创建一份离线的、当地可接受的、可替代的、可以流传很久的传记，一份适合在他们的教会社群中传播的传记。

在网络环境中，成群结队的悲伤者也强化并监管着对逝者的生活和来世的"可接受"看法。莱拉在一个信奉正统派基督教的教区长大，她告诉我，她是Facebook上一个小组的成员，这个小组致力于纪念那些去世的教会成员。莱拉解释说，在这个特殊的教堂里，没有天堂、天使或灵魂的概念。人死了，他们的身体被埋进地里，他们没有意识，没有觉知，直到大弥撒复活，那时凡是已经死了的人，若能领受他，就有机会认识上帝，并能在"王国"里再次见到对方。这些观点通过人们在Facebook页面上的评论而不断得到强化：没有人提到天堂，但有很多评论说，"在这个王国里见到他们很好""我们期待着即将到来的美好的一天"。然而，教会主要分支的一些早期成员已经得出结论：他们更喜欢"天堂"的概念。往好里说，这导致教会成员分裂成不同的教派；往坏里说，这些早期成员被逐出了教会。尽管如此，在这个特别的纪念页面上，人们还是保持了思想阵营的一致。"我在纪念论坛上看到，他们对那些仍然相信王国的人表示了一定程度的尊敬，"莱拉说道，"如果有人说，我期待着在王国里见到你，或者表达类似的意思，那么没有人会跳出来说，'这永远不会发生，你在胡说八道'，或者'这个人已经在天堂了'……他们不会说这些话。Facebook上有一个单独的页面，让不信教的人抱怨他们的（教会）经历！不过他们在纪念页面上表现得很礼貌。"

然而，在失去爱人的沙恩看来，汤姆父母的决定既不严谨也不讲理。沙恩在Tumblr（汤博乐）上发布了他在汤姆的追悼会上的演讲全文。汤姆的家人禁止沙恩参加汤姆的葬礼，而汤姆的追悼会在一定程度上是为了对此做出弥补。"汤姆是社交媒体的狂热支持者，"沙恩写道，"他相信信息应该是真实的、容易获取的，这就是为什么他的直系亲属删除他的Facebook页面会让我如此痛苦。他定期更新自己的Twitter和Facebook账号，并与他所爱的人开诚布公地分享自己的生活。"当然，沙恩是他最爱的人之一，他的家人似乎一直在努力抹去汤姆数字遗产中的这个事实。正如沙恩的电影《布莱德格鲁》（*Bridegroom*）的一位出资者所说："他们把这件事从历史书中抹去了。"

作为对同性恋持特殊看法的信教人士，汤姆·布莱德格鲁的父母可能认为，用这种方式来塑造他们儿子的持久形象，删除他们所认为的展现了缺点或罪恶的任何资料，是一种负责任的、明显可以辩解的管理行为，这是他们能想象得到的唯一一件事。2011年，作为汤姆的近亲，根据Facebook的政策，他们有权让他的社交媒体资料、他的真实生活和真爱的记录消失，他们这么做了。"那些资料让我难以入眠。"杰德·布鲁贝克说道。

杰德·布鲁贝克是Facebook的一名员工。

Ω

能和杰德谈话，我感到有点意外，因为我曾悲观地认为，自己无法与任何能够直接支配Facebook的人面对面地交谈。我之前与尸检隐私专家埃迪纳·哈宾佳的谈话降低了我的期望。"很遗憾，Facebook相当封闭，"埃迪纳摇了摇头，似乎在表示我不应该浪费时间，"他们并不是真的想与研究人员合作。"当我第一次给他们的新闻办公室写信时，我想起了她的话，所以我称自己为"记者"，而不是学者或研究员。尽管采取了这种精明的策略，但我还是没有收到他们的回音。我想，这也许有点类似已故用户的家人和朋友的感受。我和他们中的那么多人交谈过：因失去亲人而愤怒的人、那些在Facebook上寻求与某人进行语音交流的人，以及那些说自己没有一点希望的人。或许，与Facebook联络在平时并不难，只是最近的一系列事件使我迷失了方向。剑桥分析公司的数据共享丑闻刚刚发生，马克·扎克伯格刚刚在国会面前做了证。这是个大新闻，每周肯定有成百上千名记者和作家与该公司取得联系。

但我随即想起了杰德。他和我都是学者，研究同样的东西；我们了解彼此的工作，认识同一批人。不过，即使他真的回应了我，我猜想他要么给我一些肤浅的、事先准备好的回复，要么签署一份保密协议，守口如瓶。令我惊讶的是，杰德不仅能够分享他的内部知识，而且他非常愿意开诚布公。他之所以能相对自由地向我吐露秘密，是因为他在Facebook的工作是由"同情研究小组"（Compassion Research Team）赞助的。该小组于2011年在Facebook启动，其使命是"缓解困难时刻，提高人们生活的幸福感"。同情研究小组的哲学理念是"把好的工作隐藏起来没有任何价值或意义"。

　　"总的来说，我从Facebook那儿得到的规则是什么都不说，"杰德承认道，"但是'同情项目'的规则是，想说什么就说什么。其他互联网公司可能会从中获得灵感，如果它们真的获得了，那这件事就无关知识产权，而是会使互联网成为一个更美好的地方。"埃迪纳一直对Facebook与学者合作的意愿持怀疑态度，杰德的看法却不同。当他谈到Facebook如何积极主动地联系学术界，寻求与他们的合作时，他应该知道：杰德·布鲁贝克博士就是其中的一位学者。至少，他现在是。当Facebook初次联系他时，他还不是学院的正式成员。当时，他仍在攻读信息与计算机科学博士学位，并在撰写博士论文《死亡、身份与社交网络》。他参与了2014年Facebook奖学金的竞选，该奖学金是为从事计算机科学和工程相关研究的有才华的博士候选人设立的。虽然杰德没有进入奖学金的决选，但他的候选资格以一种不同的方式获得了回报：Facebook越来越意识到他关于死亡和社交网络的研究之重要，并意识到自己需要他。他们知道，失去亲人的人，无论是用户还是非用户，都经历了太多的困难时刻，人们会以各种各样的方式，在各种地方遇到"痛点"，杰德曾经这样形容他们。

杰德知道他的知识可以带来改变，尽管他担心在完成博士学位之前就被某个行业的工作所诱惑，但他认为其中的风险不算太大，几周的"知识转移之类的事"肯定能达到理想的结果。在他获得博士学位的过程中，他与Facebook的互动变得更加频繁，包括每隔几周就去门洛帕克（Menlo Park）的Facebook总部进行为期一周的旅行，以及与工程师、设计师、政策制定者、律师和同情研究团队的成员进行无休止的会面。他和瓦妮莎·卡利森－伯奇是Facebook当前管理模式背后的推动力量，2015年推出的"遗产联系人"功能，就是他们的成果。当时瓦妮莎是Facebook的产品经理，到现在她依然是杰德的个人偶像之一。虽然杰德现在是科罗拉多大学博尔得分校的助理教授，瓦妮莎正在学习成为一名佛教布教师，但他们两人都在与Facebook合作。他告诉我，在接下来的几个月里，也就是2018年夏天，他们两人将会静思接下来的发展方向。他说，灵感和挑战将一如既往地驱使他们前行："你如何关心别人……尤其是在悲伤会导致镜室效应（hall-of-mirrors effect）的情况下？"

你如何关心别人？杰德说，这作为一个核心问题，其存在本身就代表了立场的重大变化。一开始，Facebook并不认为自己是逝者记忆的管家，也不认为自己是丧亲者经历的管家，当一名用户去世时，Facebook所实行的对策完全是由他们的法律义务决定的。问题：一个曾经与我们签订用户协议的人现在是一个已故的实体。解决方案：删除。杰德微微颤抖了一下，将施行"删除"方案的历史形容为"可怕的"。不过，这只是Facebook历史上短暂的一章，因为促成变革的催化剂发生在Facebook成立之初：2007年4月弗吉尼亚理工大学发生了一起大屠杀，造成了30多人死亡。"人们联系Facebook说，这些空间是用来纪念逝者的，请不要删除它们。"杰德解释道。于是，自动删除的政策被取消了，这一做法具有伦理和实际意义。

从伦理上来讲，政策的改变意味着Facebook第一次接受了保护和维护网站上纪念资料的道德责任，网站服务的对象不仅仅是激增的纪念团体，还有以个人资料形式继续存在的数字身份。从实用主义的角度来看，这意味着他们也承担了所有的实际责任，但是，出于前几章中描述的所有原因，他们的工作内容改变了。"有那么多人的个人页面变成了纪念状态……这是一个新生事物。"杰德说道。在弗吉尼亚理工大学出事的那一年，该网站每月有5800万用户。当Facebook要求杰德帮助他们思考纪念页面的设计和政策时，为逝者数据开发更好流程的需求已经增强。那时，超过12.3亿人（是2007年用户数量的20倍）会定期登录。

即使纪念页面的数量在7年里没有增加，但至少，该网站用户的去世影响了更多的人，无论影响是好还是坏。当杰德到达Facebook的总部时，他首先与同情研究团队的成员开了几次会。他把这些会议描述为与小组成员之间的鼓舞人心的对话，他们每个人都感觉自己加入这个团队有深刻的理由，他们都热情地投入到这个项目中，把它当作一种近乎神圣的责任。他也和律师开了很多会，但他的描述却大不相同。"当我和律师发生争论的时候……'争论'，好吧，我只是开个小玩笑。这些争论就像被剥去了好莱坞电影的外衣，在大街上散步时，这种激烈的智力辩论会随时展开，"他说道，"大街"指的是门洛帕克的中央大道，"我在这些谈话中的目标是，我们已经做了调查，我们听说情况有些糟糕，而现在需要进行改进。我们采用以人为中心的方法来进行研究设计，总结得出了更好的做法。那么，怎样才能让这种做法在法律上生效呢？"在这本书的前几章里，所有的法律挑战都被放在了解剖的砧板上，当杰德和律师们在大街上来回蹰步时，这些问题就像步数记录器上的数字般，接连跳出来。谁拥有这些东西？谁有这个权利？谁被允许做什么？当你在谈论数字艺术品时，传统的继承法站得住脚吗？

读到这里，你就会知道，这些问题几乎没有明确的答案，与此同时，需求增长的速度正在超过庄严得多的法律改革的速度。所以杰德知道，如果他、瓦妮莎和同情小组要等到法律完全明确后再行动，那么2007年的情况就将重演。也许通过必要的研究，通过建立和实行他们认为在数字时代更有效的政策，他们可以帮助**塑造**未来的法律。也许他们能真正起到带头作用，不仅为其他互联网公司制定模板合同和流程，而且改变我们的立法、监管和**思维方式**。

"作为一种全球文化，我们需要改变。"杰德说道。如果说有什么能左右全球文化，或许就是世界上最具影响力的社交网络，它的力量可以用杰德不止一次说过的一句话来概括："因为我们是Facebook，所以我们能做到。"所以，拥有世界上最美好前景的他们，不会止步不前、等待许可。"法律问题并没有吓倒我，"杰德说道，"法律是为我们服务的，而不是我们为法律服务。显然，这是一场政策噩梦……我们承认这是一个烂摊子，但我们想，**就让我们做好我们能做的吧**。我们非常荣幸地得到了这个机会，不仅可以帮助平台上的人们，而且……考虑到遗产的所有问题，我们如何才能向世界展示出另一种选择呢？"

他所说的另一种选择，在某种程度上，是指当涉及逝者的数字足迹时，近亲不应该拥有自动决策权。遗产联系人体现了这种选择，让逝者和他们指定的可信任的联系人都有机会表达，甚至执行死者的遗愿（他们希望在自己死后如何调整Facebook上的个人资料）。杰德承认，当他听说逝者家人擅自删除了逝者的某些个人资料时，比如汤姆·布莱德格鲁和沙恩·贝特尼·克龙的故事所展现的，他感到非常难过。"你会将特权交给与生俱来的家庭，还是会交给后天选择的家庭？"杰德问道，他的答案很清楚。他认为，近亲仍享有其他的纪念空间，这些<u>直系亲属</u>可能会认为，删除Facebook的个人资料类似于关闭银行账户和商店账户，但是，对于那些和逝者没什么血缘关系的人来说，社交网站可能是他们与逝者保持联系的唯一地方。"最有选择权的人投入得最少，"杰德说道，"而投入最多的人也最没有能力做出选择。我认为，在Facebook这样的社交媒体领域，这些不对称现象的出现非常值得关注。这种不对称性很难描述清楚，甚至没有得到很好的解释。"这种不对称正是设置遗产联系人的本意。

沙恩·贝特尼·克龙实际上是汤姆的鳏夫，他非常清楚这种不对称。沙恩被禁止参加他伴侣的葬礼，最后他飞到印第安纳州去给汤姆扫墓。当他找到汤姆的墓地时，他发现汤姆的父母已经买了他们自己的墓地，墓碑分别竖立在他们儿子墓碑的两侧，墓碑之间只相距一根手指的宽度。沙恩直接进入了墓地，但他感觉自己被排除在外。他飞回了加州的家中，最终，《统一受托人访问数字资产修订法》（Revised Uniform Fiduciary Access to Digital Assets Act）于2017年在该州颁布。如果这部法律在2011年就存在，如果汤姆在Facebook上指定了沙恩为他的遗产联系人，那么沙恩就会对汤姆的个人资料拥有法律权限。作为汤姆Facebook纪念账户的某种联合受托人，沙恩本有权阻止布莱德格鲁一家删除该账户。

这可以称得上是一场胜利，也可以说是一场失败，关键取决于你的看法。我想我知道布莱德格鲁一家、莎伦和蕾切尔对法律禁止他们访问或控制孩子的数字资料可能会有什么感觉。但是，当杰德说法律是为我们服务的时候，"我们"指的不是近亲，而是已故的前账户持有人，以及那些在他们生命中意义非凡的人——逝者最有可能将自己的永久遗产托付给这些人。如果逝者没有设置遗产联系人，考虑到所有的不对等和潜在的痛苦，杰德认为，保存这些资料比删除它们更安全。

即便如此，杰德并不是对近亲没有同情心。我们讨论了霍莉·加扎德的案子。"我记得当时的情景，"杰德说道，"我同情那些家庭……我一直在担心那样的事情。我一直在思考，当令人非常痛苦的内容被保存下来之后，会发生什么，比如网络欺凌、引发谋杀的团伙行为……（霍莉的）情况所体现的时间性，以及死亡前后的细微差别。"杰德清楚地知道，要将凶手的照片保留在霍莉的个人资料上解释成霍莉的遗愿，有多困难，他激动地强调，自己知道处理数字遗产的工作远未完成。"每一个去世的人都是特殊的，"他说道，**"我们还没有完成这项工作，我们仍在研究如何让人们获得更好的体验。"**

为了实现这一目标，他和瓦妮莎正试图在一长串选项和优先事项中找出最佳的路径。"我们要集中关注什么？它在某些可见的事物里面吗？它在事件背后的政策里吗？它更多的和纪念资料的具体内容有关吗？它更多的和遗产联系人可以做什么有关吗？有时候你可以改变盒子里的东西，也可以改变盒子。或者增加一个盒子。"但或许，盒子不要太多。杰德和同情研究小组正在寻找完美的设计和解决方案，希望这个解决方案不仅能增加愿意表达意愿的用户人数，还能帮助Facebook更好地关心丧亲者。他知道这些人感到震惊和悲伤，很容易被大量细节搞糊涂，需要关心和指引。"将我们比作殡仪馆馆长并不离谱，对吧？"他说道，"不过我们不会要求逝者家属为他们的亲人做防腐处理，并且消除了许多复杂的步骤。我们希望将它打造成优秀设计的一个范例，这样人们就能做出符合他们身份的选择。"

虽然Facebook在其最初的商业模式中没有包含任何类似"殡仪主管"的内容，而且照顾数十亿数字公民的最终归属可能是一项挑战，但杰德显然相信，好的设计方案可以完成这项挑战。在任何情况下，他都不准备逃避他眼中对Facebook拥有的22.3亿用户的神圣道德责任，而且他还想成为其他互联网公司的领导者，这些公司对用户的责任并不亚于Facebook，但它们可能需要不同的解决方案。"我真正希望的是，在一个理想的世界里，有更多的公司能进行这样的对话。我想知道什么是对的！我想知道对亚马逊来说适合的做法是什么，或者对于一些非常物质化的服务，比如对谷歌 Drive 来说，适合的做法是什么，"他说道，"我想知道答案！"

但我想知道的是，当任何公司的商业利益与其道德和伦理利益发生冲突时，会发生什么？对Facebook来说，当网络上的逝者数量超过生者数量时，难道不会达到一个临界点吗？我做出愤世嫉俗的假设，任何一家公司都主要是由利润驱动的。我想知道，如果Facebook在到达临界点时还存在于世，那么维持业务的经济动机是什么？与此同时，在服务器上维护数百万去世的前用户死后持久的数字身份，在经济上有什么好处吗？Facebook没有为纪念账户、注销账户打广告。这真的只是资产负债表上的损失吗？

我在脑海中反复思考，并做出了一个自认为合情合理的假设。如果你是一个长期活跃的Facebook用户，你的大部分生活将会在那里存档。如果这个网站是你与朋友的主要联系渠道，你与朋友的关系和对话也会被存档。作为一个用户，你停留的时间越长，就会有越多你在这个网站上认识的人去世。越多的人意识到网上纪念对哀悼者的重要性，个人资料就越有可能被保留，而不是被删除。想想看，对于活着的用户来说，这会是一个多么强大的激励，促使他们留在Facebook上。如果你删除了你的账户，你就把自己锁在了墓地之外。你拿出自己的鞋盒，里面装满了信件和照片，然后你点燃了它。

杰德·布鲁贝克的激情是真实的，他所表达的伦理情感是完全真诚的。他对Facebook同情研究小组给予用户的关怀和承诺充满钦佩。因此，在向他提出我的假设时，我有一些保留意见，但即便如此，我觉得我必须向他提问。我深吸了一口气，扮演了魔鬼代言人的角色。我问道，所有这些有关道德义务的言论，是否只是一种华丽的粉饰，背后却隐藏着更卑鄙的动机？在世用户珍视和哀悼逝者，重视他们的数字遗产，纪念页面是否只是Facebook留住这些在世用户的多种方法之一？随着时间的流逝，随着在线公墓的人气日益高涨，这难道不是维持公司经营中一个越来越有商业意义的因素吗？

杰德在回答之前停顿了一下，我不知道我是否冒犯了他。"到目前为止，有相当充分的证据表明没有（商业激励），"他强调，"如果有……效果也很差。在墓地里赚不了多少钱，在游乐园中可以赚更多的钱。"那么当数字蠕虫转向的时候呢？我问道。当墓地变得太大时，Facebook会不会关闭商店，搬到更绿的牧场，专注于建设全新的、利润更丰厚的游乐园？"我敢肯定，存在某个重要的节点，"杰德回答道，"我相信我们将面临一些现实的检验。随着时间的推移，情况可能会有所改变。但在这里，钱不是原因之一。"

杰德在很多事情上都是对的，其中之一就是：在墓地里赚不了多少钱。今天的情况比以往任何时候都更能体现这一点，数字时代的到来可能是其中的一个原因。

Ω

当涉及永远照顾和纪念死者时，我们已经不再想当然地认为，墓地将成为主要的参与者，成为纪念活动的中心焦点。生意难做，越来越少的人想要拥有一块能永远保留下去的石头。在一个充斥着传统和历史的行业里，乔恩·里斯和他的同事们正在考虑如何激励人们继续使用实体墓地，同时尽可能地保持前瞻性。作为西雅图奎林纪念碑有限公司的董事长和总经理，乔恩在这场似乎越来越艰难的战斗中有着既得利益。他饶有兴趣地听着我讲述天鹅的故事，然后给我讲了一段封存的历史，关于美国人多年来为了让墓碑保存得尽可能长久而使用了不同原材料的故事。东海岸的早期白人定居者主要使用薄的雕刻石板。"当时他们认为，雕刻的内容能永远保存下来，但现在你什么也看不到。没有某人存在过的记录，所有一切已经消失不见了。"乔恩说道。然后人们选择大理石作为墓碑的材料，但是，在有些地方，尤其在污染严重的城市地区，大理石正在融化。像我外祖父母的天鹅一样，墓碑上刻的字和墓碑的形状正在逐渐消融。近年来，廉价而容易获得的混凝土被用作花岗岩或青铜纪念碑的基石，这样制作出来的墓碑容易受到破坏，对访客来说也不安全。"所以我们犯过错误，我们试图把我们亲人的历史保留下来，但失败了。"乔恩说道。如今，墓碑的材料几乎全是花岗岩。

然而最近，这种困境似乎发生了变化。问题不在于使用哪种石头，而在于是否会有墓地，是否会有石头。埋葬一个人是昂贵的，而且公墓对于墓碑的外形和碑文的内容往往有严格的规定。"人们不想听到否定的答复，他们不想被戴上手铐，不想受规则的束缚，他们希望能够表达自己。"乔恩说道，"而公墓管理者会说，不，不，我们不喜欢那样，不要那样做。在我看来，控制和管理正在扼杀公墓行业。"

因此，乔恩认为，火葬的流行不仅仅是因为它更便宜，还与控制和选择有关。骨灰的便携性和可分割性意味着人们可以把亲人的骨灰放在身边，按照自己的喜好纪念或修建骨灰龛。他们可以决定自己去世后举行什么仪式，决定如何安置自己的遗体。他说，在西雅图附近的西海岸，火葬率约为75%。他描述了人们如何在雷尼尔山（Mount Rainier，这或许是华盛顿州最有人气的公墓了）将骨灰撒向四面八方，他还描述了人们在渡轮公司的支持下，将骨灰撒到西雅图渡轮的甲板下。如果被扔进海里的是武装部队或警察局的一名成员的骨灰，渡轮就会停下来，吹风笛的人开始演奏。如果人们想要一个纪念物，他们有互联网，乔恩认为数字遗产或纪念物也与个人表达、负担能力和控制力有关。"随着有人在Facebook上进行哀悼，人们会觉得：嘿，我可以在Facebook上纪念某个人，我不再需要立一座墓碑了。"他说道，"这在一段时间内会侵蚀我们的业务，所以我们认为，随着数字时代的到来，我们必须尝试不同的东西。"

为了让他们的业务不受未来趋势的影响，这位传统的石匠带着一种"如果不能打败他们，就加入他们"的精神，开始生产和销售某种混合的数字/实体纪念物。他们认为，在数字移民与数字原住民的需求和偏好之间架起一座桥梁，或许正是解决之道。起初，他们研究了一些设备，比如你在博物馆展览会上用来听录音的电话接收器，但正如乔恩所说，他们不喜欢那种"被拴住"的感觉。随着智能手机的进一步发展，他们探索着使用了近场通信技术，当智能手机用户靠近一块花岗岩墓碑上的二极管时，就能建立连接。如果墓碑旁边有一个标志，显示一个网站地址，输入这个地址，访问者就可以进入一个纪念网站，那会怎么样呢？也许这太麻烦了。然后，灵光一现的时刻来了。

"突然，二维码出现了！"乔恩回忆道，"我们感觉它太方便了！它就这么从天而降了！于是我们开始运用这项技术。我们需要一个名称，希望它略显深刻，来引起人们的注意，最后我们选定了'活墓碑'这个词。我们想引发一点令人震撼的效果，同时不带攻击性。"他们的计划是制作一个简单的塑料基板二维码，表面镀上漂亮的铜，涂上黑漆，用激光雕刻出一个二维码，扫描二维码就可以链接到一个定制的纪念网站。乔恩说，他们不是做软件生意的，所以他们与另一家公司合作，由这家公司制作和维护纪念网站。二维码可以粘在任何一座花岗岩墓碑上，如果它掉下来或被损坏，还可以轻松制作出另一个二维码。

在该产品发布时，奎林公司被当地和全国媒体的关注浪潮淹没了——美国国家公共广播电台、《今日美国》（USA Today）等。"我在一段时间内列出了联系我的媒体名单，后来接受采访这件事变得让人很疲惫。"乔恩说道。他们震惊于曝光的规模如此之大，赶紧准备让自己的业务成为纪念界的下一个大事件。其他公司纷纷效仿他们的创意，并在竞争中占据上风，他们提供闪光的陶瓷和钢铁二维码，或者直接把二维码刻在花岗岩上。再然后，只剩下了蟋蟀的叫声。事实上，在媒体铺天盖地关注奎林公司的7年后，当我第一次和乔恩通电话之时，他和我说话时的惊讶程度丝毫不亚于我和Facebook的杰德说话时的感觉。"我能问你……你是怎么找到我们的？"他带着激动、好奇，但又有些迟疑的语气说道。他惊讶地发现，居然还有人在乎他。

尽管他们最近一直在与退伍军人管理局（Veterans Administration）

的墓地讨论一项套餐，但奎林公司一般每月只能售出少量的二维码。乔恩认为，部分原因是人们不相信二维码、奎林公司或二维码链接的纪念网页会永远存在。他认为自己没有任何能力让他们放心。"他们会问，这能持续多久？如果你们都破产了怎么办……你能对他们说些什么？如果墓地不需要我们，而我们倒闭了，我很抱歉，我不会再经营那些网站了。"

我不认为他的实用主义是冷酷无情的，他说得很对。"再过几十年，可能是几代人，人们会说，这些奇怪的弯弯曲曲的标记是什么东西？"乔恩说道。我想到了那些直接把二维码刻在花岗岩上的纪念碑公司。对于身处不远将来的人们来说，这个看起来像外星人的符号将会是多么令人好奇啊，当然，前提是还有人去墓地。在20年内，二维码、它们所链接的网站、URL代码、Facebook、我们所知的互联网，所有这些可能都已经消亡了。全球公墓目前的所有者马克·萨纳对这个问题持有和其他人一样的哲学态度。现在，这个公墓很少进行数字化安葬，但他已经预留了一份100年的基金，希望保护已经安葬在那里的人。即使有维护费用，他也不知道随着技术的发展，是否会有人将全球公墓上的纪念内容迁移到新的平台上。"我们的互联网还处在婴儿阶段，"他说道，"我们还一无所知。就像15世纪、16世纪的印刷机出现时的人一样，我们没有经验，我们还不知道未来会发生什么事。在讨论如何应对这些问题时，我们必须在文化上不断演化。"

Ω

加里·伯克斯对文化演化并不特别感兴趣。当我称他为数字移民时，他大笑起来，并表示"数字无知者"可能是更合适的形容词。他更熟悉伦敦市公墓火葬场档案室里那些巨大的墓葬登记册，它们用红色皮革装订，上面满是铜版文字，用皮带和金属扣扣牢。他的女儿得把他拖到一边，又踢腿又尖叫，他才愿意使用 WhatsApp。虽然他对我这本书的主题很感兴趣，但也有点害怕，多次重申他对自己没有多少数字足迹感到非常高兴。加里在东伦敦公墓工作了很长时间，他特别喜欢大自然。十几岁的时候，他就觉得待在办公室里不适合自己，于是他开始做一名掘墓工人兼园丁，照料墓地周围的花朵，修剪平缓起伏的山丘，清扫林荫大道。他一路努力，直到成为主管和登记员，也就是"大老板"。他管理的这片 200 英亩[1] 的土地属于一级景观，有许多可以追溯到 19 世纪中期的历史遗迹，但它也是一片活跃的墓地，每年埋葬约 1000 人。墓地放眼望去，看不见一个二维码。

"这些年来，有好几个人来找我聊天，"加里说道，"有人想把二维码卖给我……但还没有哪一家人向我要求获得二维码或其他纪念物品。他们把我烦死了。我知道这听起来像是管控……但说实话，事实并非如此。我们必须按要求管理好这里的每一个坟墓。"他的做法可能是乔恩·里斯谈到的遗产政策的一个例子，不过加里优先考虑的是宁静和不具攻击性的个人表达的权利。例如，他告诉我，有一家人打算在墓碑上刻上"被警察谋杀"的字样，还有一家人打算在墓碑上刻上"长着胡子的杂种"，让逝者的这个形象永垂不朽。有一次，他的火葬场经理提醒他，有一家人想选择一首黑帮饶舌歌（歌里提到强奸和谋杀），作为送别逝者时播放的音乐。在这三个例

1　1 英亩约等于 4046.86 平方米；200 英亩约等于 809371.28 平方米。——译者

子中，加里都做出了判断，并进行了干预，避免了冒犯他人的可能性。如果他的墓地里现有的纪念碑发生了什么事，这很容易处理。"有人告诉我们，一块墓碑的碑文被人严重损毁，那个人用永久性记号笔写了一段非常非常糟糕的文字，"他说道，"很简单。我往墓碑上套了个袋子，我们联系了这家人，并一直把它盖起来，直到这家人采取措施。这就是我能做的，毕竟墓碑受到了破坏。"

加里认为，网络上的东西是无法控制的，他不喜欢这样。加里不知道二维码链接的是什么内容。如果它链接的是一些不合适的内容呢？如果有人在上面贴了另一个二维码呢？正如他在我们的讨论中经常强调的，作为一个"数字恐龙/无知者"，他甚至不知道如何扫描二维码来核查内容。当技术过时后会发生什么？"所以我已经远离它了，"他说道，认为自己的做法没有任何问题，"我在维护一个传统意义上的公墓。"他认为，如果有人想更多地了解一个埋在那里的人，使用谷歌就足够方便了。无论如何，100年后，走过伦敦市公墓，2018年埋葬的某人的墓碑可能已经不复存在了。

加里和乔恩对公墓的可持续性有着同样的担忧，但他有不同的处理方式。奎林公司希望通过技术来吸引顾客，"让你的墓碑活起来，并永远分享你所爱的人的记忆"，而加里则通过不做任何交易来保持墓地收入的稳定。这与公墓开始建立时曾占据主导地位的维多利亚时代的情感截然不同。维多利亚时代的人喜欢"永存"（perpetuity）这一概念，而我们现在已经不怎么用这个词了。1857年英格兰和威尔士的《安葬法》（Burial Act）规定，安息之地将永远存在下去。该法案还规定，要想破坏人类的遗体，你必须有充分的理由，并得到内政部（Home Office）或教堂的正式许可。在早期的伦敦市公墓，所有的墓地、骨灰龛位和纪念花园里的植物都是永久性出售的。"我们正在'永久地'维护一些坟墓，还会种植植物。我们这么做可能只是因为，1902年公墓负责人得到过几英镑。从商业角度来看，这不是特别好。"加里说道。

永久拥有对资产负债情况非常不利，实际上，伦敦公墓公司已在20世纪70年代早期破产，而法律也不得不改变。现在，英国就和大多数欧洲国家一样（不过国民的寿命可能长一点点），加里管理的墓地是出租的，无法购买。任何人能获得的最长租期是一个世纪。至于古老的维多利亚时代的坟墓，期限已大大减少到75年。当租约期满，如无人反对，纪念碑将被拆除。太过破损的墓碑可能会被粉碎成瓦砾，而形状更好的纪念碑可能会被视为文化遗产的象征，经过修整后，重新为新逝者所用。漫步在风景优美的伦敦市公墓的大道上，你不会看到刻有二维码的板子，但你会看到许多对公众发出的通知，宣布公墓打算在一段时间后打扰某些遗体。

"永久拥有是**正确**的吗？"加里说道，"我并不是说它不对，但事实上，永久拥有意味着这个公墓最终将维护不善，而且无法为当地人提供服务。"他想表达的是，公墓运营方式的变化并不是在针对个人。这并不是无礼，这只是务实：如果你葬在伦敦，或葬在任何一个欧洲大陆国家，你的坟墓可能会在20到100年之后被拆除，具体时间取决于当地法律和你愿意支付多久的租金。然而，永久保存遗产的承诺在网上依然存在。如果Facebook将永远保留你的社交网络个人资料，如果网络遗产服务将在你去世多年后向你的亲人发送信息，如果其他的服务能帮你找到一个在你死后还能继续社交的虚拟化身，那么20年后，你的墓碑碎片是否会成为别人院子的一部分就无关紧要了，对吧？

但是，如果就像杰德·布鲁贝克所说的那样，你听到的尖厉的

图 7 伦敦公墓中的公众声明

噪声是从不远的未来，在某个重要时间点传来的声音呢？有人告诉我，到2025年，我们每个人每天将产生大约60G的数据，数据如此之多，以至于我用来打字的那台全新的电脑只需要几天就会被我的个人数据塞满。这位提供给我信息的人说，随着这种迫在眉睫的容量危机的出现，存储数据的空间被耗尽的威胁将对每一家企业构成越来越大的挑战，而不仅仅是他的企业。他的企业？讽刺的是，Eternime[1]发布了虚拟永生的一个近期测试版本。当然，如果技术被无情地淘汰，再加上对过剩数据的大规模清除，21世纪进入了一个黑暗时代，那么永生可能是一种不切实际的希望。在这种情况下，不计其数的数字时代早期公民可能会完全迷失在历史中。

但是，让我们暂时收起玩世不恭的态度吧。如果维多利亚时代

---

1 一家对"虚拟永生"进行开发并提供服务的公司。公司致力于通过用户提供的逝者材料，利用数据分析与人工智能，对这名逝者的个性进行仿真，从而构建出一个能与用户互动、交流的虚拟逝者。——编者

的人梦想永生，那么新伊丽莎白时代的人也应该被允许梦想永生。所以，就像 Eternime 的网站上说的，谁想永远活下去？我们又该怎么做呢？

第六章
恐怖谷

"什么是科幻小说？"我问谷歌。我正为和Eternime应用程序的创始人兼首席执行官马里厄斯·乌尔萨凯（Marius Ursache）的谈话而做准备。Eternime得到了很多媒体的关注，但我对它了解得并不多，部分原因在于它还在进行封闭测试。当我浏览这个网站时，这个应用程序的功能看起来和听起来都非常熟悉，与我见过的其他几十种数字遗产服务类似。"如果你能永远保存你父母的记忆，那会怎样？"该网站问道，"如果你能把遗产保留下去，那会怎样？"然后，它的问题转向了不那么熟悉的领域。"如果你能以虚拟化身[1]的形式永生，而且未来的人们可以和你的记忆、故事、想法互动，就好像他们在和你说话一样，那会怎样？ Eternime……创造了一个看起来像你的拥有智能的虚拟形象，这个形象将永远活下去……"

　　我感觉我的眉头皱了起来，我感到怀疑，而且因不安而颤抖。也许我感到不适的某个原因是意识到了自己的无知，因为我坦率地承认，当时我并不知道什么是虚拟化身。我从来没有想过要看那部

1　avatar。詹姆斯·卡梅隆于2009年拍摄了一部轰动全球的同名电影《阿凡达》。——译者

有许多蓝色人物的电影。我翻出了几篇新闻报道，那是几年前我做了标记的关于马里厄斯的公司的新闻。"Eternime 希望你永远像一个数字幽灵一样活下去。"一条标题写道。文章接着描述了他的灵感，并写道，马里厄斯是从科幻小说中，而不是从灵魂向导、降神会和唯灵论之类的东西中汲取了关于虚拟永生的思想。由于不知道阿西莫夫和海因莱因[1]是谁，我突然意识到我也不完全明白科幻小说是什么。有可能当我看到它的时候，我知道它是，但是我不确定我是否已经完全掌握了它的定义，可以向任何人解释它。幸运的是，如果你和我一样，你就可以很快找到《科幻百科全书》（*The Encyclopedia of Science Fiction*）的在线版本。不幸的是，它解释道，该流派难以简单定义。编辑们说，我们不应该屏息以待，他们认为，当该流派如此多样化时，我们永远不会得到一个明确的定义。因此，我自己选择了最符合我目的的定义。它综合了两位公认的科幻小说大师——菲利普·K.迪克和雷·布莱伯利的解释。

由于"科幻小说"中带有"科学"之意，你可能会像我一样认为，尖端技术或未来技术将永远是科幻小说情节的一部分。菲利普·K.迪克却不认为这是绝对必要的。他说，一个科幻小说家真正需要做的是，把故事背景设定在一个我们在很大程度上有所认知的社会。它应该让我们产生共鸣，并在我们所熟悉的世界中扎根，直到出现转折，我们看到了书中所描绘的半熟悉的世界具有某种独特的、新奇的、改变过的基本元素。不管这个元素是什么，它引发了一系列今天不可能发生的事件，因为我们的世界不包含那个元素。就像一位厨师在我们最喜欢的食谱中加入神秘的配料，让我们感到

1　阿西莫夫、海因莱因均为著名的科幻小说作家。——译者

惊讶和不安一样，科幻作家描绘了一个我们很容易联想到的场景，然后加入了一些让我们产生"认知障碍冲击"的东西。与菲利普·K.迪克不同的是，雷·布莱伯利坚持认为，科幻小说对科技有很大的帮助，但他说，科幻小说总会包含对人类社会的评论，会呈现我们的弱点和潜力。"最重要的是，"布莱伯利说道，"科幻小说是关于热血男女的小说，他们有时被机器抬高，有时被机器碾碎。"

现在我记起来为什么我把采访马里厄斯放在我日记里的"以后再找时间做"一栏了。正如许多心理学家所做的那样，我倾向于与活人进行面对面的交流，而且，无论如何，我从来就对科幻小说不感兴趣。我并不真正理解虚拟化身、人工智能和机器人的吸引力，我也一直很难理解演算法。但我不能永远推迟我们的谈话。我想，如果我知道是什么样的科幻小说激发了马里厄斯的灵感，也许会有助于我理解他以及他的应用程序。

我们见面后，讨论节奏非常快，我没有机会问他是哪部科幻小说激发了他的创作灵感，但答案在我们的谈话中自然而然地出现了。他提到《即刻归来》时，我一点也不惊讶。《即刻归来》是2013年《黑镜》（*Black Mirror*）第二季的第一集。《黑镜》是一部很受欢迎的英国电视剧，其中充斥着"如果……会怎样"的未来地狱。我不仅看了这一集，而且在过去的几年里，我讨论它的次数肯定多达几十次。《即刻归来》似乎是与死亡和数字有关的任何事的主要文化参照点，当我告诉人们我的研究重点时，他们总是会提到《即刻归来》。马里厄斯灵感的另一个来源是2004年的电影《最终剪接》（*The Final Cut*），我完全不了解这部电影。

Ω

艾伦·哈克曼是《最终剪接》的主人公，他性格严肃，拥有一种与死亡和最终安置打交道的人所特有的克制、专业以及尊重的态度。我们很快发现他确实参与了殡葬行业，但他在殡葬行业中扮演的角色却是全新的。他的一位熟人在初次了解他的工作时，对他所做的一切感到着迷和敬畏。"你就像一个殡葬业者……或者是一位牧师……或者是一位标本制作师，"她说道，"三者都是。"艾伦的工作是电影导演和葬礼导演的结合。他创作记录人们生活的长篇传记电影，向人们提供"回忆"服务，在未来的葬礼上放映这些影片。

我想起了2011年的电影《再见之后》(*Beyond Goodbye*)，这部电影是由一对电影制作人夫妻为纪念他们的儿子乔希而制作的，我也想起了我家乡的一位熟人、电影制作人格雷格·金（Greg King）为他的朋友贾森制作的纪念视频。这两部作品都可以在Vimeo上观看。还有一些蒙太奇式的纪念照片剪辑视频，配上音乐，在葬礼上播放，就像为另一位老朋友斯蒂芬制作的一部照片剪辑视频，多年后仍能在YouTube上看到。一方面，艾伦制作了一些与此类似的东西，对某个人的生活进行了选择性的、主观的总结；另一方面，由于他取用的原始材料的性质，他创作了一个完全不同的作品。在电影开头，我们通过在公共交通工具上播放的视频广告，开始了解原始资料是什么。

"EYEtech推出了佐薇第九代植入芯片。从我们家……到你的家庭。"画外音说道，同时广告展示了一个我很熟悉的、来自现实生活中"数字遗产"网站的典型场景——阳光明媚的大地上，一位微笑的母亲把她的孩子高高地抛向美丽的蓝天。看着这则广告，一对即将结婚的夫妇幻想着自己能买得起这款精英产品。毕竟，20个人中只有1人拥有这件产品。它到底是什么呢？

最终，广告指出，EYEtech制造了一种安装在尚未出生的婴儿身上的神经植入物，它可以储存宿主从出生到死亡之间视听感受器所能感知的所有东西。它是一款终极生活记录仪，比2013年左右风靡一时的真实生活记录（real-life Narrative）和可穿戴照相设备（autographer wearable devices）更加复杂、全面和一体化。仪器难以监测到这种植入物，所以有些人可能不会意识到自己体内有植入物，这也推动了这部电影的一个主要情节转折。为什么要记录所有这些信息呢？这纯粹是为了确保被植入者去世后，人们可以通过"回忆"服务来纪念这个人。这些数据在人活着的时候没有实用价值，只有在人去世后才能访问。"您做出了一个重要决定，"一位EYEtech的代表在欢迎新客户的视频中说道，"您为您未出生的（孩子）购买了一个佐薇植入芯片。这意味着什么？这意味着永生。我们在一起的最珍贵时刻再也不会随着时间的流逝而消失……（您孩子的）经历和冒险将永远被重温、被回忆，这就是美好的记忆。恭喜您！"

我曾为我的孩子挑选过名字，所以我立刻就能理解为什么这个虚构的产品被称为佐薇。佐薇（Zoe）是一个古老的词，是《圣经》希腊译本中夏娃的名字。它的意思是"生命"。但是佐薇芯片拍摄的大量生活片段给艾伦这样的专业"剪辑师"带来了巨大的挑战。艾伦根据死者家人希望记住和想要忘记什么，在复杂的扫描和分类软件的辅助下，从一个人的一生中选择一些时刻来制作最终影片。这样的影片包含100分钟精心剪辑的精彩片段，配以恰到好处的动人音乐，加上对个人遗产的感人总结。

影片明确提出了许多伦理问题，这些问题在现实生活中也得到了影评人的呼应，影评人对这样的录影设备持怀疑态度。一位反佐薇的积极分子在这些棘手的问题上向艾伦提出了挑战：植入佐薇芯片会如何改变我们与他人的关系、如何威胁他人的隐私、如何灌输自我意识以及怀疑每一次互动？而且，艾伦还有一个道德上的障碍，因为他观看的视频中经常包含犯罪或其他应受谴责的行为。带着明显的斯多葛主义，他做了他一直在做的事情，越过了这个道德的障碍，把肮脏的事情清理干净。他把自己看作一个食罪者[1]，被雇来除去死者的过错，以便他们能更容易地进入天堂，这样哀悼看到的就是柔和的、感伤的蒙太奇影片，而不是真实的纪录片，他们就能从中得到安慰。他之所以为人所知，是因为他有能力和意愿为那些过着不那么模范的生活的人制作美好的"回忆"影片。这就是悲痛的家庭成员想要的，尤其是那些知道他们的亲人不够完美的人。"我听说你是最棒的，你知道如何制作查尔斯的影片，"一位悲伤的妻子说道，她为一个相当糟糕的丈夫穿着寡妇的丧服，并明确表达了她的期望，"我曾见过粗心大意的剪接者。**他们不尊重死者。**"她知道艾伦掌握着她丈夫的全部生活记录，几乎完全控制着这个男人将如何被人们记住。使用其编辑机器"断头台"，艾伦便可以提升或粉碎影片中捕捉到的人类形象。

《最终剪接》与菲利普·K.迪克和雷·布莱伯利设定的科幻标准形成了鲜明对比。艾伦的世界看起来很像我们的世界，有书店、电影院、公交车上的广告。当艾伦和一位悲痛的家庭成员坐在一起时，听起来他正在做任何一位悼词家、葬礼司仪或讣告作者都会做的事

---

1 食罪者：中世纪时，食罪者是一个专门的职业。死者的家属会在死者尸体上放上面包与饮料，食罪者过来吃下面包、喝下酒之后，会拿到一点报酬，然后就可以走了。这样，死者还未忏悔过的罪就转移到了食罪者身上。——译者

情，收集有关重要时刻和性格特征的信息，以便在送别演讲中加以强调。当哀悼者穿着黑色衣服聚集在一起时，背景看起来相当熟悉，有殡仪馆，有带相框的照片，还有留言簿。墓地里到处都是刻有名字的花岗岩纪念碑。但令人震惊的是，当有人走近这块花岗岩时，它的表面显现出一块视频面板。佐薇芯片虽然看不见，却引发了制造商从未预料到的社会变革。

2004年，对许多评论家来说，认知障碍冲击的影响力显然太大了。尽管这些评论中有许多已不再完整（2004年是互联网时代的早期），但其中一些片段仍然出现在烂番茄评论网站上。在这个网站中，一个新鲜的红番茄表示正面评价，一个绿番茄表示负面评价。负面评价不少。《亚特兰大宪法报》（*Atlanta Journal-Constitution*）认为这部电影所带来的难题值得菲利普·K.迪克自己去思考，但《奥兰多周刊》（*Orlando Weekly*）对这种"荒谬"的技术表示怀疑，它使用了"荒谬"这个经常出现在评论中的形容词。"这个设定听起来像是一名年轻的电影专业学生在编辑纪录片时可能会想到的那种古怪的、毫无意义的想法。"《奥兰多哨兵报》（*Orlando Sentinel*）写道。《迈阿密先驱报》（*Miami Herald*）认为这"完全是一派胡言"，而《纽约每日新闻》（*New York Daily News*）则对影片的"奇怪设定"嗤之以鼻。美国人常用"毛骨悚然"来形容"与死亡有关的任何事情"，这个词在评论中也很常见。

观众和影评人都没有留下深刻的印象，所以在《最终剪接》上映期间，它只获得了50万美元的票房收入，在2004年美国票房收入排行榜上排名第249位。在这一年里，美国公众更愿意坐下来欣赏别的电影，包括外语片，但就是不愿意看这部电影。考虑到《最终剪接》的主角是罗宾·威廉姆斯（Robin Williams），这个结果相当令人惊讶。罗宾·威廉姆斯所参与的电影项目的平均票房收入超过了6500万美元。

Ω

9年内，很多事情都会改变。2013年，《黑镜》的《即刻归来》一集基本上探讨了与《最后剪接》同样的科幻问题：如果我们在生活中生成的数据在我们去世后可以转化为某种可以永远留存下去的数字资料，那会怎样？我们再次看到了一个我们所熟悉的世界。汽车看起来几乎一样，在路上行驶，而不是在空中。当我们第一次见到玛莎的时候，她正把她和她男友阿什的咖啡送到车上，咖啡用的是外卖杯，看起来和我们用的基本一样，但边缘有一种奇怪的光圈，这或许是一种保持热度的技术，或者是为了提醒喝咖啡的人小心烫嘴。电脑和智能手机看起来更灵巧、运行速度更快、更酷炫，人们的个人设备仍然具有分散注意力的能力，而阿什似乎尤其容易受它们的影响。玛莎一心要和未婚夫在路上共度美好时光，便命令他把手机放进储物盒里。

玛莎和阿什来到他们在乡下的新家，这所房子似乎是阿什在他母亲死后继承的。由于手机还在储物盒里，阿什注意到了壁炉台上的相框，里面放着他小时候的照片。他头发乱蓬蓬的，穿着一件黄色T恤，面带微笑，但这并没有令成年阿什展露笑颜。他坐在沙发上，用手机拍下了这张照片，就像我在母亲家用手机拍下外祖父母在"二战"时期拍的照片和写的日记一样，打破了物质与数字、个人与公共的界限。阿什可能没有植入佐薇芯片，但他经常在社交媒体上记录自己的生活，他会把照片上传到网上。当玛莎把茶巾扔到他头上时，他吓了一跳。"只是确认一下你是不是还在，"她说道，"你一直在消失……那东西（手机）是个贼。你在干什么？"

当然，阿什正在做的就是把照片上传到网上。尽管他给这张照片取了一个轻松的标题，但他告诉玛莎，实际上，这个微笑是被迫做出来的。这张照片是他哥哥死后第一次全家出游时拍的，他进一步透露，在那场悲剧发生后，他的母亲把她死去儿子的所有照片都从客厅的墙上拿走了。阿什的父亲去世后，她也把他的照片放到了阁楼上。"她就是这样处理事情的，"阿什说道，"她只留下了这张照片，她唯一的假笑着的儿子。"虽然他的未婚妻知道这张照片背后令人心碎的故事，但他的朋友在网上看到的只是他认为自己童年时的照片很"有趣"。

第二天，阿什在一场事故中丧生，玛莎以传统的、线下的方式知道了这个消息——闪烁着蓝色灯光的警车停在她家门口。警察还没来得及说明具体情况，玛莎就砰的一声把门关上，跌跌撞撞地穿过走廊，大口地喘着气。在熟悉的葬礼现场，人们身着黑色礼服，吃着自助餐，玛莎的脸色苍白，毫无血色，内心感到十分震惊。她的朋友萨拉也失去了亲人，她提出帮她注册"一些有帮助的东西。它帮助了我。它会让你跟他说话的"。她推荐了一项就像佐薇芯片一样的服务，这项服务只有在用户死亡的情况下才会起作用。"这不是什么疯狂的唯心论，"萨拉说道，"他经常使用网络，他会非常适合。这项服务还在测试阶段，但我接到了邀请。"玛莎打断了萨拉，尖叫着要她闭嘴。

然而，萨拉并没有就此作罢。几天后，玛莎在她的电子邮件中看到萨拉发来的一条信息，说："我帮你注册了。"玛莎吓坏了，但更可怕的是，她又收到了一封电子邮件，标题是"是的，是我"，发送者是"阿什·斯塔摩"。她的朋友萨拉仅仅向服务提供商提交了玛莎的电子邮件地址，这个软件程序便创建了一个阿什的数字虚拟化身。这就是"帮玛莎注册"的意思。玛莎失控地抽泣着，她打电话给萨拉，在电话里尖叫着，说它可恶，骂它有病。她不明白"它"是什么，但她不在乎，她不想要它。萨拉坚持己见，她解释说，它会挖掘阿什在社交媒体上发布的所有帖子、视频、音频以及他的电子邮件。"你点击链接，然后和它交谈……它拥有的信息越多，就越像阿什本人。"萨拉说道。这是一个虚拟化身，一个数字阿凡达。

起初玛莎不想参与这件事情，但当她发现她怀了已故男友的孩子时，她想和他联系的愿望压倒了一切。她跑到电脑前，点击一个闪烁的红色按钮，上面写着"点击以交谈"，当时对话框里唯一的内容是她从阿什·斯塔摩的虚拟化身那里收到的那封"是的，是我"的电子邮件。至少根据菲利普·K.迪克的定义，在那个时刻发生的一系列事件，一开始并不属于科幻小说的范畴。有了足够的基线数据，加上新兴的人工智能技术，现在完全有可能与模仿某个人的以文本为基础的聊天机器人对话，甚至可以与一个会说话的Siri（苹果智能语音助手）式实体对话。

2016年年末，80%的受访企业报告称，它们要么已经在使用聊天机器人，要么希望在2020年前实现这一目标，在撰写本书时，这一数字可能还在上升。对于任何面向客户的企业来说，采用聊天机器人现在似乎都被认为是迟早的事，不会考虑是否需要。在《即刻归来》播出后不久，俄罗斯程序员尤金妮亚·库伊达（Eugenia Kuyda）就利用谷歌和一群工程师朋友刚刚发布的开源软件，创造了一个对她特别有意义的聊天机器人。这是对她的已故朋友罗曼·马祖连科的交互式数字纪念。这个机器人根据罗曼和尤金妮亚在

Telegram 应用程序上的对话接受过几百次交流训练（罗曼的其他朋友在与这一虚拟形象互动过之后，感到非常不安，指责尤金妮亚没有从《黑镜》中吸取教训）。2017年，我和一位教授进行了交谈，他正在协助英国一个部级部门进行人工智能项目的研究。有一名志愿者为他们提供了帮助，这名商人愿意把自己的全部数字足迹交给他们用于数据挖掘，他们希望根据这些数据制作一个数字复制品，并给它起了一个"虚拟巴里"的名字。他们希望"虚拟巴里"足够精明，能够独立推进公司的日常运营，同时巴里本人则在某个地方的日光躺椅上放松，甚至希望在他去世后，"虚拟巴里"能继续辅助公司的运营。

然而，随着《即刻归来》的进一步发展，我们肯定会跨过科幻小说的门槛。只要玛莎通过在线聊天软件和手机，与重组后的阿什互动，阿什就依然如活着一样，他的聊天机器人几乎不会出错，而她也得到了安慰。玛莎拒绝了忧心忡忡的姐姐的任何支持，继续和聊天机器人交谈。但后来，就像死亡产业有时会发生的那样，阿什的阿凡达选择了一个玛莎情绪不稳的时刻，把这家高级服务公司的产品卖给了她。"这是什么？金块吗？"送货员把一个冰箱大小的盒子送进门时问道。"我倒希望是呢。"玛莎开玩笑道。实际上里面是一个栩栩如生的机器人，可以植入阿什的软件，可以在电解液中激活。从这里开始，玛莎发现自己身处于"恐怖谷"（uncanny valley）中。影评人在评价《最终剪接》时使用了"毛骨悚然"这个词，每当阿凡达的表现更像阿什本人时，这个虚拟化身也会说出这个词。"令人毛骨悚然"就是恐怖谷的核心特征。

恐怖谷的概念描述了当我们遇到非常类似人类，但又不完全是人类的事物时，我们所经历的消极情绪反应——毛骨悚然。"谷"实际上指的是图表上的一个下降点，当一个类人实体变得太毛骨悚然而令人不舒服时，我们体验到的舒适感就会突然下降。我经常把它想象成一个地理区域，在那里我们可能会睁开眼睛，然后意识到，就像《绿野仙踪》中的桃乐茜一样，我们肯定不在堪萨斯了。重组后的阿什可能是类人的，但感觉还不够像人。当它拿起阿什儿时的照片时，这个机器人并不知道这个假笑背后令人心碎的故事，因为那是阿什和玛莎之间的私人对话。它只知道阿什在社交媒体上说了些什么。"真有趣。"它说道，玛莎心里一阵反感，生气地告诉它把照片放下。

在这一集快结束的时候，她只想让它消失。"你只有阿什的外在形象，你没有历史。你只是他不假思索表演出来的东西，这是不够的！"玛莎说道。她意识到了释放这个现代弗兰肯斯坦很愚蠢，但已经太晚了。与此同时，她有些无法忍受摧毁它，甚至怀疑这是否可能是他未来的孩子"了解"父亲的一种方式。身为人类的玛莎发现每天与机器人阿什的互动让她感到不安，无法忍受，所以她把它藏在阁楼上，就像阿什的母亲处理她死去的儿子和丈夫的照片一样。快进到结尾，她年幼的女儿急切地爬上楼梯，来到阁楼上，想和她的机器人父亲一起吃生日蛋糕，她叫她的母亲跟在后面，但玛莎感到反感和后悔，她需要一点时间来下定决心。她犹豫了，脚搁在最下面的台阶上。

《即刻归来》于2013年在英国首播，尽管它在很多方面和《最终剪接》一样令人沮丧和不安，但两位主角的精彩表演和查理·布鲁克（Charlie Brooker）的精彩剧本为其带来了如潮的好评。当天晚上有160万观众收看了这部电视剧，随后更多观众可以通过Netflix（网飞）观看它。评论称赞了它对悲伤的描述。或许你认为这只是因为英国观众对死亡题材更加感兴趣而已，但实际上《即刻归来》之所以能在《黑镜》剧集排行榜上拔得头筹，全仰赖一位美国《纽约杂志》（New York Magazine）文化栏目撰稿人的评论。在那篇评论中，作者引用了布莱伯利对科幻小说的观察，认为这一集"提供了关于人类创新和生命本身基本力量之间模糊交集的深刻智慧"。

《即刻归来》在情节、节奏和表演方面可能比《最终剪接》更优秀，但对评论进行梳理后，我发现了另一个因素，可能有助于解释为什么它更受欢迎。我注意到，2013年的时候，几乎没有人认为这个设定愚蠢、可笑或荒谬。这感觉很不可思议，但人们似乎并不认为这是真实存在的。"回到5年前看我们现在所做的一切，似乎都是奇迹。"这一集的编剧查理·布鲁克在接受杂志采访时说道。就像菲利普·K.迪克所说的那样，如今，《即刻归来》唯一像科幻小说的地方，就是逼真的、实体的机器人还不是一种容易买到的商品，也不是我们日常生活中随处可见的景象。相比之下，玛莎在阿什死后立即和"他"进行在线互动是完全可信的。通过我们自己与机器的互动，玛莎所面临的挤压/提升悖论，以及布莱伯利所说的话立刻变得熟悉起来。"科技给予的和索取的一样多。"布鲁克说道。

虽然玛莎与虚拟阿什的对话，以及她与机器人的互动仍然让我们感到难以理解，但这种情况正在逐渐改变。虽然《最终剪接》基本上已经被人遗忘，而且不会出现在任何人的科幻小说前10名名单中，但我在2018年看了《最终剪接》后，感到非常震惊。就像警察赶来把有关阿什的消息告诉玛莎一样，技术就在那里，就在我们家门口，而且正如2018年伦敦维多利亚与阿尔伯特博物馆（V&A museum）举办的一场展览所宣称的那样，未来就从这里开始。在那次展览中，有一个重要的部分是关于死亡的，或者更确切地说，是我们所期待的、不久的将来可能会出现的关于死亡的"解决方案"。"谁想永远活下去？"展览入口处的牌子上写着，这句话听起来很耳熟。在门里面，在开始参观人体冷冻准备工具和液氮蒸汽低温容器的照片之前，我看到了一台安装在一个小基座上的看起来很普通的电话。在电话屏幕上滚动显示的是人类用户和智能手机应用程序之间的对话。智能手机应用程序旨在创建一个在你死后依然存在的数字化身。"照片里的女人是谁？"机器人问道。"这是我的妻子。"这位演示用户解释道。啊，我想，Eternime就是这样的。

Ω

关于维多利亚与阿尔伯特博物馆的未来与死亡展览，其标题的灵感可能来自Eternime网站顶部的标语："谁想永远活下去？"巧合的是，就在我看这场展览的时候，我终于与Eternime的创始人马里厄斯·乌尔萨凯安排好了一次会面。我完全不懂软件开发，我担心与开发人员交谈可能会有点困难，但与社会科学家同行交谈很容易，所以我选择先和同行葆拉交谈一下。我想，她已经和许多开发人员交谈过了，所以我可以通过她了解数字遗产服务提供商的心态。这有点厚脸皮。

当我们第一次见面的时候，葆拉对我可以和马里厄斯会面感到有一点嫉妒。尽管她和很多人交谈过，但她还没有获得过与他面谈的机会。"也许是因为我'只是'一个博士研究员。"她感叹道。她当时正在伦敦政治经济学院攻读博士学位，研究帮助人们规划和准备死后网络存在物的网站。我最初是通过韦雷德·沙维特了解到她的工作的。韦雷德在上一章中出现过，她是塔尔的妹妹。韦雷德的经历启发她自己开设了一个博客"数字尘埃"（Digital Dust），而且她成了总部位于英国的数字遗产协会（Digital Legacy Association）的主管和中东地区负责人。不过，最近韦雷德发现自己需要休息一下，于是她在"数字尘埃"上发布了一篇关于自己即将隐退的文章，文章宣布她选择葆拉作为自己的法定继承人。"如果你正在寻找另一位以色列数字死亡研究人员进行采访，"韦雷德说道，"我建议你和葆拉·基尔联系。"

我并不是在寻找以色列人在死亡和数字方面的观点，我在寻找的是一个比我更了解某个特定领域的人。我一直对丧亲之痛、数字，以及人们与更静态的数字遗产之间的互动感兴趣。换句话说，我研究的是表现得像死人的网络逝者，而不是表现得像活人的网络逝者。但是，有相当数量的数字遗产服务帮助逝者表现得像活人一样。

埃文·卡罗尔（Evan Carroll）是2010年出版的一本关于数字遗产的书的作者。在他对"数字死亡服务目录"的介绍中，他解释道，这些服务"五花八门"，包括数字遗产服务、遗言服务和在线悼念服务。截至2018年6月，在57项数字死亡服务中，54%的服务提供数字遗产规划，帮助人们安排处理重要的数字资产和信息，希望让他们的亲人免受前几章描述的那种痛苦。37%的网站提供了在线纪念服务，几乎所有网站都使用了"永远""永久"和"永恒"等词汇（我注意到，世界上最大的网络墓地"全球公墓"没有使用这样的词汇）。在《即刻归来》中一开始让玛莎感到震惊的现象（死后的在线信息），只有30%的受访者提到有这方面的困扰。

在用户去世后，其在线存在的通信服务有时会由其他代理机构提供。黑客会设法进入逝者的电子邮件账户，用他们的账号发送垃圾邮件。可以登录逝者账户的朋友和亲属能够在网上以死者的数字身份出现，比如一位母亲给她已故女儿的男友发了一条消息，说他的新恋情开始得太快了。只要社交媒体上的个人资料没有转换成纪念状态，算法就会继续发挥作用，鼓励活着的用户让逝者保持比在世时更活跃的社交活动。例如，在杰德·布鲁贝克的博士论文中，他描述了Facebook曾经推出的一个"再联系"（Reconnect）功能，该功能鼓励人们与在该网站上沉寂了一段时间的朋友取得联系。正如你可能已经猜到的那样，其中许多人已经去世，这引发了许多抱怨，迫使该网站重新思考推出这一功能是否明智。然而，死后的在线信息服务则是另一回事，这是一项经过深思熟虑后推出的服务。不管它们有多大的不同，它们都有一个共同点：它们让你在去世前锻炼自己的判断能力，思考你想说些什么，或者在你去世后人们想听些什么。

观察一下"数字来世"（The Digital Beyond）网站上的列表，这种观察很有意义，不过它并没有声称自己是详尽无遗的，可能没有列出此时此刻完全准确的服务企业数量。首先，列表可能会变得特别长，它往往很难在服务企业倒闭的同时更新记录。例如，我注意到一家提供数字遗产规划服务的公司，名字是Perpetu[1]，暗示着永恒，这家公司刚刚倒闭了，只维持了短短几年时间。我想起了在2011年巴斯大学死亡与社会中心的会议上，对数字死亡感兴趣的设计师斯泰茜·皮茨里迪斯，她展示了一张遗产网站生存期的动画幻灯片。按一下遥控器，提供各种服务的企业的全彩色徽标就一个接一个地出现在她的时间轴箭头上，然后所有倒闭的企业都变成了灰色。其次，清单可能变得特别短，且不够准确，这是因为随着服务企业的

1　perpetual 是永恒的意思，这家公司名为 Perpetu，与 perpetual 接近。——译者

激增，要跟上它们的更新步伐也很困难。目录顶部的一个简介邀请未列出的服务企业进行联系，但我所知道的几个提供去世后通信服务的企业到目前为止可能还没有这样做，因为它们不在列表中。Eternime也不在其中，我发现，网站并没有划分出一个像它们那样提供虚拟化身服务的企业类别。

即使很多以前的服务企业已经倒闭了，新的服务企业还在不断涌现。华威大学研究数字记忆的博士生德布拉·巴西特解释了为什么开发人员一直进行这项工作：他们并不是不知道其他人也尝试过且都失败了。巴西特说，从前，一个算法生成的与逝者联系的提示，或者通过Facebook发布的逝者生日通知，都会让我们觉得毛骨悚然，就像见了鬼一样，但现在，如果遇到这种事，我们大多数人不会再感觉不舒服，或认为那是超自然现象。我们被2004年的《最终剪接》吓了一跳，2013年的《即刻归来》进入机器人部分时，我们真正被吓到了。但到了2022年，我们在面对人形机器人时，可能连眼睛都不会眨一下。随着时间的推移，恐怖谷的边界正在被重新划定。2018年，"死后发送信息"和"与逝者的虚拟化身互动"这两种行为位于曲线的两侧。就像主人公玛莎在短信和电话中迅速适应了阿什的聊天机器人一样，我们中的一些人也没有慌乱，没有因为这种现象产生压迫感。另外，我们中的其他人仍然不愿意接受这一现象，或者仍会感到恐惧。那么，人与后人类[1]之间什么样的互动，才具有近乎能影响到所有人的力量，并引发认知障碍带来的科幻冲击呢？

1　后人类，指20世纪60年代，一些发达国家进入以信息社会为特征的后现代之后，利用现代科学技术，结合最新理念和审美意识对人类个体进行部分地人工设计、人工改造、人工美化、技术模拟及技术建构，从而形成的一些新社团、新群体。这些人再也不是纯粹的自然人或生物人，而是经过技术加工或电子化、信息化作用形成的一种"人工人"。——译者

2016年，女演员兼电视节目主持人乌比·戈德堡（Whoopi Goldberg）代表一档名为《观点》（*The View*）的轻松活泼的美国日间电视节目，拜访了企业家玛蒂娜·罗斯布拉特（Martine Rothblatt）。戈德堡不仅和罗斯布拉特进行了交流，还和她创造的实体进行了交谈：比娜48是一个三维机器人，它以创造者的妻子比娜（Bina）为原型。比娜48可以舒适地坐在平面上，这很容易做到，因为它只有头、脖子和肩膀。为了接受著名主持人乌比·戈德堡的采访，她盛装打扮，戴着金耳环，穿着桃红色的丝绸衬衫。比娜48中断了谈话，像一个三维的Siri般，她即兴准备了一份关于戈德堡主要成就的维基百科式资料，罗斯布拉特向戈德堡保证，巨变很快就会发生。根据美国神经学家迈克尔·格拉齐亚诺（Michael Graziano）的说法，真正做到将数据从大脑上传到数字系统，可能还需要几个世纪，但罗斯布拉特相信，我们在生活中生成的所有社交媒体帖子、照片、视频和电子邮件，不久就会被输入像人类思维一样工作的智能操作系统。比娜48本质上是罗斯布拉特所希望达到的终极目标——创造如《即刻归来》里的阿什机器人一样的产品——的第一步。换句话说，正如戈德堡在视频中所说，这是"让心爱的人的记忆和遗产鲜活起来的第一步"。

在看访谈的时候，我发现自己脸上出现了乌比·戈德堡在试图与比娜48进行正常对话时的困惑表情。德布拉·巴西特对我说，就死后的数字生命而言，逝者的实体机器人这种形式仍然让人觉得有点恐怖，不太容易接受。目前，就我个人而言，感觉确实如此。那么让我们回到不那么陌生的领域，即近期的技术发展。我们目前掌握的技术更让人安心，主要包含预先安排好的、在特定时间发送的信息，这些信息通过各种方式发送：电子邮件、社交媒体、应用程序和定制网站。它们可以是文本或视频，甚至事先安排好的惊喜事件。

"你有两种类型的信息，"葆拉解释道，"这些信息和结束有关，一种是和某人说再见，另一种是交代最后一件事。你可以拥有一些将永远保存下去的信息。如果这些信息很重要，就把它们保留下来，让你的网络自我比你活得更长久。它是某种（仍然）**存在**的东西。"葆拉和许多这类服务的开发人员谈过，他们中的一些人提供和结束相关的信息，一些人提供继续存在下去的信息，还有一些人提供管理数字财产的服务。她和我一样，注意到了同一件事情。尽管他们保证这些信息会永远存在下去，但他们不一定会永远提供这种服务。两人都注意到了这件事，可能只是个巧合。葆拉想知道她是否拥有死亡之吻[1]这项能力，这可以理解。"这些公司一直在倒闭。我采访了它们，采访结束，公司就倒闭了，"她大笑着说道，"我想倒闭的情况大概是一半一半吧！我认为如果（在我的博士论文中）加入一章关于失败应用程序的内容，可能会很有趣。如果你思考一下，你能想到这项业务能顺利发展下去的很多理由，但实际上却发展不下去。"在与葆拉聊天几周后，我与斯泰茜·皮茨里迪斯取得了联系。在她组织的"死后的爱"（Love after Death）活动上，我坐在一个"死亡舱"里，与人们谈论他们的数字遗产规划。她也说了同样的话。"哦，它们都倒闭了。"她轻快地说道。当然，这有点夸张，但这么多数字死亡服务的命运表明，如果你创建了它，它们并不总是能顺利地发展下去。那些构思和开发这些服务的人没有领会到的是什么？

葆拉说，有时候他们的市场研究存在缺陷。为了说明这一点，她给我讲了一个失败的应用程序的故事，这个应用程序在下线之前

1　the kiss of death，表面看上去有益但实际上具有毁灭性的行为或事务。——译者

声称自己已经拥有了10万名用户。葆拉似乎有点怀疑这种说法。"据（开发者）说，他们的用户都是二三十岁，"葆拉说道，"这是一个奇怪的群体（会对死后发送信息感兴趣）。你不会想到这个群体会思考死后的事情。"这个开发人员曾经是以色列的一名士兵，他不止一次地完成过把因公殉职者的死讯告诉他们家人的不幸使命。他的工作经历让他联想到，在人们去世后为他们传递信息真的是个好主意。他曾经自己编写过一些信息，他充满热情地对葆拉说，编写信息的经历对他个人来说是多么有意义和抚慰心灵，这让他更加确信这个点子行得通。为了在投资前确定这能成功，他花了一年时间与一位开发者和一位心理治疗师一起做了市场研究，但他是在一个相当出人意料的地方做的调查：一家癌症治疗中心，与绝症患者合作。葆拉摇摇头，说道："我问他，你觉得这个应用程序为什么没成功？他认为，这是因为他们太超前了，他们是先驱者，每个人都认为这很疯狂。他从未说过，他们找错了目标受众。"

用与绝症患者合作得出的研究成果，为健康的年轻士兵设计一款应用程序，可能是他失败的原因之一。而且我知道，即使得到了军方的积极鼓励，士兵们通常也不会在冲突发生前撰写"以防万一"的信息。就像这位从军人转型而成的软件开发人员一样，软件设计者也会根据自己的经验做出有缺陷的假设。葆拉说，与她交谈过的设计者中，约有一半人进入这个行业是因为他们在自己的生活中有过一段深刻而感人的经历，通常是失去了什么东西或人，有一个未实现的愿望，一个遗憾。就像在悲伤时经常发生的那样，这类设计者渴望的只是多交流一次，希望他们仍然能向某个人寻求建议，或者渴望更多地了解他们失去的那个人。他们想，要是逝者还能和他们交流就好了，要是他们知道自己的感受就好了，要是他们能给我捎个口信就好了。但假设每个人都想要自己想要的东西，他们便低估了悲伤的独特性。

流行文化有时会把死后的信息浪漫化。"你看过《附注：我爱你》（*P. S. I Love You*）吗？"葆拉问我。她指的是2007年的一部电影，在片中，希拉里·斯万克（Hilary Swank）饰演的寡妇霍莉在丈夫格里死于脑瘤后，郁郁寡欢。只有在她30岁生日那天，她才开始破茧而出。让她重新拥抱生活的令人惊奇的催化剂是，她收到了一个蛋糕和她死去的丈夫发来的一条信息，这是他去世后安排发送的几条信息中的第一条。每一条信息的结尾都写着"我爱你"。葆拉说，这与希夫贝昂（SafeBeyond）的介绍视频有明显的相似之处，希夫贝昂是一家提供死后数字信息服务的公司。视频的一开始，我们看到一位有两个孩子的父亲坐在海滩上，当孩子们跑去玩的时候，他显露出了一副心事重重的样子，他拿出平板电脑，录下了一条信息。画面快进到未来，他的女儿正在为婚礼做准备，画面里没有出现这个父亲。突然，新娘的电话响了，她收到了一条来自父亲的消息，我们现在知道他已经去世了。"我很抱歉我不在场。"他说道。

"那么多的假设！"葆拉在谈到希夫贝昂的视频时说，"视频假设女儿会是异性恋，她会想要结婚，这段婚姻在30年或50年后会变得很重要。这个父亲给家人都留了信息，他对自己的弟弟说：'你现在是一家之主了。'就这样，设计者让逝者的声音在未来出现，但他们无法想象未来会有什么不同的社会规范，或者有其他什么事情也会变得很重要。"

当然，如果设计者本人抱有一种盲目乐观的幻想，认为自己所爱的人去世后给自己发来信息是件多么美妙的事，那么我可以理解他们，难以想象其他人可能会有截然不同的反应。韦雷德·沙维特曾经给我讲过一个故事，强调了对接收者来说，逝者给自己发送信息的体验是何等的多变。韦雷德的哥哥塔尔去世1个月后的一天，她外出购物，接到了一个认识塔尔的朋友的电话。他在电话里的声音听起来很紧张，很奇怪。"我刚收到你哥哥发来的一封电子邮件。"他说道。在收件箱里看到这封信令他感到震惊，但结果是没有什么超自然的事情发生，塔尔也没有计划过做这件事。塔尔的电子邮件账户被盗了，在任何人采取任何行动之前，第二波和第三波电子邮件被发送给了塔尔联系人列表上的每个人。

也许你认为这是不可能的，但事实就是如此，而且也不限于电子邮件。2017年，《独立报》（*Independent*）的一篇文章报道称，Facebook的帮助论坛挤满了人，这些人说，由于黑客的侵入，他们收到了来自逝者的好友请求。所以，就像《即刻归来》里，阿什·斯塔摩给人们发送了一条新消息的场景一样，现在几十个人看到塔尔的名字出现在他们的收件箱里。韦雷德说，这些不同的情绪表明了人们对悲伤的不同反应。"打电话给我的那个朋友真的吓坏了。塔尔的（另一个）好朋友告诉我：'我不能删除那些邮件，那上面有他的名字，就在我的收件箱里，我不能删除它。'而我太生气了，马上就把它们删了！"塔尔去世后仍会给朋友发送信息，是因为账户被垃圾邮件的发送者盗取了。在账户未更改成纪念状态或未被删除，电子邮件账户仍然保持活跃的情况下，这样的问题肯定会越来越普遍。然而，对于那些有意代逝者发送信息的服务来说，同样的原则仍然适用，悲伤是各不相同的，每个追悼者的需求和偏好各不相同。在与韦雷德和葆拉交谈时，我的脑海中出现了一个想法，一个我想问开发者的问题。这个问题是，**他们是否有权中止这项服务**，会有这个想法不仅是出于我对悲伤的了解，还因为我在一个完全不同的领域有一些经历。

我的一个熟人刚刚和一名男子分手，这个男人在这段关系中强制性地控制她，并在他们的关系结束后还继续骚扰她。从她那里得不到回应后，他像许多跟踪狂那样，找人替他跟踪，并开始留意她的朋友和同事。其中也包括我，我不断收到他发来的电子邮件，质疑我的职业操守，并威胁我，要我放弃从事心理学工作。虽然我感觉这种行为是不合法的，但我还是做了一些调查，以确保我知道自己拥有什么样的权利。他没有威胁要对我实施暴力，所以他真的是在犯罪吗？果然，我发现，根据英国的法律，实施造成严重情感或心理伤害的行为是违法的，这种行为会对一个人的日常活动产生负面影响。在做了调查之后，我确信自己是一名被骚扰的受害者，于是我联系了警方，给他发了一封警告信。

在这个案例中，我掌控了局面，而且幸运的是，我有法律可依。他可能会被追究责任，警方的警告避免了我与他进行不必要的沟通。但是，当收件人误解了逝者发来的善意的消息（不仅是只发一次的消息，还有反复发送的消息）时，会发生什么？史上第一次，我们有可能被一个死人跟踪。在被逝者跟踪时，痛苦是主观的，受害者对痛苦的描述应该始终被视为有效的，哀悼也是主观的，虽然收到来自已故父亲的一条意外消息可能会让一个人的婚礼变得更加完美，但也可能会完全毁了另一个人的婚礼。《附注：我爱你》的粉丝可能会认为，在温情的场合收到意想不到的信息很美好，但也许你在参观埃菲尔铁塔的时候，并不希望突然冒出来一条已故未婚夫发来的信息，回忆你们曾经共同拥有的巴黎梦，这会让你陷入恐怖谷。

如果你受到逝者的骚扰，你很难报警，即使相关的公司可以停止发送这些信息。我想象得到，人们很难做出这个决定停止接受这类消息，就像人们描述的那样，当他们从手机联系人列表中删除已故的母亲或父亲，或在Facebook上与已故朋友解除好友关系时，会经历心理上的挣扎。许多出于个人动机的设计师只会从当下出发，透过高度个人化的视角看世界，他们不明白为什么不是每个人都欢迎逝者发来的信息。"他们根据的是过去的经验，基于某个非常特殊的时刻，"葆拉说道，"我认为他们还没有对未来进行充分的思考。"杰德·布鲁贝克在谈到他与同情研究小组成员第一次会面时也有类似的发现。"他们处理这些问题都有自己的理由。对他们来说，这几乎是神圣的。但他们不是治疗师。"他说道。激情和敏感，承诺和洞察力，这些东西深刻地影响着个人经历和接受他人观点的能力，但它们并不总是共存的。

当然，设计师并不总是拥有相关的过往经验，经历过某个"非常具体的时刻"，个人动机并不是创业设计师选择朝这个方向发展的唯一原因。"另一类开发商只是对它的技术感兴趣，"葆拉说道，"他们会说：'哦，不知道我能不能做到！'"这款应用程序与所有人都有潜在的联系，他们想知道这款应用程序能为他们赚多少钱，这使得他们更加痴迷于这个技术挑战。想象一下吧！每个人都会死！你的潜在市场是**每个人**！詹姆斯·诺里斯（James Norris）经营着数字遗产协会（Digital Legacy Association）和死亡社交（Dead Social）。这两家总部位于英国的数字遗产服务公司都制定了亲社会的目标，而不是为了追求数不尽的财富。他还记得，他第一次遇到工作动力与他自己的动力截然不同的开发人员时，是什么感受。那是2012年，他参加了奥斯汀的西南偏南音乐节（SXSW）[1]，这是科技界最重要的社

---

1 South By Southwest，美国得克萨斯州州府奥斯汀举办的音乐节。——译者

交、宣传、发布和展示活动之一。"在西南偏南音乐节上，所有的一切都关乎外出、社交，关乎什么是最新的东西，什么是酷的，什么是古怪的，什么是时髦的。"詹姆斯说道。他参加这场活动是为了创建死亡社交。"有个穿着西装的大个子。他走了过来，说：'哦，死亡社交！'我说，是的！他说：'是的，我也在死亡科技领域！'我说，什么？他说：**'我也在死亡科技领域！'**"詹姆斯哈哈大笑，摇了摇头。"那是我第一次有这种感觉。"

我在自己的安全区待了很长时间。我对一片死寂的数字遗产，对遇到它们的丧亲之人，对与丧亲之人一起工作的从业者，对研究整个事件的学者，都感到完全放心。我和这类人中的很多人交谈过，终于到了和其中一些男性谈谈的时候了，因为，正如葆拉所观察到的，他们几乎都是男性，他们创立并设计了一些服务，让网络逝者可以表现得像活着一样。

Ω

彼得·巴雷特（Peter Barrett）和史蒂夫·麦基尔罗伊（Steve McIlroy）有很多共同点，其中之一就是，他们都不符合参加西南偏南音乐节的年轻、精通技术、注定要在硅谷名利双收的企业家形象，尽管彼得现在住的地方离所有科技初创企业云集的年会地点只有一步之遥。他俩都是年龄较大的英国白人，没有技术背景，大约在中年的时候成了数字移民。史蒂夫和彼得都对自己创建了某个网站一事感到很茫然，但他们确实创建了，而且这两个项目背后的动机本质上是一样的。这两个人都失去过一些重要的东西，他们创造了一些服务，为他人提供他们希望自己拥有的东西。

史蒂夫是第一个和我取得联系的人，听过我参加的BBC广播节目后，他通过Twitter和我取得了联系。史蒂夫曾经失去过一些东西。几年前，史蒂夫还是一名英国士兵，他的18名战友死于北爱尔兰。"我们在军队服役时，总会有人鼓励我们给家人和孩子留一封遗书，"他说道，"但我们觉得自己还年轻，所以没有这么做。"失去了这么多战友，他一定很难过，但最近一位好朋友的意外去世似乎对他影响很大。几天前，他好朋友的头撞在了桌子上，然后因脑溢血去世了。这个叫安迪的人的死亡发生得非常突然、意外，给史蒂夫带来了沉重的打击。"没有人想到会发生这样的事。"他说道。

史蒂夫悲伤了很长一段时间，他在想这位朋友的临终遗言会是什么，如果好友知道自己将不久于人世，他会对史蒂夫和其他人说些什么。"如果他能回来，有1分钟时间说点什么，那么他会坐在我面前说些什么？"史蒂夫记得自己曾这样想。他突然有了一个主意，确信自己必须做某件事情。唯一的问题是，他不知道从哪里开始。他向我解释说，他是一名私家侦探和拉力赛车手，而不是一名软件开发人员……

史蒂夫正在向我讲述他的想法来自哪里，这时我听到了一个女人的声音打断了史蒂夫的话。"亚历克莎！安静！"史蒂夫喊道，朝着他的亚马逊虚拟助手发起了火，这个虚拟助手突然活跃了起来。亚历克莎不愿意保持安静，继续说着话。"啊，让我把它关掉。"史蒂夫说道。当他去关闭亚历克莎时，电话里响起了哗啦哗啦的声音。"我每天都想砸烂我的笔记本电脑，"他重新拿起电话后说道，"我不是很擅长技术。我只是一个有想法的普通人。"

不过，他很投入，而且他找到了制作"我的告别信"（My Farewell Note）网站所需的技术支持。在听史蒂夫讲述完安迪去世的事情后，我再次访问了"我的告别信"网站，我更理解了他为什么选择把下面这个标题放在首页的最上方："有些事情太重要了，不能不说。"当我们进一步交谈时，我也意识到，为什么史蒂夫在那个特定的时间如此渴望与我取得联系。"我的告别信"网站还在初创期，我们谈话的时候，它正处于试运营阶段，他急于把这个消息传出去。他对这个新成立的网站感到自豪，充满热情，他说市场上没有其他类似的网站。我在当地报纸上看到了一篇关于他的文章，他在文章中称这项服务是独一无二的。我不确定他对他的竞争对手了解多少（包括那些曾经创立但失败了的竞争对手），也不确定我是否应该问他，他打算如何让这个倾注了他的热情的项目与一些仍然存在的类似服务竞争。于是，我进一步浏览了他的网站，问了他更多的问题。

目标市场是谁？史蒂夫说他不想针对任何特定的市场。"这对每个人都有好处！"他坚持说，"英国每年有60万人去世！"该网站确实提到了它和那些将死亡作为"职业风险"的人特别相关，比如军队，以及患有绝症的人，但它也提醒潜在的用户，就像安迪一样，任何人都可能突然死亡。服务的不同层级是什么？服务分为基本、中档、高档三个层级，基本服务是1000字的告别信，然后可以升级到不限长度的告别信，以及5条音频或视频信息。如何发送告别信？当用户撰写了一封告别信后，平台将向未来的收件人发送一条消息，通知并教会他们如何在该用户去世后领取他/她的告别信。如果收件人尝试在你去世前登录，"我的告别信"网站就会给你发送通知。如果你在21天内没有回复，应用程序就会认为你已经死了，然后它就会发送你的告别信。

市场上的许多服务似乎都有这样的系统，它假定我们总是在线的，可以回复一封电子邮件或通知，以确认我们还活着。那么，我们便需要谨记一些教训：度长假时要小心；不要丢失你的手机；经常检查你的垃圾邮件文件夹；最后，你可能需要做好准备，某些你爱的人会好奇或关心你为什么要让他们知道你在写告别信，尤其是在你没有身患绝症或即将奔赴战场的情况下。"我们正在考虑在网站上放点东西，一个撒玛利亚慈善咨询中心（危机求助热线）的链接，但我们不想让这个链接与那个咨询中心网站相连，"史蒂夫说道，"这是一种庆祝，而不是病态的情绪低落。"我的道德敏感性让我想到，如果一位心理治疗师或心理学家要创建一个名为"我的告别信"的网站，而这个网站没有直接提到抑郁症患者和有自杀倾向的人有使用它的可能性，那么他们所属的专业机构很可能会对他们进行问责。

但史蒂夫并不是一名心理治疗从业者，他也没有把自己标榜为一个心理医生，所以也许我作为一名职业心理学家的道德准则并不适用于他。他最关心的是如何让"我的告别信"网站对人们而言具有意义、有用，同时又轻松有趣。在网站主页的底部，我看到了能证明这一点的证据。那里播放的是一段卡通视频，画面中有一位中世纪骑士，他的身后是一座城堡的城墙，同时我们可以听到一些打斗声。有些不太协调的是，骑士从上衣的口袋里掏出一部现代智能手机，打开"我的告别信"应用程序，戴着皮手套打出了一条信息。"很抱歉，我没有机会当面告诉你这件事，但有些事情你真的需要知道。"信息开头写道。我们看不到骑士的秘密是什么，但随着战场的逼近，他打字的速度加快，我们看到信息是这样结束的："我知道你很难承受这一点，我很抱歉让你以这种方式发现这个事实。你永远是我的儿子，给你我所有的爱。"骑士很快就把信息写完了，时间不偏不倚，就在他点击发布的时候，一把剑从他的头上砍了下来。在遥远的雪山顶上，一个忧郁的年轻骑士拿出了自己的手机，想要接收一些3G（第三代移动通信技术）信号。突然，手机接收到了信号，他收到了死去父亲传来的消息。"关于你的母亲……"信息写道。

这个视频确实是轻松愉快的，但我在娱乐和困惑之间摇摆，就像我在观看比娜48在《观点》节目中与乌比·戈德堡交谈时感到困惑那样，还夹杂着一丝担心。我能理解他为什么会想到创建这个网站，而且毫无疑问，它对很多人都有用。但是，正如葆拉所说的，我在想史蒂夫是否从其他人的角度充分考虑了这件事情，他人的经历可能与他的不同。但史蒂夫对他的服务最终能给人们带来的快乐和安慰充满希望，也对它具有的所有潜力充满希望。"我们可以用这个网站做的事情绝对是无穷无尽的，"他说道，"在某个特定的日子里，可能会出现这样的信息，'6月16日，去车库，在书架右上角，我给你留了一份礼物'。或者你可以说'在某天，待在家里，会有人敲门，我为你准备了一样东西'，这样东西可以是巧克力、鲜花，或者其他什么。或者'到后花园去，挖掘花园的这个角落，我在那里埋了一些东西，我想让你拥有这样东西'。去世后你可以这样与他人分享乐趣！"

我突然意识到，这个场景听起来如此熟悉的原因是，这正是《附注：我爱你》中的情节。

$$\Omega$$

在进一步评估之后，我是否认为"我的告别信"是一项独特的服务？它的某些特性可能是独特的。当彼得和我取得联系后，我有机会将史蒂夫的服务和另一个网站进行对比，这个网站为人们提供了遗言服务。乍一看，"逝未逝"（GoneNotGone）和"我的告别信"差不多，也提供文本、音频或视频信息服务。"逝未逝"有4个层级，而不是3个，从青铜级到白金级，而不是从基本到高档。该网站解释说，其中一个激活机制与"我的告别信"系统极为相似——他们每月都会给你发一封电子邮件，附上一个链接，以确认你是否还活着，如果没有回复，他们就会开始发送消息。但是，考虑到这样的系统可能会出现错误，他们还提供了一些其他的选项，其中包括指定一个可信任的执行人。"逝未逝"的网站上也有一段卡通视频，我还清楚地记得那位被砍头的中世纪骑士和他的苹果手机，我不确定当我点击"播放"时会看到什么。这段卡通视频没有那么古怪，但它仍然传达了这样一个理念，即保存遗言的企业应该是"有趣且有益的，而不是悲伤的"，它提倡多讲笑话和故事。

最后，就像"我的告别信"一样，"逝未逝"明确指出，现役军人和身患绝症的人是这项服务的自然消费者。然而，真正的目标市场似乎是祖父母，该网站上有许多白头发、目光炯炯的老人的照片，他们渴望确保自己在去世后仍能对孙辈和曾孙辈的生活产生有益的、积极的影响。也许是考虑到这群潜在的消费者，"逝未逝"还没有开发出一款新颖的应用程序。

然而，"逝未逝"在一个重要的方面似乎与"我的告别信"有根本的不同。"我的告别信"是葆拉提到的"结束"型信息服务的一个例子，但是"逝未逝"是关于"继续存在下去"的服务，它让信息在若干年里不时地出现，让人感觉逝者还在身边。该网站的口号是"数字化地活下去"，主页上展示了一个拥有明亮眼睛的孩子的照片，并鼓励上了年纪的祖父母"永远不要错过他们的生日"。"逝未逝"或许确实能为一个人眼前的悲伤提供安慰，但它服务的时间更长，希望帮助人们在去世后仍能参与所爱之人的生活。

对于像这样的持续消息服务来说，有一点特别重要。该网站明确表示，如果收件人不想接收消息，他们可以随时关闭发送，这给了人们一种控制权，防止逝者成为不受欢迎的跟踪狂。不过，如果彼得的父亲能够使用像"逝未逝"这样的服务，彼得完全不可能关闭消息传递功能。就像史蒂夫一样，他从来没有想过要做这样的事情。在石油行业工作了22年之后，他刚刚被解雇，不知道自己的余生该怎么办。他有一些积蓄，但他没有某样东西——他深爱的已故父亲的声音录音。"我父亲的去世是我做这件事情的动力，"彼得说道，"虽然父亲已经去世12余年了，但他仍然对我的生活有着重要的影响。"如果彼得没有他父亲声音的任何录音，他可能会更容易接受这个事实。然而，他拥有一个可望而不可即的声音片段，只有片刻长度。在一盘旧的家用录像带上，一只毛茸茸的白色萨摩耶"唱"出了《伦敦东区》（*EastEnders*）的主题曲。突然，画面变成了桌子上的一个老式闹钟。背景是彼得的父亲约翰的声音，他说："第一次测试，测试。"然后，萨摩耶又突然出现，开始唱另一首歌。就只有这么多。要是录下更多就好了，彼得想。

他想让别人拥有自己得不到的东西，于是想出了这个主意。他也对网站开发一无所知，但他有足够的资源来获得所需的帮助。在我们谈话的时候，彼得已经比史蒂夫多经营了几年。尽管上市前的市场研究显示出了巨大的增长潜力，但他相当失望。"增长速度比我最初预计的要慢得多。"他说道。他试图与军方开展正式合作，但没能成功。他试图与慈善机构合作，但他们不想与营利性公司建立关系。他知道，人们会推迟做这些事情，就像他们推迟写遗嘱一样。他见过有人在写完几条信息后就没了主意，不知道该说什么。"人们的想象力很快就会枯竭。"他说道。

所有这些都可能威胁到他生意的成功，但他并不特别关心能获得多少利润。他有一些个人积蓄，经营着一家维护成本低廉的企业。而且他充满激情。"说到底，对我来说，做这件事的一个重要驱动力就是帮助人们走出困境，"他说道，"这比赚很多钱或其他任何事情都更重要。这是我的信仰。如果它能带来足够的收入以支付成本，并一直存在下去，我会很高兴。"

彼得对某些人使用这项服务的方式感到担心，他说这让他度过了几个不眠之夜。起初，我以为他的担忧和我一样，即想自杀的人会购买这项服务，但他最先提出来的不是这个。他为不得不向我提出如此敏感的话题而道歉，他告诉我，他一直担心网站被用于色情报复[1]。他最初在服务条款中加入了"禁止裸露"这一条，后来他的法律顾问建议，在合理的范围内，不应该限制人们向配偶或伴侣表达自己的方式。然而，彼得也担心有自杀倾向的人。他只是不知道除了他的服务条款之外，他还能采取什么保护措施。"如果这项服务被滥用，我们可以立即终止它，在这种情况下不退款，"他说道，"我们能做的只有这些了。我时常想起这件事，但是，你知道的，这是一桩生意。你试着去做一些事情来帮助别人，即使有可能会被滥用。"

史蒂夫和彼得还有一些共同之处，他们都特别邀请我免费试用他们的服务。我反复考虑了一段时间，最终没有接受。每天都沉浸在死亡的话题中，完全意识到死神随时可能降临，我没有接受他们的邀请似乎不是因为我在逃避死亡。我熟悉数字死亡服务的曲折历史，我知道这些因热情而创立的服务成功的大概可能性，但我也不

1　色情报复，即把前交往对象的裸照等不良信息散布到网上。——译者

是因为这个而犹豫。由于不知道自己的死亡时间，我很容易在没有明确截止日期的事情上拖延，但我恰好属于一个极不寻常的类别：尽管我不到50岁，但我确实立好了遗嘱。

我有其他的原因。2018年春天，我坐在办公桌前，试着想出一些死后可能想说的话，但我想不出来。收件箱里的请柬并没有让我想要为了一个想象不到的未来，为了那些我无法预知他们悲伤需求的人而写下一些信息。这是其中的一部分原因，但我感觉我也错过了一些东西，缺乏某种理解。直到我与另一位完全不同的设计师交谈后，我才成功地理解了某些东西。他就是Eternime的创始人兼首席执行官，极其忙碌的博学者马里厄斯·乌尔萨凯。

Ω

彼得和史蒂夫都很想与我交谈，就像我很乐意和他们交谈一样，但我不确定马里厄斯是不是这样。关于马里厄斯的一切都有点让人受不了，他经常在麻省理工学院训练营的网站上担任导师，网站称他是一位"了不起的掌握了多门学科的人士"。天啊！刚参加完伦敦的创始人论坛（Founders Forum），他就走进了我们约定见面的俱乐部。据他说，在紧张了2天之后，他感到疲惫不堪，但仍然充满了魅力和活力。

他可能认为我知道创始人论坛是什么，我也确实知道。创始人论坛似乎是一场私人集会，只邀请"最优秀、最聪明、最鼓舞人心的企业家、企业首席执行官和高级投资者"参加"公开辩论、头脑风暴、讨论和解决问题"等活动。这是我根据他们网站上发布的理查德·布兰森（Richard Branson）、阿里安娜·赫芬顿（Arianna

Huffington）[1]和其他公司名人的照片得出的结论。他猜，我在维多利亚与阿尔伯特博物馆的展览上知道了Eternime。是的，我参观了展览，恭喜他猜对了。平时我会进行更有组织性的访谈，这回我准备了一些问题，因为我知道他是个大忙人。他确实需要在30分钟后乘飞机去参加另一个会议。他很感激我提前做了功课，这样我就不会问他那些经常被问到的老问题了。他问我是否知道有一款更高效的应用程序，这款应用程序不单单是在手机上记录东西。我对他说："哦，谢谢，很高兴知道有这么一个应用程序，转录原本是我的工作，但还是谢谢你。"

当我在自己的应用上按下"录音"键时，我已经筋疲力尽了。不过，到最后，马里厄斯还是很健谈，他和我进行了令人兴奋的理性和概念性的讨论，访问他的时候，我感觉他不太像是一位设计师，而更像是一位学者，一位摄入了大量咖啡因的学者。在马里厄斯刚刚创办Eternime的时候，他很容易就被归入葆拉口中的第二类设计师，也就是那些受技术和知识兴趣驱使，寻找令人兴奋的新发展机遇的人。获得医学学位后，他在罗马尼亚创办了一家与数字相关的机构，但过了一段时间，这一切对他来说都有点乏味了。他不再遇到挑战了，那几年他一直在寻找新的东西。"然后我突然意识到，死亡可能是生命中没有被科技真正触及、改善和改变的领域之一（如果这样的领域不止一个的话）。"他说道。当他最好的朋友死于一场车祸后，在他的内心，一种激情与技术挑战交织在了一起。"在那之前，对我来说，这是一个科学的、非个人的创意，更像是智力练习。

1　理查德·布兰森，维珍（Virgin）品牌的创始人，其企业涉及航空、铁路、电子消费品、化妆品等多个领域，他是英国极富传奇色彩的亿万富翁；阿里安娜·赫芬顿，《赫芬顿邮报》的创始人，同时也是多档脱口秀节目主持人，是一位颇有影响力的媒体人。——编者发生了这件事情之后，这个想法就变得更加个人化了。"

他急忙补充说，这并不像那种"我必须把我的一生奉献给这件事"那样的个人化。相反，马里厄斯开始对某些事情抱有更强烈的感情。令他震惊的是，他已故朋友的重要数码产品中，只有几样是可以访问的，其他都因为笔记本电脑和账户设有密码而无法访问。他开始更加敏锐地注意到，虽然在西方世界，谈论"未来的性爱和将来可能会和机器人进行性行为"这类话题似乎没什么问题，但人们对死亡话题讳莫如深，这意味着，人们在死亡突然发生时一般毫无准备。他开始更用心地寻找一种方法来捕捉那些在未来可能对人们有意义的东西，让我们所有人都能记住、尊重逝者，并向逝者学习。

在 Eternime 的初创阶段，马里厄斯的理念与无数其他开发者的理念大致相同，其中也包括彼得对"逝未逝"的定位：一个为子孙后代制作自传视频的在线工具，它可以促进一种持续的联系感。"视频是最不令人毛骨悚然的，"他说道，他意识到了漫步于恐怖谷的危险，"这是最私人、最富有感情的。这真的会让你觉得那个人还活着。"为了解决彼得在谈到"逝未逝"时所描述的缺乏想象力的问题，他列出了一长串自传式问题，这些问题逐渐变得更深入、更具体。用户可以使用网络摄像头或手机来回答问题。

从市场调查的结果来看，你会认为马里厄斯找到了金矿。他记得，每个人似乎都认为这是一个非常迷人且引人注目的点子。"人们来了，说'哦，天哪，这真是太棒了！'……然后他们就再也没有回来。我们和他们交谈，试图理解他们。他们说'好，好，我们周末就做这件事'。就像作家有时会文思枯竭一样。"从我自己的经验和这么多开发人员的报告来看，这是一种熟悉的重复，尽管我不禁认为这一连串问题可能会让我觉得厌烦。"我们发现大多数人拥有很高的'活化能'[1]，"马里厄斯继续说道，"你必须坐下来，整理思绪，排除一切干扰。"作为最后的努力，他想知道来自孩子的情感勒索是否会奏效，他决定用他的父母做实验。

"我的父母年龄在75岁左右，他们都很健康，但我在去年做了这个实验……在（我生日的）前一个月，我告诉他们：'看，这里有50个问题。我唯一想要的生日礼物就是……这里有一本黑色的笔记本，一支漂亮的钢笔，请把答案写下来。'他们说：'天哪，太棒了！'就开始和我说话，然后我说：'不！不要说！写下来！'"

过了一段时间，他的生日到了，马里厄斯去见他的父母，取他的生日礼物。"他们说，呃……你知道的。我妈妈说：'嗯……我写了半页？'我爸爸说：'不，我必须坐下来，这是很严肃的事情，你知道，你不能只是……'"

于是马里厄斯提高了要求。"我想，好吧。我要带上我的相机和手机，去父母那儿。后来我说，这个周末我不去……我要在两周内得到这部新手机……我还需要光线或第二台相机……"

原来，马里厄斯所说的"活化能"问题是相当普遍的，即使对这个点子的发起者来说也是如此。马里厄斯接下来所做的，和我交谈过的其他一些设计师有所不同，那些设计师决心坚持自己的想法，即使没有什么效果，即使他们的服务从来没有盈利。但马里厄斯改变了策略。他在LinkedIn上称自己为"效率狂人"是有原因的。如果某件事没有成效，马里厄斯·乌尔萨凯就会很快放弃。

"所以我们决定改变重心，"他说道，"我们做了很多其他的测

1　活化能，指分子从常态转变为容易发生化学反应的活跃状态所需要的能量，这里指让自己想做某件事的催化剂。——译者

试，也看了很多研究，现在我们做出的移动应用程序可以查看你的数字足迹，收集、处理信息，发现其中的模式，并试图自动撰写你的自传。"他很遗憾这不适用于老年人，他有点责怪自己没有在祖母去世前录下她的声音。就像我有一张曾祖母站在干草堆旁的照片一样，马里厄斯只有几张祖母的照片和打印出来的物料，可以证明祖母存在过。

Eternime的目标市场是这样一些人：对他们来说，数字记录是生存不可避免的副产品；他们是千禧一代和数字原住民，他们生成数字化数据就像呼出二氧化碳一样自然。马里厄斯怀疑自己最终将不得不通过秘密录制家庭晚餐来获取父母的信息，而最终的Eternime应用程序将使用人工智能虚拟化身"收集和整理主人生前的想法、故事和记忆"。

对于马里厄斯已故的朋友，也就是丧生于一场车祸的那个人来说，这种方法本来是非常有效的。和阿什一样，马里厄斯的朋友也是一个互联网的"重度依赖者"。然而讽刺的是，他的数字足迹现在极为稀少。"他在社交媒体上非常活跃，他并不是自恋狂，但他经常登录社交媒体。他有很多朋友，进行了很多交流。他是一位名人，为我们的现任总统发起了一场网络竞选活动，他非常受欢迎。"马里厄斯说道。对于一个像马里厄斯的朋友这样积极生活的人，一个年轻、不太重视为他死后的数字形象做准备的人，唯一可行的就是使用像Eternime这样的应用程序。"我们找不到另一种方法让人们做一些能够（有意识地）留下遗产的事情。"马里厄斯说。

正当我错误地以为Eternime扮演了无形代理人的角色，在我们身后悄无声息地运作着时，马里厄斯开始解释一件使我有些吃惊的事。他意识到，健康的年轻人首先必须找到"活化能"才会购买和安装

Eternime 应用程序。"如果等待回报的时间比抵押贷款（的期限）还长，可能长达 40 年，"他问道，"他们为什么要那样做？"

嗯，没错。即使人们认为数字遗产是一个有趣的想法，但死亡科技领域的每一位开发者都会发现，想着"哦，这很有趣"和坐下来做某件事情是两码事。此外，在剑桥分析公司事件之后，我们会特别谨慎地思考是否要允许任何一个应用程序访问大量其他信息，在这种情况下，人们完全有理由放弃这个应用程序。你需要一个真正安装它的理由，正如马里厄斯所说，现在就能获得回报，而不需要等到以后。

所以，马里厄斯想到，创造数字遗产的最佳方式，就是让它成为另一件事的副产品，一件人们确实想参与其中的事情。人们登录 Facebook 是因为生活，而不是因为他们预料到自己即将死亡。我记得杰德·布鲁贝克说过的话：墓地里没有很多现金，但是游乐园里有黄金。

"我们意识到，每天审视自己的生活就像在写日记，"马里厄斯说道，"它让生活更有意义。集中注意力，观察你所做的事情……看看它们是否符合你的价值观。你可以对未来做出更好的决定，这种行为能减少抑郁和焦虑。人们会觉得生命更长了，因为他们每天都在关注自己所做的事情。这就是好处。"

我的心理学家之耳竖了起来。突然，这个技术开发人员（一个从健康领域起步，获得了医学学位的人）开始以我使用的语言进行交流。"想象一下，如果我们开始与（我们的）虚拟化身对话，"马里厄斯继续说道，"这同样可以让你的生活更有意义，可以对你所做的事情进行反思。如果你在这上面花了太多时间，最终做出了其他不健康的行为，那么你就是以一种非常自恋的方式坐在数码镜子的前面。但是，如果它可以帮助你做出更好的决定，并基于现有的模式预测这些决定的结果，又会怎样呢？"

马里厄斯在描述两种不同的情况：一种是为了镜子本身而凝视，研究你的容貌，像那耳喀索斯（Narcissus）一样沉醉在自己的倒影中；另一种是看着镜子说："嘿！看看你现在在做什么？看看你选择了什么？这是你想要的吗？根据你过往的经验，这对你有用吗？"这就像一个比你更了解你自己的朋友，如果你走错了路，他可能会大声喊醒你。马里厄斯相信，如果使用得当，Eternime 的数字阿凡达（你的数字映像）就能做到这一点。他没有把它当作一款可以让你在死后继续活下去的应用，而是一款帮助你活在当下的应用。也许死后的数字存在并不是重点，但他认为这可能是一个非常有趣的副产品。

$$\Omega$$

就在那一刻，在我和马里厄斯谈话的最后一段时间里，我终于能够把一件事说清楚了，这也是我无法说服自己试用"逝未逝"和"我的告别信"网站的主要原因。当然，我想被记住，我关心死后留下的遗产。但每次我坐在电脑前，一个数字遗产服务提供商邀请我免费做这件事时，我都无话可说。不过，这和作家的写作障碍不同，因为我的大脑并不是一片空白。它是满的，充满了方向、意图和指向某个地方的不安。我想离开这个房间，我想和我最喜欢的人一起去外面的世界，过一种更加现实的生活，一种我更能意识到自己的价值观并被自己的价值观所驱使的生活。我想告诉我生命中重要的人我对他们的感觉，就在此时此刻。在我忙着做这些事情的时候，我的遗产可能不得不被我晾在一旁，无论有没有技术的帮助。

在采访马里厄斯之前，我从《第二人生》《黑镜》和比娜48中搜集到了关于虚拟化身的一些天真的科幻观点和幼稚的假设，由此我以为他会告诉我一些令我毛骨悚然、远远超出我的舒适区的事情。然而，有趣的是，尽管我们在死亡科技领域的经历截然不同，但我和马里厄斯最终几乎得出了同一个结论，感觉一点也不像我想的那么恐怖。

第七章
来自逝者的声音

罗伊·奥比森拥有一种特质，百代唱片公司的经理沃尔特·莱格认为，这种特质是成为一位伟大歌手的必要条件：一副极具辨识度的嗓音。奥比森本人似乎对此颇为敬畏，把这称为"一种奇迹"，与他同时代的音乐人也倾向于这样认为。埃尔维斯·普雷斯利认为这是他听过的最独特的嗓音，鲍勃·迪伦则认为奥比森令人惊喜不已。迪伦说："和罗伊在一起，你不知道自己在听的是墨西哥街头音乐还是歌剧，他会让你保持警觉。"

有时候，奥比森的声音听起来像是歌剧，他的演唱风格更像是一位受过古典训练的歌手，而不是摇滚巨星。但玛丽亚·卡拉斯的确是一位歌剧歌手，也是这门技艺的大师，她拥有热情的粉丝群体和惊人的唱片数量。她的声音并不完美——有时空洞，有时低沉，有时尖锐——但始终与众不同。

虽然奥比森和卡拉斯的音乐风格可能有所不同，但他们都是标志性的歌手，只要张开嘴，就能牢牢地吸引住观众。尽管两人晚年都面临着财富的减少，但奥比森似乎注定要成为摇滚乐界的元老，卡拉斯也注定要成为古典歌剧界的一位贵夫人。然而，这两位艺术家都没有完成原定的使命。他们还有更多的共同点——都在中年时心脏病发作。卡拉斯于1977年逝世，享年53岁；奥比森于1988年去世，享年52岁。

全世界都难以接受奥比森再也不会出现在舞台上的这一事实，他那出了名的静态表演是那么令人印象深刻。1963年，他用一把樱桃红色的吉布森吉他弹奏《风月俏佳人》(*Pretty Woman*)，鸽灰色的西装袖子上垂着流苏，眼睛藏在标志性的太阳镜后面。至于卡拉斯，她的超级粉丝们一想到再也没有机会看到歌剧女神演唱比才的《卡门》，就非常痛苦。在这出歌剧中，当卡拉斯饰演的卡门目睹自己即将死亡的预言时，她把手中的纸牌抛向空中，蛇蝎美人的能量从她的眼睛里闪耀出来，她那血红色的围巾预示着她的命运。

如果你因从未在现场看过这两场表演而感到遗憾，那么不要绝望，上面描述的表演实际上是2018年1月14日在纽约玫瑰剧院上演的。在那之后，这两位音乐家通过全息影像复活了，他们开始了各自的国际巡演，向世界各地的新老歌迷演唱，歌迷们从未想过自己能再次在舞台上看到这两位偶像。你可以翻阅一下当地的杂志，了解一下演出场次，因为全息影像不会疲劳，只要有钱可赚，就可以不停地到世界各地演出。

BASE娱乐公司在其网站上宣传演出、销售门票时，热情洋溢地将演出形容为永恒的，他们将卡拉斯和奥比森的表演视频进行剪辑并做了全息化处理，来吸引潜在的观众。全息表演的成员与现场管弦乐队的成员并无二致。"40年前，玛丽亚·卡拉斯摆脱了世俗生活的束缚，留下了一个没有她的世界，这个世界渴望她的出现、她的表演、她的声音，"宣传材料写道，"现在，她又回到了舞台上，向震惊的观众证实了她的伟大与不朽。"罗伊·奥比森的不朽形象也得到了提升。"他的声音永远是不朽的,"宣传材料感叹道,"现在他自己也变得不朽了。"

BASE娱乐公司并不是唯一一家为已逝明星创造超现实的全息投影,并让他们重新开始表演的公司。有很多传奇人物突然去世,让他们的粉丝失去了至爱,要让这些明星"复活",光靠一家公司是不够的。美国全息摄影公司(Hologram USA)让惠特尼·休斯顿和比莉·荷莉戴重获新生,她们去世时才40多岁。迈克尔·杰克逊于2009年去世,享年50岁,但当他于2014年出现在公告牌音乐奖颁奖典礼(Billboard Music Awards)上时,他看上去还不到40岁。因此,虽然死亡是不幸的,英年早逝尤甚,但现在死亡不会再阻碍你轻松地环游世界。

不过,还有其他的障碍,其中许多障碍听起来与前几章的内容很相似,例如从技术上来讲,构建可信的全息投影是一场艰苦的战斗。不过,随着音频和视频数字编辑以及计算机成像技术(CGI)的发展,专业技术团队正在研发更尖端版本的老派佩珀尔幻象[1]投影技术。这项技术最初发明于19世纪中期,目的是满足那些痴迷于降神会和唯灵论的观众的需求。然而,影像还不够完美,这引发了本能的心理抗拒。三维的、移动的人体形象,看起来非常逼真,但仍然让人觉得有些怪异,于是我们会在进入恐怖谷之际停下来。如果说媒体的文章能说明什么问题的话,那么当死去的明星第一次重新出现在舞台上时,情况尤其如此。例如,2014年公告牌音乐奖颁奖礼的一些出席者对迈克尔·杰克逊这位流行天王幽灵的造访表示欢迎,但有一部分观众对此抱有不确定的态度,还有许多人对杰克逊再次

---

1 佩珀尔幻象,即 Peppers ghost,是一种在舞台上与某些魔术表演中制造幻觉的技术。——译者

在舞台上"太空漫步"表示不满。《华盛顿邮报》（*Washington Post*）的一名记者发表了一篇题为《全息投影是一种令人毛骨悚然的纪念迈克尔·杰克逊等已故偶像的方式吗？》的文章，其中将这种幻觉称为"数字防腐剂"。

近年来，随着恐怖谷位置的转移，人们开始思考逝者在死后是否继续拥有自己的肖像权和隐私权，反对意见开始带有伦理色彩，而非心理色彩。逝去的偶像们对于死后被人利用以获取乐趣和利润会有什么感受？我们怎么知道像1959年去世的比莉·荷莉戴这样的女歌手，会不会喜欢数字重生的想法？在当时人们几乎无法想象会有这样的事情发生。还有所有的法律问题呢？当名人去世后，谁拥有他的名字、形象和肖像的所有权？又有谁能拥有其表演权、作曲权、商标权？

关于后一个问题，答案很可能是：这些都是死者的遗产，死者继承知识产权。那些拥有已逝偶像作品版权的人非但没有反对逝后的全息重生，反而排起了长队，探索死后之旅将如何补充他们日益减少的资金。Eyellusion的首席执行官杰夫·佩祖蒂（Jeff Pezzuti）曾报告说，他的公司经常利用已故音乐家的遗产，尤其是在专辑销售和其他收入来源开始枯竭的时候。

如果你是一个愤世嫉俗的人，一个纯粹的音乐爱好者，或者一个死后隐私倡导者，倾向于谴责这种对已故音乐家的剥削，那么，佩祖蒂认为你只是自私。"很多更年轻的或从没见过（重金属音乐家）罗尼（迪欧）的人都想见见他，"据报道，佩祖蒂说，"就因为你觉得这是不对的，或者有人觉得这是不对的，你就不允许年轻的观众或下一代人感受这种音乐。"据报道，站在玫瑰剧院（Rose Theatre）外的亚历克斯·欧比森（Alex Orbison）对《新音乐快递杂志》（*NME*）的一名记者说了类似的话。他说，看到已故的父亲站在舞台上，他被震撼了。亚历克斯说，如果年轻一代看到他父亲"现场"演奏，能激发他们自己创作音乐，那才是最重要的。"某个孩子会过来看我爸爸的全息表演，回家后说：'这就是我这辈子要做的事……'我爸爸5岁的时候去看了一场演出，他离开的时候也说了同样的话。这就是我们所追求的生生不息。"

对于像欧比森和卡拉斯、休斯顿和荷莉戴、迪欧和杰克逊这样的人物，对于富有和出名的人来说，关心他们的遗产，渴望再次听到他们声音的不仅仅是他们的家人和朋友。音乐传奇人物在舞台上的神秘重现，在不同层面上对不同的利益相关者都有意义。杰夫·佩祖蒂和亚历克斯·欧比森认为，这些幽灵可能会催生新一代的粉丝，他们的理论不一定是错的。正如BASE娱乐的网站所说，卡拉斯可能已经离开了人世，但她的全息投影可以让她重新回到俗世，在未来多年取悦几代歌剧爱好者。她可能也会塑造他们的品位，或许这位歌剧女神的数码化身将以新的声音和新的风格，威胁到活生生的、会呼吸的歌手。这是一些歌剧爱好者表达的反对意见，卡拉斯确实可能被证实具有威胁性，毕竟她是个特例。

但是普通人呢？如果你想继续在世界上发挥影响，超越家人和朋友，但你不像超级明星那样会进行舞台表演，拥有天使般的声音，或者不享有真正优秀的公关代理的服务，那么你会怎么做？当然，如果你是一个普通人，而不是一位传奇的表演者，那么你现在在考虑全息投影还为时过早。2018年，在伦敦的"死后之爱"（Love After Death）活动上，我和一些公众讨论了数字遗产的问题。我问他们对于在特定的纪念日或特殊场合，以数字形象重生有何感想，他们的回答让我感到困惑。撇开全息投影不谈，如果你只是一个庞大数字池塘里的一条相对较小的鱼，但当你离开人世后，你想在更广泛的社会领域产生某种影响，那要怎么做？多亏了互联网的力量，这一切都是可以做到的。在网络竞技场上，你可以像生前一样大声说出自己的想法，但要做到这一点，你需要提前做好计划。

$$\Omega$$

露西·沃茨一直是一个喜欢制订计划的人。11岁的时候，她已经把一切都弄清楚了，比如15岁时她要参加英国普通中等教育证书考试（GCSE）中哪些科目的测试，要上她选中的医学院需要取得多好的成绩，甚至知道作为一名成功的医生退休后要做些什么。她还很年轻，在这样的年纪设定和追求这些目标，显得有些拼命，但她不能放松。露西心里藏着一个秘密，这个秘密是如此隐秘，就连她的母亲也不知道她有多么挣扎。她一直都有健康问题，在她10多岁的时候，她的肌肉非常虚弱和不协调，以至于她几乎做不到把手臂举过头顶或爬上一段楼梯。她再也不能假装这些事情没有发生过。

时光飞逝，3年后，露西只能坐在轮椅上活动，她的病因是一个令人沮丧的谜。她被诊断出患有埃莱尔－当洛综合征（Ehler-Danlos Syndrome），这是一种使组织脆弱、关节活动过大的疾病，但这只是一种假设，与她的医生的猜测相吻合。没有人确切地知道露西出了什么问题，他们只知道这种病最终会夺走她的生命。

露西不愿放弃，她决心把命运的控制权从她那虚弱的身体上夺回来。她认为，坐轮椅并不能阻止她成为一名医生。她没有理会那些悲观的预言（她可能活不了多久，无法实现自己的雄心壮志），而是牢牢地盯着前方的道路。她继续学业，这让其导师惊叹不已，也激励着她的同龄人完成普通中等教育的学业。在等待考试结果的过程中，她得知自己获得了戴安娜奖（Diana Award）。露西的导师们被她面对如此巨大困难时的顽强精神所折服，提名她参选戴安娜奖，该奖旨在表彰那些创造积极的社会变革的杰出年轻人。

露西扎实地学完了普通中等教育的课程，然后筹钱购买了一台特殊的轮椅，这样她就可以上大学了。她开始学习科学，这是在成为一名医生的道路上需要攀登的下一个阶梯。但很快露西就不得不接受没完没了的治疗，疾病一点一点地摧毁了她对未来的希望。她无法吞咽食物，只能直接把营养物质输送进小肠。坐着的时候，脚会充血，这使她大部分时间都得躺着。起初，她每天能上一个小时的课，但后来连这也办不到了。她的线下社交生活中只有她的家人、一个忠诚的朋友和一位以前的马术老师。这位马术老师会牵着马来到露西家，让马从露西卧室的窗户探进头。另外，她的网络社交联系增多了，填补了她生活中的空白，以及医疗照顾的缺陷。

露西不经常去医院，大部分时间都待在家里，她常常发现很难得到自己所需要的照顾。英国国家医疗服务体系的医生一般不上门服务，而且这个系统已经超负荷运转，医生们已经来不及为所有坐在候诊室里的病人看诊。但在2011年年初，露西的体重迅速下降，她去看病时医生说，他们3周后会再给她测一次体重，但后来医生重新安排了会面时间，3周可能会变成3个月。每个人都看得出来她的体重减轻了，她现在不到100磅[1]了，但体内所有器官的衰竭情况，包括她的心脏、骨髓和消化系统的各个器官，就没那么明显了。

露西和她的母亲急切地寻求帮助，这时她们发现了一个网站，"J

---

[1] 1磅约等于 0.4536 千克。——编者

的临终关怀"（J's Hospice）。这是埃塞克斯郡当地的一个慈善组织，是为患有某些疾病、生命长度有限的年轻人所创办的。"J的临终关怀"派出了贝弗，她是一名经验丰富的临终关怀护士，她看了露西一眼就知道她快要死了。她立即联系医生采取行动，他们很快就发现露西已经停止从她的饲管中吸收营养了。饲管被换成了直接插入心脏的营养管，把露西从死亡边缘拉了回来。"实际上，能用手指打出这些信息对我来说有着完全不同的意义，"露西说道，"这不仅仅关乎我的社交生活，还关乎我的生命。没有互联网，我就不会在这里。"

露西可能已经从即将到来的死亡中被救了回来。尽管她的治疗方法发生了变化，但她的生命仍然是有限的，最终可能会被疾病本身或机会性感染杀死。意识到这些现实，贝弗开始和露西探讨预先医疗护理指示和临终计划。这是临终关怀中的一个典型话题，讨论通常围绕着这些话题展开：生命临近结束时会发生什么；药物的类型以及人们想要或不想要的干预；人们临终时，让他们感觉最舒服和尽在掌握之中的事情。但是贝弗并没有那样做，她非常实事求是地问这位年轻的病人，她打算怎样度过她的一生。

在那个特殊的时刻，这个问题让露西手足无措。"每个人都想在某种程度上鼓舞别人，"她说道，"每个人都有这样的想法，他们想要影响他人，造福他人。我们都有自己想做的事情。"她一直打算通过成为一名医生来实现这个愿望，但她不是一个健康的青少年。她得了绝症，不得不退学。她的免疫系统崩溃了，她的计划也破灭了。在心理上，她把全部精力都投入到接受梦想的破灭上，接受这一切永远不会发生，接受这一切她永远也完成不了。

虽然露西的母亲和贝弗是例外，但许多人的确认为她什么也做不了，这样的生活几乎不值得过下去。面对她的疾病，复杂的医疗设备，以及一直陪着露西的护士和援助犬，她遇到的健全的人都会发抖，并向她表示同情。"人们看到了医疗设备，看到了我的身体。他们看到了我的管子、我的轮椅，他们看到了我的未来，但他们不一定把我看作一个人。有些人会说，啊，我不能过那样的生活。"露西说道。

但这时，贝弗来了，她出其不意地向她抛出了一个难题，把露西当作一个人，而不是一个病人来对待，而且，好像未来就在露西的掌握之中。当她问这位年轻的、奄奄一息的病人想怎样度过一生时，她揭开了露西自己都不知道的一些东西。"我的潜意识好像在尖叫着什么，"露西说道，"我就这么说出来了。'我不想被遗忘。我不希望我的生活没有任何意义。'我很震惊自己竟然说出了这句话，因为我从来没有有意识地这么想过。"

她的母亲在她身边徘徊，告诉她不要犯傻，不要去想家人和朋友会忘记她，但露西不是这个意思。当然，她想让她所爱的人记住她，但不止这么简单。她意识到，在她去世之后，她想让人们记住一些**特别的**东西，不仅让她的家人记住，她还希望有更多的人能记住。露西不确定那特别的东西是什么，但她有了新的决心。"这颗种子是为了被人记住而播下的。不一定要出名，或者成为什么特别的人。（但要）因为**某些事情**被记住。遗产。"

而且，她不想由其他人告诉她，这份遗产将是什么，或者应该是什么。在我们谈话时，露西用得最多的词是"控制"。"我对自己的生活和疾病几乎没有什么控制力。"她说道。我们一起坐在她家的一个房间里，露西靠在一张占了房间大部分空间的躺椅上，她的辅助犬躺在附近的地板上。我听到她的一个护士在附近的一个房间里忙碌着。"我无法控制自己的死亡。但我可以控制人们如何看待我的人生。"

露西想，如果让别人来决定她一生的价值，那就太危险了，他们可能会低估她的价值、她的意义。她亲身经历过很多次这种情况：人们无法相信或不愿意相信，对于她这样的人来说，是有可能过上有价值的、精彩的、令人惊叹的生活的。"我们身处于一个爱评头论足的社会，我们对人做出草率的判断。我内心的感受是我值得活下去，但我外在的感觉是我想让**别人**知道我值得。我的一部分遗产是，我想让其他人看到我的生活其实很棒。尽管发生了这一切，它仍然很精彩；也因为这一切，我的生活变得精彩。"

只有一个人能以露西想要的方式传达这条信息，那就是她自己。

不过，为了掌控这条信息，她需要一个自己可以控制的媒介。2011年，她与死亡擦肩而过，这是迄今为止最痛苦的一次，她很难做到与每一个需要听到她信息的人进行面对面的交谈。在康复期间，参加活动和做演讲都不容易。但如果露西不想等待一段时间再让别人听到她的想法，那么她也不必等。多年来，互联网把世界带到了她的房间，现在她要借助互联网把自己的信息传达给世界，至少用虚拟的方式。

最初，她给自己的博客取名为"克服障碍"（Overcoming Obstacle）。渐渐地，她的读者越来越多，其中包括医学专业人士、年轻人、父母和家人，有些关注她的人完全没有残疾的经历。她的朋友远不止英国人，她拥有来自冰岛、加拿大、美国和澳大利亚的朋友。过了一段时间，随着她的使命越来越清晰，她想到了一个更好的博客名字，这个名字象征着她希望在世界上产生的影响。"我的生活因为病痛而变得有意义，这不仅对我有意义，对其他人也有意义，"她说道，"你可以成为指引人们前进之路的那盏灯，不管他们在与什么抗争。"

我第一次见到露西是在2017年年末，当时我正坐电梯去英国广播公司的一个电台演播室，在电梯里遇到了她。她的"露西之光"（Lucy's Light）栏目的观看次数已经超过26.5万次，她在网上的曝光率越高，她就有越多的机会。她在博客里介绍的自己做过的事情会使一般人相形见绌：为"J的临终关怀"拍摄了一个视频；在下议院和卫生部成员面前做过演讲；在英国各大新闻媒体机构上露过面；担任大使和其他许多慈善机构的工作；撰写参考指南，由全国各地的医疗专业人员阅读并付诸实践。2016年，22岁的她被授予员佐勋章（MBE），这是大英帝国最高荣誉勋章之一，获奖原因是她为残疾青年做出的贡献。

也许拥有一个目标可以帮助我们延缓死亡。露西的寿命超过了医生预测的结果，她决心继续战胜困难。她的日程排得满满的，新项目和新想法不断涌现，她甚至不去想自己的生命是短暂的。不过，她很清楚，死神很可能会把她的生命夺走，阻止她在这个世界留下自己的印记。如果她想要掌握自己的命运，她必须非常慎重地考虑她想要留下什么，以及留下的东西将会是什么样子。

"真有趣，遗产，"露西说道，"它有不同的形式。"对于母亲，她知道自己会给她留下爱和回忆。对于她的姐妹和后代，她想要传递更多的东西：知识、选择和控制。露西正在尽她所能地确认她的病是否通过线粒体DNA遗传而来，因为她的姐妹及其未来的后代都可能拥有这种遗传基因。"我姐妹的孩子对我来说非常重要，"她说道，"我可能看不到他们出生了。我只希望我留给他们的不仅是我的记忆，还有一些实实在在的东西。"她正在寻求更多的检测结果和正确的诊断，这是她留给可能一面也见不到的侄子、侄女的遗产。

露西的母亲和其他家庭成员永远不会忘记她，而且她收到的任何进一步的检测结果和诊断都将是具体且可转换的。露西意识到，要想在更广阔的世界上留下持久的印记，还需要付出更多的努力。互联网也成了这个问题的答案，她带着一贯的深谋远虑和决心，开始攻读数字地产规划硕士课程。精力充沛的人不会在日记里撰写太多关于课程的事情，但露西知道她没有那么多的时间，她把"露西之光"当作头等大事。她知道，她现有的帖子可以在其死后激励和帮助更多的人，但她需要把这些帖子保留下来，需要有人来打理。考虑到她母亲的电脑操作技术不如她，而且这位母亲因为害怕让女儿失望而感到了恐惧和紧张，所以露西为她编写了详细的博客维护指南，并附上了每一步骤的截屏。她在所有账户的操作说明中都写明了最新的密码，并列出了她对每个账户的期待。例如，她已经决定，主要用于工作而不是社交的 Twitter 账户可以被关闭，这不会让任何人感到很痛苦。另外，Facebook 是她建立更多个人联系的主要渠道。她通过 Facebook 与从未见过面的人保持亲密的友谊，这些人来自世界各地。她的个人资料肯定需要保留，她甚至希望，可以在葬礼上播放这些资料。

不过，露西预见到一个问题。她被一次又一次地告知，她的免疫系统非常脆弱，随时可能死亡。当身体不好的时候（这种情况常常出现），她有时说不出话来，她的朋友们已经学会通过观察她在网上的活动状况来判断她什么时候身体不好。露西一想到自己到生命最后一刻，什么话也说不出来，心里就觉得受不了。如果她病得太厉害，无法上网整理自己最后的想法，甚至没办法把那些想法告诉别人怎么办？面对这种可能性带来的焦虑，露西做了她一贯会做的事，当人们问她是如何应对这种受限制的生活时，她做的也是同样的事。"我别无选择。好吧，我有一个选择，"她说道，"我可以坐下来，沉浸其中，或者做一些建设性的事情。"露西开始提前准备去世后将在社交媒体上发布的消息，这让她觉得自己已经不遗余力了。她的生活、目标和遗产将是属于她的，只能由她来定义。

当露西第一次想出这个主意时，她从来没有听说过其他人做过类似的事。"我坐在那里想，我为什么不写一些东西，让我妈妈在我死后发布，比如用我自己的话写一些悼词？我还在想，那么发布一个视频怎么样？在Facebook上发布一些内容怎么样？我很确定，这就是我要做的。我不知道这叫什么，不知道这是一类事情，我不知道我所做的就是留下一份数字遗产。"她的家人和朋友对此反应不一，一些人说这么做很棒，另一些人则觉得有点奇怪。然后，露西偶然听说了BBC的一部纪录片《在数据中安息》(*Rest in Pixels*)，她突然发现自己并不是唯一有这种想法的人。很多人认为这种想法一点也不奇怪，"数字遗产"这个词第一次进入了她的视野。

还有一些人也在思考这个问题，比如第6章中的史蒂夫和彼得。虽然他们并没有专门向身患绝症的人推销"我的告别信"和"逝未逝"，但他们的服务对于像露西这样知道死亡近在眼前的人来说确实很有吸引力。露西可以使用这样的服务，但这些服务似乎只是为了向曾经与逝者很亲密的某些人道别，或者帮助逝者继续活在这些人的生活中。露西进行了仔细的思考，她知道这类信息服务在执行过程中会遇到太多障碍。

在露西20岁出头的时候，多亏互联网，她成了公众人物，成为成百上千人的朋友，激励了成千上万人。她希望能用自己的话、自己想要的方式，把自己最后的信息传递给他们。她想要为大家总结她的人生，希望这段总结不仅仅只存在于短暂的一刹那，而是能保存更长的时间。她想告诉所有认识她的人，他们是多么重要，她从他们身上学到了多少，她是多么爱他们。对于所有非残疾的怀疑论者，以及所有同样遭受痛苦但从未见过面的残疾人，她想提醒他们，永远不要低估像她这种人的生命价值和潜力。她想说，这就证明了，对于像我这样的人，一切皆有可能。谁能帮她实现这一切呢？

幸运的是，《在数据中安息》纪录片重点讲述了软件开发者詹姆斯·诺里斯对"死亡科技空间"的贡献。诺里斯在2012年的西南偏南音乐节上创办了非营利组织"死亡社交"。与典型的死后信息服务不同，詹姆斯设计了死亡社交，借助死亡社交，用户可以和露西一样，通过社交网络与他人传递信息，与卧室外的广阔世界取得联系。

Ω

詹姆斯·诺里斯在很小的时候就失去了父亲，在成长的过程中，他对死亡思考了很多。在天主教学校里，他听着所有关于天堂和地狱的讨论，沉思着他和他所爱的人可能会有什么样的来世。他对"枪炮与玫瑰"T恤上的骷髅头感到有点内疚，他会想父亲刚去世时自己是否应该穿那种衣服，但他发现枪炮与玫瑰乐队的音乐能给他安慰。

玩滑板和听摇滚乐是普通青少年所做的事情，但与此同时，他不确定他的朋友是否像他一样，花了那么多时间来思考自己的葬礼上要播放什么歌曲。这并不是说他想自杀，他只是提前做了计划。他知道，自己肯定希望枪炮与玫瑰乐队的激烈旋律能够陪自己走过地球上的最后一段旅程。与十几岁的露西·沃茨不同，青春期的詹姆斯·诺里斯没有患上绝症，也没有想让这个世界听到什么来自他的特别信息。对他来说，最重要的是他的葬礼上会播放适合的音乐，让他关注的是送别的过程，而不是遗产。

詹姆斯并不清楚，为什么掌控自己的葬礼上会播放什么歌曲在心理上对他如此重要。也许是因为他父亲去世时，他从枪炮与玫瑰乐队的音乐中得到了很多慰藉。无论如何，因为这件事对他很重要，所以他认为别人也应该看重这件事。在和伦敦市公墓的管理者交谈之前，我和詹姆斯谈过，但我猜我知道他会对加里告诉我的一个故事持有什么样的看法。这个故事说的是，火葬场的经理禁止播放一位已故年轻人最喜欢的歌曲，为的是保护墓地的宁静，保护一些哀悼者可能更为微妙的情感。

詹姆斯对葬礼上播放的歌曲充满热情，在他为数字遗产协会定期制作的问卷中，他提出了关于这些歌曲的问题。尽管有人可能会说，当送葬者聚集在殡仪馆或火葬场时，空气中的音符与一个人的数字足迹并没有多大关系。"你想过在你的葬礼上播放哪（几）首歌吗？"2017年的调查问卷中有这个问题，被放在了"对社交媒体个人资料的计划"和"是否有人知道你的手机密码"这两个问题之间，显得很不协调。"如果你想过在你的葬礼上播放哪首歌，那么你把这个想法告诉过别人吗？"不过，在20岁出头的时候，詹姆斯有一些偶然发现，激发了他对遗产进行更多思考。当时他是一家数字营销机构的社交媒体经理，在为一些慈善项目做调查的过程中，他在YouTube上发现了一个有趣的视频。

广告一开始，画面里有一群受惊的鸟儿（可能是渡鸦，也可能是乌鸦）四散飞起，在灰色背景和一座尖顶老教堂的映衬下，它们呈现出黑色的剪影。喜剧演员兼电视节目主持人鲍勃·蒙克豪斯

（Bob Monkhouse）打扰了它们，他在墓碑间散步，看上去像是在寻找一个已经去世了一段时间的人。这一墓地场景的配乐采用了叮当作响的声效，颇为欢快，蒙克豪斯的鬼魂立即开始了他那熟悉的滑稽闹剧。"就在你以为再打开电视是安全的时候，我来了！"他说道。他停在了自己的墓碑前，上面写着，鲍勃·蒙克豪斯死于2003年12月29日。蒙克豪斯的鬼魂提供了一些惊人的统计数据，关于英国有多少男性死于前列腺癌——每小时就有1人死于前列腺癌。"那比我妻子做饭的频率还高！哈哈哈！"此时，一个屏幕弹出，说鲍勃死于前列腺癌，并告诫观众不要像他一样。"我愿意花很多钱，只为了待在外面。"蒙克豪斯一边叹着气，一边从他自己的坟墓中慢慢走出来，消失在稀薄的空气中。"这对你而言有什么价值？"

詹姆斯此前从未见过这则广告。这则广告最初于2007年在英国电视上播出，当时是在男性癌症意识周（Male Cancer Awareness Week）期间，这则广告作为前列腺研究筹款活动的一部分播出。很难说这则广告是否会给那些没有见过自己父亲患病和死亡的人留下相同的印象，而且如果詹姆斯没有身处在社交媒体作为一个新兴现象的时代，如果他不是一个社交媒体人，他可能不会想到更多。然而彼时，有着这一职业身份的他，感觉到仿佛有一个巨大的灯泡在他头顶上发出咔嗒咔嗒的响声。"看看这个人做了什么。"詹姆斯想。这位著名的已故喜剧演员预见了自己的死亡，他利用自己的名气和大众电视媒体的力量，以自己独特的风格，以一种非常个人化的、幽默但又严肃的方式，从来世给了观众一击，仿佛他真的在说话。"他的单句笑话对于身为喜剧演员的他和身为一个人的他来说都非常真实，"詹姆斯说道，"毫无疑问，这是属于鲍勃·蒙克豪斯的滑稽表演。它让人心酸，因为这个作品在他去世4年后才播出。"蒙克豪斯是一个名人，他去世是在2003年，那时你需要有名气或至少有关系才能上电视，但广告播出的时候已经不是2003年了。詹姆斯认为，每个人都可以做和蒙克豪斯一样的事情，不仅仅用社交媒体向所爱的人道别，还要向每个人传达有意义的、重要的、最后的信息。它是死亡社交的催化剂。

詹姆斯非常着迷于一个想法，那就是创造有个人意义的信息，以在死后传递给他人，这似乎是他长久以来痴迷于选择在葬礼上播放歌曲的自然延伸。他与另一位开发人员合作创建了一个系统，在一位可信任的数字遗嘱执行人的帮助下，人们可以根据死者设定的时间表，在Facebook和Twitter上发布预先写好的信息。詹姆斯希望这项服务一直完全免费，所以他将其设计为一个非营利网站，并将订阅用户的数量限制在10 000人以内，但后来实际操作时，他心软了，将人数上限调整为13 000人。詹姆斯对这个概念就是这么着迷，他毫不怀疑其他人也会觉得这个概念很有吸引力。"我想，在推出之后，每个人都会想做这件事，因为这是我想做的事情。"詹姆斯说道。但是，就像"死亡科技领域"的许多其他开发者一样，詹姆斯很快意识到情况并非如此，这让他们付出了代价，尤其是那些希望可以借此发财的人。就像不是每个人都像他那样热衷于不断完善自己葬礼上的音乐播放列表一样，也不是每个人都有一些想在死后发表的信息。

事实证明，激发詹姆斯灵感的鲍勃·蒙克豪斯，也没有想要发表的信息。迈克尔·杰克逊于1997年开始他的历史巡演时，并不知道他表演的视频片段会在数年后被重新找出来，用于制作公告牌音乐奖颁奖典礼上播放的全息影像；同样，这位已故的喜剧演员也没有什么巧妙的计划，想把一份与健康有关的公共服务公告从坟墓里传递给英国人民。档案镜头、替身演员、配音师和电脑魔术结合在一起，创造出了蒙克豪斯传达前列腺癌信息的幻影。正如他的遗孀对BBC所说，他可能会喜欢这则广告，但这肯定不是他的计划。

詹姆斯不得不承认，"死亡社交"并没有他认为的那样具有广泛的吸引力（至少现在还没有），他于是采取了和马里厄斯类似的行动。他重新进行了思考，并使其经营多样化。他成立了数字遗产协会（Digital Legacy Association），这是一个提供有关数字资产和数字遗产的培训、研讨会、建议和咨询的组织，该组织将在其经营过程中支持非营利组织死亡社交的运作。作为数字遗产协会工作的一部分，詹姆斯就工作流程的质量和透明度向亚马逊、苹果和Facebook等公司进行了调查，试图说服持怀疑态度、行动迟缓的政策制定者和监管者，让他们明白数字资产和数字遗产的重要性，并为热心的保守治疗工作者提供培训和资源，这些人一直在第一线工作，非常了解网络连接和数字遗产对露西这样的人有多重要。

最终，他忙得不可开交，甚至需要一群人来帮助他，其中包括露西，她是年轻人的领导者；包括韦雷德，她是中东领导者；甚至包括我自己，作为心理学方面的领导者。不过，他还没有忘记"死亡社交"。2018年，他准备推出一个新的平台——"我的愿望"（My Wishes）。詹姆斯只是觉得，如果他没有帮助人们利用好他们的社交媒体渠道，那么他在帮助人们计划他们的数字来世时就不算竭尽全力。这些社交媒体在一部分人的生活中占据着重要的地位，记录着他们想说的最后一句话。

露西与数字遗产协会的合作促使她更加全面地考虑自己的数字遗产，要找到一个比她更能把自己的数字之家打理得井井有条的人，不啻于一项挑战。不过，你可能会惊讶地发现，即使是这位终极策划者也没有拍摄她想要的最后一条视频，她也没有写好希望她母亲在她去世后每隔一段时间发布的博客文章。露西可能很清楚她想要在这个世界上留下什么永久的印记，但她总是遇到一个问题，就像我在思考为"我的告别信"和"逝未逝"留下什么样的遗言时遇到的问题一样。即使她的神秘疾病在发展，即使她在与时间赛跑，寻找着真正的诊断结果，而维持她生命的营养正通过一条输送管滴进她的心脏，她也没有准备好记录下最后的信息。她沉浸在自己的生活中。"我写了很多博客文章，但是我的想法一直在改变，"露西说道，"我确实很纠结……我还没有想清楚。我本不会还活着，我随时都可能会死。我应该今天做这件事吗，只为了以防万一？还是可以等到下周再做？但是，如果我写了，就好像故事还在继续，可我已经写好了结尾。"

即使露西没有机会书写结局，即使她错过了这个机会，她也可以为此感到宽慰，这是因为直到生命的最后一刻，她都觉得故事还在继续。把她发表的作品、演讲稿、博客文章、成就清单、人生故事（甚至还有她心爱的援助犬莫莉在Facebook上的一个博客链接）收集在一起，好好组织起来，就能成为一本她一直在编纂的数字自传。她知道，她希望留下的最后信息，也就是她口中的"书的结局"，并不是她的遗产，她的遗产就是她所做的一切。在过去的7年里，她一直是自己的在线传记作家和档案保管员，而且还作为一束光在不断地照亮世界上的其他人，直到把这个任务传递给别人的那一天。

Ω

如果贾森·诺布尔（Jason Noble）曾经像露西一样，志愿成为世人的某种指路明灯，他不太可能以某种特定的方式表达出来，更不可能在互联网上说出来。与露西相比，贾森的数字足迹简朴、破碎，对于一个从小听密纹唱片、制作盒式磁带、在纸上用墨水画漫画和编写杂志的人来说，这或许并不奇怪。他的乐队创作的音乐都可以从iTunes（苹果媒体播放器）上下载，他为路易斯维尔（Louisville）艺术和文化出版物《里奥周刊》（LEO Weekly）撰写的文章也可以在网上看到，但他在社交媒体上的踪迹确实很少。

　　他的朋友格雷格·金认为，贾森在网上很少露面是十分怪异而有趣的，这些形容词也描述了贾森为人所喜爱的一些线下形象。因为贾森并没有真正使用社交媒体，格雷格完全不知道他使用了LinkedIn。直到有一天，该网站提示，认识贾森·诺布尔可能对他的老朋友兼乐队队友有用。"格雷格，和有价值的人保持联系可以在你的职业生涯中帮助你，"网站提示道，"迅速和一些我们认为你认识的人取得联系。"LinkedIn对他们的关系一无所知，不过格雷格非常乐意在领英上联系贾森（尽管他最不愿意考虑的就是职业发展）。他想知道，点击黄色框"与贾森取得联系"会有什么发现。

　　摘要：类人生物与大多数非人类灵长类动物的染色体结构有1%的差异。《X档案》的粉丝，喜欢布满灰尘的走廊与闪烁的灯光。特长：音乐/画漫画/夜间漫步/夜惊/电影和音频制作/爬行动物的体温。

　　经历：音乐家，乐队Shipping News（航运新闻）、Young Scamels成员，曾在ear X-tacy工作过。目前因病休假，但仍在（慢慢）工作。

概述：一般操作……大蒜和地窖的监管。有时使用木桩／银子弹。使用古老的文字／白橡木屑／钝的工具。愿意上夜班。

格雷格惊呆了。贾森已经去世好几个月了，他年仅40岁就被细菌感染夺去了生命。格雷格有点歇斯底里。"LinkedIn的这个奇怪的数字算法给痛苦的我带来了片刻的快乐，"他说道，"让我能够再次与他联系，看到一些我从未见过的他的样子，就像在与他失联了几个月后又听到他讲笑话一样。那是一个非常私密的时刻……我真的很喜欢。"

这一刻特别有意义，因为无论这种算法有多离奇，它引发了一种极其熟悉的感觉，格雷格曾担心贾森的死会让这种感觉停止。格雷格在2012年8月为贾森写的悼词中，描述了贾森在纽约市拜访他的一个场景。拜访结束时，格雷格正在为他的一天做准备，而贾森正准备离开。贾森画了一张蜘蛛侠的素描，偷偷地藏在格雷格房间里的一份文件里。"真是有点意外，有一天我会发现贾森的赠品，"格雷格写道，"'某一天'并不遥远。"就在格雷格和他的朋友站在位于布鲁克林的复式公寓的门廊上，拥抱道别后不久，一股神秘的力量促使他把注意力集中到那份文件上。"我坐在办公桌前，回想着刚刚和他愉快的会面，目光落在了那一份份文件上。我内心深处的某样东西迫使我打开一个抽屉，我首先打开的就是藏有这幅画的抽屉。"格雷格告诉我。格雷格在纪念贾森的悼词中说道，他"为了那些时刻而活，我们可能有奇异的脑电波连接，从上高中的第一天起，我们之间一直进行着诚实而又显得傻乎乎的对话，我们的生活中充满了不可思议的巧合、神秘的时刻……以及超级英雄"。

格雷格可能会离开肯塔基州，选择居住在更大的城市中心，那

269

样更有利于他发展其电影制作人和艺术家事业。但是，搬到纽约或洛杉矶对他而言不仅仅是一次搬家。路易斯维尔是他成长的地方，也是他和贾森一起上高中的地方，是他生命中的一部分。贾森去世后，格雷格被一颗"可怕的情感炸弹"折磨，当时他住在西海岸，与他当时最渴望的社区隔绝。"我在洛杉矶的好朋友们并不真正了解我成长的路易斯维尔社区，也与之没有任何联系，而路易斯维尔社区对我来说非常重要，"他说道，"这是我身份的一部分，很难向人们解释清楚。"格雷格需要和来自家乡的人、任何认识贾森的人取得联系，他找到了他们，并在第二天和这些多年未见的人见了面。

但哀悼贾森离世的并不只有这些路易斯维尔人。15年来，贾森带领的各个乐队［Rodan（罗丹），Rachel's（拉赫尔），the Shipping News］在世界各地都有粉丝。在贾森的讣告中，《滚石》（*Rolling Stone*）杂志称Rodan乐队对20世纪90年代后硬核音乐产生了深远的影响。在医疗更新网站CaringBridge（爱心桥）上，有成百上千人跟踪着贾森的病情和治疗进展，其中有些人是来自意大利等地的音乐爱好者，他们用外语发布支持贾森的信息。我知道所有这一切，这是因为我为他的病情感到忧虑，为他的最终离世感到悲伤和触动，于是也一直密切地关注着贾森的CaringBridge页面。我感到非常不安，我是否像哈尔·阿什贝于20世纪70年代导演的新潮电影《哈洛与慕德》（*Harold and Maude*）中的主人公一样，有着参加陌生人葬礼的爱好？即使我只是登录了一个公共论坛，我的存在是否就意味着我做了什么不恰当的事？更不用提我是否也应该发表评论了。

不过，我安慰自己，我又不是不认识贾森。我们来自同一个地方，我十几岁时就认识他了。我曾经和他的一个朋友约会，和他一起坐车旅行过，去他家玩过几次。我家阁楼上的某个鞋盒里的几张照片中就有他出镜。后来，在美国的时候，我和他时而会在ear X-tacy聊天。ear X-tacy是他工作过的一家不太出名、现在已经倒闭的另类唱片店。尽管我希望我们能成为更好的朋友，但我（就像从未见过他的歌迷一样）主要是透过他的音乐感受他的才华和精神。

考虑到我们之间的联系并不紧密，我在想自己是不是一个偷窥者，一个暗夜中的游客。在这么多年没有联系之后，我对他的了解真的足以让我对他投入感情，体会到真正的关心和悲伤吗？另外，他总是以善良和慷慨对待我和其他人，我知道我是关心他的，对此，我无愧于心。他是另一种人，正如他在LinkedIn个人资料中所写的那样，他是一个"两足动物"。健康时，他拥有源源不断的创造力；在苦难中，他是一头勇敢的狮子。在社交网络时代，我所经历的这种尴尬并不罕见。当吊唁者与死者关系密切时，他们会公开表达他们的悲痛，几乎所有人都能理解并赞许这一点，但当关系不那么密切的人表达他们的悲痛时，情况就变得有点微妙。某个名人或文化偶像的离世可能对你的生活产生了巨大的影响，所以你会公开对他们表达悲伤，但如果你在街上遇到他们，他们不会认出你，而且"悲伤警察"很快就会出现。"你不认识他，"他们可能会说，"停止这种不恰当的情感围观，走开！"他们或许还会说："你不是一个真正的粉丝。停止不尊重我偶像的回忆，把哀悼留给真正的粉丝，就像我一样！"

"当一位名人去世时，他们的粉丝会经历一种被心理学家称为准社会关系的缺失。"包括杰德·布鲁贝克在内的一组研究人员解释道。2016年，艾伦·里克曼、普林斯和大卫·鲍威相继去世后，杰德·布鲁贝克分析了Facebook上表达悲伤的评论。准社会关系在他们的文章中被描述为"许多人可能会体验到的，一种片面的、弱化的，与个人社交关系程度类似的情感关系"。网络环境可能对这些准社会情感的发展和增强起到了重要作用，而网络社区提供了绝佳的机会，让粉丝们在悲痛中聚到了一起。但如果没有明确的规范来规定何时、何地、为何以及在这种情况下"被允许"如何悲伤，就总有人会对你表达自身情感的方式感到不安。我毫不怀疑，贾森·诺布尔会对自己成为"名人"的想法感到畏缩，或者会觉得这很滑稽，但无论如何，我所产生的不确定态度绝对是现代社会中"粉丝困境"在面对死亡时的另一种形式。这个平台真的是我感受（更不要提表达）悲伤的恰当场所吗？

但是没关系，我决定了。你确实很了解他，正如一篇悼念文章的标题所写的那样，你可以勉强挤进"心怀着他向前走"的这一群体，至少在某种程度上是这样。我没能及时化解自己的不安，所以没有在 CaringBridge 上发布任何消息。最终，我选择了更被动的方式，"潜伏"在一个由哀悼者和粉丝组成的社群里——一个纪念他的 Facebook 群组，他们会继续心怀着他向前走。当格雷格第一次听说纪念贾森·诺布尔的群组成立时，他如饥似渴地投身于其中。"我只是冲向它。它就像一个航标、一个锚或暴风雨中的什么东西，"他说道，"它会让人上瘾，只是一种需要听故事、看东西和与人交流的本能反应。"他住在离路易斯维尔这么远的地方，所以这对他来说尤其重要，现在依然如此。直到今天，格雷格还能不断地在纪念群组中发现一些他一直渴望的东西。当那个社群中的某个人发布了一段回忆或一张照片时，他会感受到些许惊奇和爱，和他在文件中发现蜘蛛侠的画像时的感觉，以及 LinkedIn 把他和贾森半开玩笑的职业简介联系起来时的感觉类似。

"有很多事情我都不知道，我为什么要知道？"格雷格说道，

"他曾经送给一个朋友一幅画，送给一个同事什么东西，那个人会发布一幅画或某段回忆。我非常喜欢这种内容，我会照单全收。看这些东西永远也看不够，因为这帮助我和他重新建立了连接，感觉有点新鲜。它告诉了我一些我不知道的故事，这就像是他的生命在延续。"

尽管格雷格从Facebook群组中得到了许多快乐和安慰，但他也会感到不适。与我不同的是，他的不安并不在于他是否有权在场，也不在于他是否有权表达自己的感受。他是贾森最好的朋友之一，毫无疑问，他是一个悲伤的人。我也有好几年没跟格雷格交谈过了，但在剑桥分析公司利用Facebook用户数据的做法引起公众关注后不久，我在贾森的纪念页面上看到了格雷格的一条评论。它在普通的帖子中很显眼，它不是一张照片、一段视频，不是一个贾森会欣赏的东西的链接，也不是贾森的许多朋友经常直接发给他的信息。这个帖子表达了格雷格正在努力解决的一个困境，它被转发给了社群的其他成员。

"朋友们，"格雷格在帖子中写道，"我保留Facebook账户的主要原因之一是可以访问这个纪念页面，但我正在考虑离开Facebook。不过，我想把这一页存档，我已经小心仔细地开始截屏了。"他一直在把贾森发给他的电子邮件截屏保存，这些邮件仍然在格雷格的雅虎邮箱里，格雷格也不想永远使用雅虎邮箱。他忙着工作和照料家庭，忙碌的生活妨碍着他捕捉现有的和贾森有关的内容，所以每次只能截取一张截图。他在想，群组里有人知道更好、更省时的方法吗？针对这个问题，网友给出了一系列的回应，有人给出了关于下载服务的实用建议，有人提出可以制作一本实体书或创建一个关于贾森工作和生活的档案网站作为替代，还有人因为读得太快，误以为格雷格打算关闭这个小组而产生了盲目的恐慌。

格雷格很快就打消了他们的疑虑，他没有能力也不想这么做，他只是在考虑要离开Facebook。他厌倦了尖酸刻薄、一边倒的交流，令人失望的政治，真诚交流的稀缺。但同时，Facebook把他和路易斯维尔的社群联系了起来，让他的母亲可以轻松地看到小孙子的近况。尽管有怨言，他也常常感激这个平台的形式：视觉、音频和文本材料的结合，以及与遥远社群的联系。格雷格和我们中的许多人一样，对Facebook又爱又恨。他感到自己有些分裂，但他确信一件事：如果他决定离开，他一定会首先找到一种令人满意的方式来保存贾森纪念页面上的内容。我一直不愿向杰德·布鲁贝克提出这样一个假设，即Facebook可能会通过留住那些纪念逝者的在世用户，而获得某种小小的好处，格雷格的困境正是这个假设的一个完美例子。

我看懂了格雷格在表达什么："永远在线"的现代暴政，社交媒体的浮士德式交易，以及对一个更简单、更模拟的时代的渴望。但格雷格将与贾森有关的网络资料进行实体存档并不仅仅是因为自己可能要离开Facebook。"我是老派的人，"他在Facebook群组里发帖说道，"我想要一本实体书。我想要一本整理好的三孔档案夹，里面全是贾森资料的打印件。"谈到贾森肯定会欣赏的那种科幻式的、机器与机器一决胜负的场景，格雷格说，他完全相信如今的这些电脑设备会在他有生之年被机器人灭绝。当我们面对面交谈时，他重申了那种恐惧，但语气更为严肃。作为一名电影制作人和剪辑人，他在数字媒体领域工作，对数字技术的脆弱性有相当深入的了解，而这种了解加深了他对任何数字存储材料的不安全感。格雷格非常清楚，任何将数字存储材料等同于永生的说法都是完全错误的。

"这个问题一直困扰着我……我们现在不录音了。所有文件都存储在（存储）卡或硬盘上，"他说道，"如果你有钱，有自己的私人工作室，那就有主机备份以及类似的东西。但如果你只是普通人，要制作你的视频、拍摄照片，你就得依靠旋转的光盘，现在则更多的是利用固态硬盘来保存这些资料，而这种保存方式并不持久。"他说，即便像Facebook这样的知名网站，也感觉不够可靠。如果发生什么事了怎么办？如果管理者把网站关闭了呢？当Facebook和我们所熟知的网站发生重大变化时，又会怎样呢？

我记得全球公墓的马克·萨纳谈到过我们婴儿般的互联网，东伦敦公墓的加里曾经说，尽管维多利亚时代的幻想是永恒的，但人们在设计石头纪念碑时就知道有一天它会倒塌。我记得迈克拉，她已故的男友卢卡曾像格雷格一样，是一名艺术家和电影制作人，当卢卡的近亲拿走了后来坏了的笔记本电脑时，她就失去了卢卡所有的作品。卢卡没有意识到自己应该如何保护他的作品，他没有给这些资料备份。他是格雷格描述的那种只是过着普通生活的人之一，就像我们很多人一样，制作着我们的视频，拍着照片。我不止一次听到死亡与社会中心的约翰·特罗耶告诫他的听众，不要太信任他们的数字存储设备，因为它们很脆弱，而且可能会被技术淘汰。他说："如果你有对自己而言重要的照片，就把它们'打印'出来。现在就去做。"

当然，我们也知道物理记忆并不总是万无一失的。蕾切尔失去了女儿Facebook账号的使用权和控制权，她感到如此痛苦的一个原因是，几年前，她车里的东西在搬家时被人全部偷走了。这些东西包括珍贵的实体相册，里面有她已故女儿童年的纪念品。为了确保自己能够保留与贾森有关的回忆，格雷格觉得有必要把电子邮件和Facebook的内容打印出来。这让我想到了，我是否应该费力地为外祖父母的5卷"二战"信件制作数码拷贝。这些信件目前被整理在三孔档案夹里，格雷格也曾从三孔档案夹中寻找一种安全感。

但格雷格想做的不仅仅是保存与贾森有关的资料，供自己使用，他想要确保其他人也能记住贾森。某人在纪念页面上提出的一个想法引起了他的注意，这个建议如此简单，又如此恰当，格雷格很是惊讶，他从来没有想到过。"我当时想，天哪，太完美了，这是完美的。这就是贾森，他会喜欢一本书的。我在想，这件事一定会发生……我要实现它。也许不是今年或明年，但……我可以理解这个想法，我觉得这个想法非常棒。"

没错，这件事非常适合由格雷格来做，但他还可以好好地考虑一下。在过去的几年里，他学到了很多东西，其中之一就是时间是宝贵的，也可能是短暂的，命运可能会夺走你的生命和遗产。贾森的死不是格雷格学会这一点的唯一原因，另一个令人毛骨悚然的巧合是，在贾森被诊断出患有癌症后一年，格雷格的未婚妻也被诊断出患有同一种癌症。如果他们不是在化疗的毒副作用开始出现之前迅速采取行动进行卵子收集，这可能会毁掉他们生孩子的机会。在他们的儿子出生一个月后，格雷格自己也被诊断出患有癌症，这是他第一次被诊断患癌，而且癌症的类型比较常见。虽然格雷格已经康复，但他并不认为自己能活着是理所当然的，事实上，这让他对自己想要在这个世界上保存和延续贾森遗产的冲动产生了怀疑。

"按照我的本性，我愿意花一两年的时间来把贾森的生活和工作存档，"格雷格说道，"（但）在过去的几年里，作为一名艺术家，我个人遇到了一些身份认同方面的真正困难，我不能和我最亲近的人谈论这些。解决这个问题的方法，就是不断创造作品，不断创造新的作品。我知道如何制作一份档案，如何收集他的作品，但是……这对提高和继续我自己的艺术实践有帮助吗？他曾经大力支持和赞助我的艺术实践。他相信我，你知道我的意思吗？"

在网上，那些资料可能已经不存在了，但强迫症患者、档案管理员格雷格把贾森去世后LinkedIn链接推送给他的个人资料截屏发给了我，那一刻感觉就像一种私人交流，像贾森死后，格雷格才看到自己的老朋友和自己开的一个厚脸皮的笑话。很明显，贾森要么是在生病后创建了这份个人资料，要么是在生病后更新了这份资料，因为他提到了2011年的一些创意项目，以及自己正在休病假。在页面的最底部，"附加信息"的分类标题下，有一小段奇怪的代码，它是蓝色的，屏幕截图中这段代码下面有一条下划线，就好像它是一个超链接。

兴趣："不平静"的坟墓。

当我发邮件告诉格雷格这件事时，他回复说，他不知道这意味着什么。他认为贾森可能只是借它表达一种有点"诡异的幽默"。他说，贾森总是使用恐怖的语言和意向。考虑到我与这位已故的音乐家、艺术家、博学者之间的关系主要是准社会关系，所以我倾向于听从他最亲密朋友的判断。

然而，"不平静的坟墓"恰好是一首著名的老英文歌曲的名字。它远没有古老到只有音乐家才知道的程度，这首歌直至今天仍深受民谣歌手的喜爱。虽然它有许多变体，但主旨总是一样的：一个年轻的妇人死了，被埋进了坟墓里，哀悼她的青年不停地哭泣，不愿离开她的坟墓。他不愿接受再也见不到她的事实，无法好好地生活。一年零一天之后，死去的女人决定，是时候说出她的想法了。她的声音从地下传出来，她告诉他，在他们一同踏足的花园里，即使是最美丽的花，最终也注定要枯萎死亡。如果你现在要和我在一起，她说，我们的心就会一起腐烂，但这是在浪费你剩下的时间。不消多时，你也会逝去，但现在，你最好过好你自己的生活。"所以，亲爱的，好好生活吧。直到上帝召唤你离开。"

虽然格雷格在艺术和生活中一直对贾森念念不忘，但他仍然希望能找到一个将新作品和贾森的遗产结合在一起的项目。他想，也许他会拍一部电影，灵感来自贾森，其中有关于贾森的内容，也有关于自己艺术作品的内容，有新，有旧。就像贾森想要的那样。

Ω

考虑到格雷格本人也得过癌症，我不禁询问他，是否有意识地把自己的作品视为"遗产"。他一点也不惊讶，好像这是显而易见的。当然，他受到了自己患病和失去朋友的经历的影响，但不只是这些。格雷格说，作为一名艺术家，他会自然而然地从遗产的角度思考问题。正如他现在和将来的孩子是他遗产的一部分，他的创意作品也是，他希望他们互相支持，希望他的孩子会喜欢他一生中创造的作品，当他离开人世之后，孩子们会确保他的油画、素描和电影能代替他继续活下去。

艺术作品从艺术家的头脑中诞生，正如孩子是从母亲的身体中诞生一样，虽然艺术和艺术家可能是独立存在的，但他们的关系密不可分。只有通过沟通、交流，两者才能保持活力。为了让作品鲜活起来，剧作家的剧本需要一位观众，作家的书需要一位读者，艺术家的画需要一位观赏者，音乐家的歌曲需要一位听众。为了和贾森一起活下去，格雷格只能希望储存他们作品的设备不会出故障，希望孩子们不会把他的作品留给自己，而是继续与他人分享。只要作品活在模拟或数字世界中，创造者也就活着。在大卫·鲍威的歌曲《拉撒路[1]》（*Lazarus*）MV（音乐短片）发布几天后，2016年1月10日，Facebook的官方帖子才宣布了鲍威的死讯，明确说明了其全部含义。毫无疑问，这段MV是鲍威与这个世界的最后一次交流，与鲍勃·蒙克豪斯的公共服务公告不同，鲍威知道自己在做什么。只有他才会这样向世界传达他的信息——他唱道，"我有别人偷不走的戏剧"——而它的内容和时间也完全符合鲍威公开的生活方式。对于一种经过精心策划和安排的存在物而言，这可谓一个恰当的结局。在MV中，一只手从他的床下伸出来，拉住他的病号服，而他的脸就像死者的脸一样，画面和歌词中充斥着对即将到来的死亡既明确又隐晦的暗示。但突然间，鲍威从病床上走了下来，坐在写字台前，憔悴但精力充沛。他拔掉一支钢笔的盖子，狠狠地瞪着镜头，眼睛里闪烁着思想和灵感的光芒。突然灵光一闪，他像被电击了一样摇晃着，食指指向空中，说道："有了！一切还在发生，这怎么可能是结局？"他俯下身，疯狂地乱涂乱画，时而暂停下来重新思考，然后又继续工作，直到最后，一切都结束了。鲍威瘫倒在桌子上，墨水从纸张边缘滴了下来。

那么少的时间，那么多的想法，那么丰富的艺术，那么多侧耳聆听的粉丝。很多人在他们的笔记本电脑和手机上观看了这段视频，他们感到难以置信，脸上布满了泪痕。他们看着自己的偶像走进一

1　拉撒路是《圣经·约翰福音》中记载的人物，他病危时没等到耶稣的救治就死了，但耶稣一口断定他将复活，4天后拉撒路果然从山洞里走出来，证明了耶稣的神迹。——译者

个维多利亚时代的衣橱，关上了门，标志着他回到了某个类似纳尼亚的地方，像鲍威这样的生物肯定从一开始就是从那里来的。世界各地的粉丝都觉得鲍威和他们直接进行了交流，让悲痛的他们得到了安慰。

"看这里，"鲍威用他那极具特色的嗓音唱道，"我在天堂。"

第八章
“晒娃”的迷思

2016年1月10日，一个名叫佐薇的小女孩在大卫·鲍威的家乡英国举办生日派对。佐薇和她的曾外祖母伊丽莎白有两个共同点：她们的中间名相同，而且都拥有某一组线粒体DNA。佐薇从父母那里继承了对音乐的敏锐鉴赏力，而她父母的品位则是由他们的父母收藏的密纹唱片，以及他们在20世纪七八十年代成长过程中从收音机里听到的音乐所塑造的。他们的旧磁带还在，慢慢地在闷热阁楼上的鞋盒中腐坏。老旧的录音带内充斥着缺少开头几秒钟的歌曲。这是因为，过去当你听到无线电台播放你最喜欢的歌曲时，你需要花时间按下"录制"键。如果你没有听到DJ（流行音乐节目主持人）所说的乐队名字，你可能要花几天时间才能弄清楚这首歌是谁唱的，然后就可以带着零用钱去唱片店了。

　　佐薇出生在一个数字时代，她拥有Sonos（搜诺斯）智能音响和Spotify的账号，动动指尖就能访问YouTube，在她的音乐探索之旅中，她没有遇到过她父母所经历的那些障碍。当她决定要举办一个以鲍威为主题的生日派对时，她自豪的父母欣然答应。在这个重要的日子里，一位DJ浏览了为女孩生日派对挑选的歌曲播放列表，有20世纪60年代的歌曲，也有现在的歌曲。当鲍威在大洋彼岸位于卡茨基尔的家中去世时，几十个孩子和他们的父母在伦敦的一个教堂大厅里跳舞，他们穿着乐队的T恤，手臂上文着闪闪发光的文身，脸上涂着摇滚颜料。

图 8 佐薇生日派对的入场券

第二天，我的女儿震惊地看到鲍威的照片被刊登在了报纸的头版，用的是这位艺术家在"阿拉丁神灯时代"[1]的全版照片。他的脸上有一道红褐色的锯齿形闪电，就在前一天，这道闪电还出现在佐薇的脸上、她的T恤上，甚至生日蛋糕的糖霜上。当她不止一次地大声朗读标题时，她总是跳过"死"这个词。**大卫·鲍威……癌症，69岁。**"也许，"她慢慢地说道，"他的家人会继续演奏音乐。"似乎是为了更好地理解衰老和死亡的概念，她要求在YouTube上观看某些特定的视频。"现在我们能看看他年轻时的视频吗？"她问道，"现在我们能看看他年老时的视频吗？现在我们能看看他年轻

---

1 《阿拉丁神灯》(*Aladdin Sane*)是大卫·鲍威创作的一张录音室专辑，于1973年发行。这是他的第六张专辑，也是其第一张冠军唱片。在这张专辑的封面及内部附带的照片中，鲍威以法国造型师皮埃尔·拉洛柯设计的造型亮相，其标志性特征便是脸部的闪电状红色油彩图案。——编者

时的视频吗？"

那天晚些时候，我再次登录Facebook（一有什么新闻，我往往就会在Facebook上看到，这次他的死讯也是一样），我看到帖子下面所有的评论都是"听到这个消息后跃入脑海的第一个人就是佐薇"。我的朋友们会把我女儿和鲍威联系在一起，已经到这个程度。"当我听到这个可怕的消息时，我第一个想到的就是她，我彻底崩溃了。"一位朋友说道。"大卫·鲍威一生中唯一的遗憾就是没有见过佐薇。"另一位朋友说道。"希望这个消息能激励新一代的怪人和蠢蛋。"还有一位朋友说道。

我的另一个熟人从未见过我的女儿，但他也评论说，这可能是我女儿第一次失去重要的人："看看《拉撒路》，他给她留了一段告别信息。"

Ω

数字时代之前，没有人会认真考虑死者的信息隐私，但是，所有持续存在的、可识别的、过度个人化的在线数据无疑会让我们思考应该如何管理数字遗产，即使立法者和监管者仍然不相信有人完全接受死后隐私的概念。但死者总体上无法作为实体，他们的隐私权曾受到忽视，但现在人们正对此重新思考。对于另一个群体，监管者的态度则远没有那么矛盾。

除了死者和其他丧失行为能力的人之外，还有谁在传统上没有太多的选择或权力，来决定如何向他人表达自己？孩子。因为数字时代的到来，更具体地说，这是因为他们的父母会使用社交网站，所以法律赋予他们的全新的隐私权正在形成。欧盟最新的数据保护规定对死者的数据只字未提，只是建议成员国解决这一难题，但2018年的《通用数据保护条例》有许多和儿童有关的条目。它毫不含糊地指出，未成年人也是数据主体，他们和成年人一样有权控制自己的信息。

当然，问题是，当一个孩子的口头表达能力、意识、洞察力和理解力达到了足以表示同意或收回同意的水平时，他们很可能已经拥有大量的数字痕迹。2017年，92%的美国2岁儿童已经有了数字足迹，其中有很多可以追溯到他们出生以前，因为有1/4的孕妇会在网上分享孩子的超声波照片。

世界各地溺爱孩子的父母长期以来喜欢和别人谈论他们可爱的孩子，炫耀他们的照片，对特别可爱的小威廉或小索菲亚的卓越成就夸夸其谈或争论不休。然而，通过社交网络传播信息的范围和程度则是另一个层面的问题。你可能遇到过一个词语，用来描述许多慈爱的父母在网上的行为——晒娃（sharenting）。

正如美国一位法律教授所说："当父母在网上分享孩子的信息时，他们是在未经孩子同意的情况下这么做的。这些父母既是孩子个人信息的拥有者，也是孩子个人故事的叙述者。"向大众公开孩子的个人身份信息就是在"晒娃"，尽管这种行为在性质、频率和平台上都存在很大差异。一些父母会通过写博客和Instagram来记录，甚至利用怀孕和为人父母的快乐、欢笑、考验和艰难来赚钱。对一些人（通常是母亲）来说，她们的"妈咪博客"上到处都有产品促销信息，这不仅仅是业余爱好，还是主要的收入来源。与此相反，一些父母可能只是偶尔在Facebook上发布一些照片，只有少数亲密的家人和朋友会浏览，或者私下在WhatsApp或共享的iPhoto相册上发布孩子们的照片，他们对浏览者有所把控，但仍能产生数字资料。

如果对晒娃有任何疑问，就让我来说明一下。我在本章开头就这么做了，我在第四章也这么做过。之后我还准备再晒晒娃。

几十年前我移居国外，远离家人和家乡的朋友，我发现社交网络对于维系我出生地的社交关系非常重要。只要我的隐私设置是经过仔细调整的，我的帖子也是经过深思熟虑的，我就认为Facebook的好处大于缺点。正如上面引用的统计数字一样，我从第一次做超声波检查就开始晒娃，我的女儿在2岁之前就已经有了相当多的数字足迹。事实上，我感觉2岁是个特别关键的节点，因为从那之后我发布的关于女儿的内容成倍地增加了。在她2岁之前，我以发布她的照片为主，但当她开始会说些话之后，我就创建了"佐薇的对话"。

"佐薇的对话"包含我和女儿之间就各种话题展开对话的记录。经过这些年，我所在的网络社群了解了佐薇对艺术、宗教、恐龙、养鸡、餐桌礼仪、自然和互联网的看法。她发表过对存在主义的重大问题——记忆、界限、责任、上帝、爱和死亡——的看法。她对成年人的行为和关注点（喝酒、工作、为人父母）的啼笑皆非的观察结果，在我的朋友中特别受欢迎，总是能获得很多点赞和评论。她对音乐流派以及为这些流派做出贡献的音乐家的评论也被忠实地记录了下来。布鲁斯、蓝草、朋克、古典摇滚、另类摇滚。雷蒙斯乐队（The Ramones）、弗兰克·扎帕（Frank Zappa）、ZZ托普乐队（ZZ Top）、林纳德·斯金纳德乐队（Lynyrd Skynyrd）、丹迪·沃霍斯乐队（the Dandy Warhols）、纸浆乐队（Pulp）、大卫·鲍威。

佐薇是我们的小音乐家，她的父亲和我都认为她很像我们，这让我们深受感动、满怀爱意。我的朋友们说，佐薇的对话总能让他们的一天充满欢乐。喜欢、喜欢、爱、爱、爱、喜欢——这是一些微小的正强化，是坚持下去的零零星星的动力。为什么不继续下去呢？我的观众很热切，我也做好了隐私设置，我喜欢她童年的这段记录，比我母亲在我的婴儿书中写的几行话要全面得多。

然而，过了一段时间，我开始担心困扰格雷格的那件事情。如果Facebook出了什么事怎么办？难道我不应该设法给所有这些珍贵的对话做备份吗？这种担心可以理解。2018年7月，Facebook的股价大幅下跌，网站价值缩水1200亿美元，这是一个残酷的提醒，没有哪家公司能永远保持领先。因此，在我女儿的第7个圣诞节，我把"佐薇的对话"里的所有内容复制粘贴到一个文档中，并把它打印成一本实体书。这本书拥有精装封面和ISBN书号，每段对话都有插图说明，灵感来自蒙田的文章。"论语言""论美""论友谊"。在制作过程中，我发现在过去的5年里，我已在这个社交平台上发布了那么多的对话，打印下来总共有175页A4纸。

我把《佐薇之道》(*The Tao of Zoe*)的一个副本送给了她的奶奶，她的奶奶不使用社交媒体，所以从没见过这些东西。我如此忠实地记录了这么多，她感到既震惊又高兴。每个人都说，你捕捉到了她童年的这些记忆，真是太棒了！是的，这就是我正在做的，我想，捕捉记忆，这太棒了。现在，我意识到，这远不只是"捕捉"。我不是一面镜子，我是一块棱镜。我是拿着相机的摄影师，是讲故事的人。我在做决定，选择时机。我是她故事的叙述者，既有捕捉的部分，也有创作的部分。

我记得那一刻，我的力量觉醒了，达到了极限。我的女儿6岁了，我们和一些此前没见过我女儿的老朋友一起吃了饭，他们欣喜若狂。"有名的佐薇！真不敢相信我终于和你见面了！我觉得我好像认识你！"他们滔滔不绝地说道。他们满怀期待地等待着她说出惯常的俏皮话和令人捧腹的见解（他们已经在网上读过很多）。当她真的说出口时，他们激动不已，不住地夸奖她。"哦，天哪，这是真的，真的是这样的，你和我想象中的一样！"他们热情地赞赏道。他们追问她最喜欢什么音乐，在她开口之前他们已经开始猜测她的答案。"你在音乐上的品位真酷！"他们满怀期待地说。如果佐薇回答的是皮克斯最新电影原声带中的一首流行歌曲，他们的语调和表情就会告诉她，她让他们有些失望。"真的吗？"他们试探着问道，希望她收回那句话，或者至少给出一个更令人满意的答案。"在我的期望中，你不会喜欢那种音乐。你不是一个更喜欢鲍威音乐的女孩吗？"

在回家的路上，佐薇在后座沉默了一会儿，我以为她睡着了。但最终从后面传来了完全清醒的声音。"我不明白，"她说道，听起来不太高兴，"这些人是怎么认识我的？我出名了吗？"我的女儿不怎么出名，但多亏了她那糊涂的母亲，现在她像个名人一样清楚地意识到，拥有一段准社会关系是什么感觉，她几乎完全不知道其他人对她有多少了解，也完全无法控制这一点。也许她的想法和鲍威在唱《拉撒路》这首歌的其中一句（"现在每个人都认识我了"）时的想法一样。我的记录可能是准确无误的，和我们的原话差不多，但我作为一名传记作家的角色，真的像我想象中那样，保持中立或有益吗？

学者和媒体评论员对现代的晒娃行为进行了剖析和批判，他们的关注点有很多。如果恋童癖患者获取并滥用儿童的网络形象，会怎么样？如果孩子的安全因为地理定位技术，以及他们的父母轻信他人或无意间发布了孩子的日常生活信息与个人身份信息，而受到了威胁，该怎么办？如果一个孩子的数字足迹在以后的生活中对他们不利或造成伤害，例如，一个孩子现在或将来可能会受到电子监控和定向营销的伤害或利用，又该怎么办？所有这些都值得思考，但我主要的担忧甚至比这更重要。

在我女儿成长的最初几年里，在她上学之前，虽然我们在很大程度上控制着她见的人，但几乎她遇到的每个人都对她将来会成为什么样的人充满某种期望。她几乎没有遇到过一个"新"的人，每个人都了解她的情况，每个人都对她有先入之见，每个人都和我的孩子形成了某种程度的准社会关系。每个人都"认识"她，而且他们会让她知道这一点。他们的期望完全是由数字足迹塑造起来的，但数字足迹不是由她，而是由她的母亲创造和控制的，她母亲的在线社交圈又不断地强化着这种期望。

如果你曾经对一个6岁的孩子选择大卫·鲍威作为生日会主题感到惊讶，那么现在你可能会觉得这很合理。她的选择似乎完全来自自由意志，但实际上是由**我的**偏好造成的，我造成了这一切。由于有了社交网络，我能够发挥比数字时代之前更大的家长影响力。从佐薇出生的那一刻起，我就开始在网上撰写和分享她的故事。我想，不论佐薇的生命有多长，我的行为已经在很大程度上决定了她去世后会留下哪些不朽的遗产。

不过，在那之前，谁能说得清，如果我在女儿的成长过程中停止在网上发布她的数字足迹，对于她未来的生活是好还是坏呢？伊丽莎白和詹姆斯的曾孙女只是令人神往的一代人中的一个。这些年轻人出生在一个革命性的时代，那时我们无法理解在信息饱和的社会中迅速发生了什么巨变。进入历史中这一重要时刻的后果尚不清楚，孩子们则认为这种奇怪而矛盾的存在是理所当然的。

这有什么矛盾之处呢？在这个世界上，我们似乎完全掌控着我们的信息，但与此同时，又似乎毫无掌控。我们的数字信息可以是不可磨灭的，影响别人对我们的看法，影响人们永远记住我们的方式；我们的数字信息也可以消失，消除我们曾经存在的任何证据，让我们成为21世纪黑暗时代的受害者。尽管信息时代可能向我们展示了诱人的永生前景，但死亡总能找到战胜我们永生幻想的法门。永生一直是一种幻想，是沙漠中的海市蜃楼，数字时代可能不会像人们所期望的那样改变这一点。

一开始，这是一本关于数字时代死亡的书，但碰巧，死亡一直是一个非常有用的工具，可以帮助我们更好地理解如今生活方式的转变和挑战。透过死亡和数字的视角，我们更清晰地看到了这个时代的生活。权力、公司控制、所有权和隐私；身份、自由和选择；连接、记忆和遗产；爱。

$$\Omega$$

在我和佐薇的父亲即将结婚前，我去拜访了珠宝设计师莎莉，我很了解也很喜欢她的作品。她的风格是现代、自然、流畅的，灵感来自大自然。她从不同的角度观察我祖母的结婚戒指和订婚戒指，仔细端详着那些闪闪发光的宝石，它们精致、流畅、老式。这枚特别的戒指不是伊丽莎白的，而是我的祖母伊娃的，伊丽莎白有多冷酷无情，她就有多热情可爱，但她对纪念品的态度却是出了名的无情。她会直接在照片里人们的脸上写上他们的名字，因此而闻名。她也扔掉了我父亲8岁时的纪念视频，至今仍未完全被原谅。

坐在莎莉的工作室里，我突然想起坐在祖母伊娃的腿上，一圈又一圈地转动她手指上戒指的场景。凭借强大的感官记忆，我清晰地回忆起靠在她身上感受到的温暖，她指关节的骨头，她薄而近乎透明的皮肤。想象着她的戒指被解体，钻石被取出，金子被熔化，我感到有点奇怪。莎莉看出我在犹豫，她温柔地看着我。"这么做会让人很难过。"她说道。我不确定自己是否还想这样做。然后，看着散放在莎莉桌子上的五颜六色的宝石，我突然想：也许我可以把祖母的钻石和女儿的诞生石结合起来。尽管这个想法更坚定了，但我还是有一丝犹豫。

莎莉指出，按照我们正在考虑的设计，可能会留下一些宝石，一些很小的钻石。"我为什么不用你女儿曾祖母戒指上的宝石给你女儿做枚小戒指呢？"她建议道，"现在，你的女儿是你生活中如此重要的一部分。"

我想起祖父母、外祖父母留给我的所有财产，以及我有多珍惜它们。我想起了伊丽莎白为许多物品手写的便条，上面记载着引人入胜的、有趣的、丰富的家族史。我凝视着莎莉手中闪闪发光的伊娃的戒指。我觉得这些关于我先辈、家人的记忆融入了我的身体。那么多亲爱的人，那么多珍贵的东西，那么多美好的回忆，没有一个人，也没有一样东西，曾经被数字化地捕捉、反映或存储过。

"好的。"我回答道。事实上，我想请你分别为我和我女儿做一枚戒指。让我们用这些遗产来创造一些新的东西，一些适合此时此刻的东西——新与旧、继承和改变交织在一起。但就在那一瞬间，我发现自己擦去了因为记忆、爱和意识到一切已经逝去而流下的眼泪。

莎莉明白了，我们一起静静地坐了一会儿。阳光从窗子里照射进来，照在她那古老的工作台上，温暖地照在我们的脸上，在即将发生变化的宝石上闪闪发光。

"这是一份多么美丽的遗产。"莎莉说道。

图 9 作者的母亲和女儿在詹姆斯和伊丽莎白的追悼会上

最后的话：
在数字时代面对死亡的十条建议

尘归尘，土归土。我没有眼泪，但当时我感觉到喉咙好像被什么哽住了。这是我第一次参加葬礼，在那之前我只在电影或歌词中听到过"尘归尘"这句话。我还记得主日学校教的一个创世故事，故事讲的是上帝拾起一把泥土，用他那神圣的、赋予生命的气息将它变成了第一个人类。也许《创世记》离我们并不遥远，科学家也曾说过，我们都是由来自天体的碎屑组成的。眼泪模糊了我的视线。想到我那性格复杂、坚强、有天赋的外祖母只是一团星尘，她身上的人性火花已经熄灭，她的独特之处正在融入大地，那种感觉是多么奇怪啊！最终，天鹅墓碑将成为她独特之处的象征，但它立在地面之上。在地下，她现在和她的邻居没有什么不同，正被慢慢地分解成难以分辨的原子。

我知道有一天伟大的上帝也会来拜访我，我的身体将化为尘土，就像我的外祖母一样。然而，与她不同的是，我会有意地留下一些数字尘埃，提醒人们我在这几十年里在网络上做了哪些事情。除非你是一个远离网络的厌恶技术的隐士，否则你也会这么做。你的数字尘埃会在以太中飘浮一段时间，不需要上帝把它收集起来，赋予它一种生命力。任何能上网的人都能做到这一点，尽管他们寻找的东西不同，可能是现实生活的火花，也可能是其他东西发出的微光。那些在生活中认识你的人可能会寻求安慰、回忆、答案和一种连接感。你的后代，在好奇心和创造个人意义的动机驱使下，可能会在探索自己来自哪里、来自谁的过程中发现你。完全陌生的人可能会从你为这个世界所做的贡献中学到东西，或者在你的生活中找到灵感。罪犯可能会把自己隐藏在你死后依然存在的数字身份中，出于邪恶的目的来冒充你。这一切对你而言意味着什么？你该怎么做？

作为一名心理学家，我会和我的客户一起探索问题，帮助他们找到自己的答案。我习惯让人们自己得出结论，给出建议或过多指导的做法有点违反职业准则。另外，我花了10多年的时间谈论和思考数字时代的死亡，如果说在这段时间里我没有形成任何观点，那就是在撒谎。我的观点会受到我的个人环境和历史的影响，你的观点必然是不同的。在本书这段旅程的末尾，为了体现它的价值，我将提出10条一般性原则。你可以把它们当作我们这个时代的一套生死戒律，帮助你建设性地面对数字尘埃现实的十诫。也可以仅仅对它们进行一番深入的思考。

一

直面死亡焦虑。你可能很难面对你的身体最终会死亡这个事实，这是可以理解的。死亡是一个巨大的谜，是最终的失控，是你所熟知的有意识存在物的不可思议的消失。你可能倾向于回避那些让你焦虑的事情，但回避后焦虑并不会消失，还会进一步加剧。深呼吸，正视你的有限，你会发现你可以将这种意识转化为优势，为更清醒的生活服务。偶尔提醒自己，每次使用联网设备时，你可能会在最终的数字纪念碑上再加一块砖，在自传中写下能比你存在更久的一段话。如果你不仅把数字活动看作是**生活**的一部分，还视为**遗产**的一部分，那么你可能会做出更明智的决定。如果你明天就死了，你会对留下的一切感到满足吗？你会对那些在以太中盘旋的文字，对那些在你的数字影像中徘徊的形象感到高兴吗？如果不会，那么你想在网上和线下做些什么不同的事情？

二

经常评估，不要假设。无论你是在为自己的数字遗产做规划，还是在管理别人的遗产，这条规则都适用。请记住，前数字时代正确的规则，可能不适用，而且往往确实不适用于数字时代。对于所有对你重要的在线账户，寻找那些解释在你死后会如何处理你的数据的条款和条件。如果你找不到，打电话询问——也许现在你提出这个问题，今后企业就会做出一些改变。找一些教授公众有关数字遗产知识的在线组织，从他们那里获得相关的知识和建议。如果你选择的是遗嘱认证专家，那就试着找一个非常了解数字资产的人。

三

设身处地地为别人着想。第一，如果你登录、管理或主动操作一名逝者的手机、社交媒体、博客、消息应用程序或电子邮件账户，你必须意识到，这些账户的任何活动都可能导致"从坟墓中传出声音"的现象。学术研究和逸事证据都表明，这可能会让他人感到惊惧，产生负面影响。你还将访问与健在者相关的数据，这些数据肯定会引起他们的关注，仔细想想，这些数据可能也会引起你的关注。第二，也许你不关心你死后会发生什么，所以不关心自己的数字遗产。也许你想在咽下最后一口气后消除你的在线存在，那是你的特权。不过，在你做任何决定之前，还是从别人的角度来考虑一下。如果你深爱的人在网上有很多照片、视频和其他纪念资料，而这些东西在他们死后都消失了，你会介意吗？如果你能真正理解这一点，你可能会猛然觉得不必非得删除自己的数字遗产。然而，你只能想象到这些，而且你可能对别人的感受做出了错误的假设（这就引出了第四条规则）。

四

谈论死亡和数字化。尽可能地谈论它，因为它是一个理智的、有趣的话题，但不要把它抽象化，而要有意义地应用到你自己的生活中。和你爱的人谈谈你对自己的数字资料的感觉，谈谈你对数字时代隐私和数据所有权的看法，谈谈当你离开人世之后，你希望你的数据被如何处理，问问他们对自己的数字信息的想法和偏好。如果你的朋友说他想在死后删除自己所有的社交媒体信息，而你认为失去这些资料会让你心碎，那么把你的想法告诉他，同时也试着理解他为什么会这么想（如果他坚持自己的观点，那么想一想如何把对你来说珍贵的东西保存下来）。如果对你来说，把你的 Facebook 页面更换成纪念状态或把博客继续保留下去很重要，那就把你的想法告诉你的近亲，否则他们可能不知道。如果你不确定自己是怎么想的，那么和别人讨论一下，这通常会让你的立场变得更加清晰。

此外，不要只探讨社交领域。如果你有一份工作，想想你的工作场所。你的雇主是否控制或处理员工、委托方、用户和客户的数据？如果与这些数据相关的人死亡，这些信息对其他人来说，是否具有实用价值、经济价值或情感价值？对于如何处理逝者的数据，你所在的组织是否有明确的政策和程序？他们是否就如何与失去亲人的个体互动提供清晰的指导和培训？所有这些问题的答案可能都是否定的，因为我们在这方面还有很长的路要走。大胆地说出你的想法，引领变革的发生。

五

立一份数字时代的遗嘱。首先，逆潮流而动，立一份遗嘱。然后，进一步打破惯例，明确地记录下你希望如何处理自己留下的数字存储资料。具有讽刺意味的是，这份彻头彻尾的现代遗嘱可能需要写在纸上，签字，并由官方见证。并不是所有的司法管辖区都接受以数字化方式生成和存储的遗嘱，所以了解一下你所在地区的法律。即使在你生活的地方，数字化的"东西"在法律上是不可执行的，但明确你想要什么也没有坏处。例如，"我想让我母亲用我遗产中的钱继续支付我博客的费用"，或者"我想让我的Facebook个人资料转变成纪念状态"。如果你没有明确的方向，你的亲人和管理你数据的公司都会推测你想要怎么做，而且可能会相互争论。也许他们做的刚好符合你的想法，也许他们会弄错。

对于允许你这样做的账户，请指定一个数字执行人（例如Facebook上的遗产联系人和谷歌上的闲置账号管理员），确保你首先与该人讨论过这个问题。同样，这在你居住的地方可能还没有法律依据，但这样做总比完全不表明你的愿望要好得多。在你的正式遗嘱中把这些内容再说一遍。但是，请记住，你不能将不属于你的东西遗赠给他人，而且在一个账户对应一个用户的情况下，你可能不被允许将账户的控制权或对其内容的访问权转让给另一个人。经常检查条款和条件，怀有合理的期望。

六

开发一个能让某个可信任的人访问的主密码系统。密码保护你的设备、账户和应用程序，对于保护你生活中的数据安全和隐私是绝对必要的，企业鼓励我们定期或在账号被入侵时更换密码。对于那些需要在你死后处理你的财产或获取个人纪念资料的人来说，这些非常明智的保护措施可能会成为一场噩梦。因为我们的密码往往是多样且可变的，所以为遗产或遗产规划而制作一份不断更新的密码表格是不切实际的。如果你使用一个**完善的**在线密码库或在设置的时候允许你的手机记住密码，那么你就可以在一个安全的地方（遗嘱中、保险箱里的密封信封中、律师或其他信任的人）记录和更新服务或手机的主密码。如果你的手机有生物识别密码，你甚至可以给你的律师或另一个信任的人指纹访问的权限。

不过，有几点需要注意。首先，如果有人允许你在他们死亡或紧急情况下访问他们的设备和账户，那么不要利用他们的信任窥探他们的生活。为了维护你们之间的关系，你必须清楚在什么情况下可以访问对方的私人数据。其次，请记住，如果条款和条件规定将在原账户持有人确认死亡后删除其账户、将账户更改成纪念状态或进行其他类型的登录锁定，那么账户密码将有一个适用期限。最后，如果你的数字资料里有一些秘密，你怀疑这会给你在乎的人带来困惑、背叛感或更多的痛苦，那么不要轻易给这些人全部的访问权限。如果你不愿意在活着的时候承认和处理任何暗藏的秘密，你可能想要疯狂地删除这些内容，让密码随你而去，或者在你无法再守护秘密的时候确保通往秘密的大门是紧闭的。在某些情况下（包括你无法收拾残局的情况），这可以让你爱的人在不知情的情况下过着幸福的生活。

七

做一个不道歉的策展人。"策划"你的网络形象的行为往往不受人待见，我们会联想到人们故意夸大他们所享受的兴奋、幸福和成功，并炫耀他们被粉饰的生活，引发其他人的不安全感和嫉妒。不过，从遗产的角度来看，策展工作还有很多可以探讨之处。我指的并不是对困难事物的审查。对你和其他人来说，披露不幸和美好都是非常合适的行为。我指的是，你可以选择如何管理好你的遗产。

想象一下，你得到了一个存有很多照片的笔记本电脑或其他存储设备。当然，由于数码摄影和手机摄像的普及，这是很多人将会面对的情况。你会看到成千上万张图片。除了这些图片外，可能还有成千上万种其他类型的文件（文档、电子邮件、文本消息等），其中大多数都没有任何上下文或注释来表明其是否有意义，或是否重要。许多失去亲人的人惊讶地发现，他们所爱之人的数字遗产如此庞杂且看不出差异，以至于他们只见树木，不见森林，于是他们避免与这些遗物接触。如今，如果一位热心的系谱学家发现他曾祖父的爷爷的一张照片，他可能会欣喜若狂。因为在那个年代，照片非常罕见。如果能将所有的数字存储数据在未来的几个世纪里保留下来并保持可访问的状态，那么那些业余的"家谱学家"将会发现，这个曾经颇具挑战性的爱好，变得如同瓮中捉鳖一般无趣。

在我们精心策划的社交媒体平台上，我们是有选择性的。我们展示那些对我们最重要的东西、最感动我们的东西，或者那些我们想被别人看到的东西。不像你电脑上的海量文件，也不像在线搜索你名字的结果，社交媒体个人资料提供了背景、时间轴和叙述，因此，人们更容易将其代谢、识别，甚至可能把它当成是"你"。是的，这些资料对你进行了大量编辑，甚至可能以一种扭曲的方式反映了你的样子。但出于记忆和遗产的目的，如果你的个人资料选择性地强调最快乐的时光、最激动人心的经历，以及你看起来特别迷人的时刻，那会怎么样呢？无论你是在用数字自传追忆晚年，还是你所爱的人或子孙后代通过它来回忆或探索你，玫瑰色的自传也许并不是一件坏事。

八

获得更多并不总是意味着感觉更好。在悲伤中，人们常常会"寻找"失去的亲人，并贪婪地搜寻任何与他们有关的东西。特别是在亲人离奇死亡的情况下（意外死亡或创伤性死亡，或自杀、他杀、神秘死亡），人们可以通过梳理逝者留下的数据，不懈地寻求答案、安慰和解决办法。我相信在某些情况下，浏览私人信件是有帮助的。然而，搜索者经常会遇到令人沮丧的含混不清的材料、引发痛苦的材料，或者只会激起更多不确定性的材料。逝去的人无法回答这些令人不安的问题，无法解决含混不清的问题，无法提供重要的背景，也无法道歉、解决问题或抚平创伤。这是信息时代的一个方面，悲伤可能会令人特别痛苦。当你深入研究已故亲人的数字数据时，你可能会打开一件珍贵的礼物或一个潘多拉盒子。你无法预知盒子里到底会是什么，所以要小心。

九

做一个保守派。古埃及的纸莎草卷轴还在我们身边，但几十年、几百年后，我们以数字形式存储的信息可能已经不存在、无法访问或无法阅读了，更不用说几千年了。我们不确定这些资料到底能保存多久。然而，我们比较肯定的是，纸张和其他记载材料可能容易受到自然因素的影响，但它们不会成为技术过时的牺牲品。即使你相信，你的数字尘埃会存在很长一段时间，即使你已经确保其他人能够访问它，但事情还是会发生变化。技术会以不可预测的方式发展和淘汰。考虑到这一点，时而选择性地将数字资料转变为实体资料是值得的。把你最喜欢的或者有纪念意义的照片制作成相册；打印出你最喜欢的电子信件；把你在网上写的一段文字抄写到一个漂亮的笔记本上，放在实体书架上。

如果你从来没有做过这些事情，不要感到绝望。和以前的人一样，你能够与所爱的人、与祖先相连接，数字世界并没有摧毁你的这种能力。照片和信件让我想起了我的外祖父母，当我看到、触摸或使用某枚戒指、缝纫盒里的一个旧纽扣，或一张折了角、发黄的食谱卡，上面写着巧克力曲奇的制作说明时，这些记忆也可能会冒出来。在与认识他们的人一起回忆的过程中，这些记忆被加深和扩展。我将他们的故事铭记于心，并传递给下一代。有些东西看上去改变了，实际上却并未改变。

十

忘记不朽。我们中的一小部分人，像达·芬奇、莎士比亚、巴赫或霍金一样，为艺术、文学、音乐或科学做出了贡献，并将在好几个世纪里享有盛名。然而，对我们大多数人来说，我们生活中的数字和物质遗产，主要只对那些了解我们、爱我们的人，对这一代人和下一代人来说非常重要。知道了这一点，就专注地过你想要的生活，做你所重视的事情。经常自问：如果没有人因为我做这件事而记住我，如果做这件事永远不会为我带来财富或持久的名声，那么这件事仍然值得做吗？对于我或某个人来说，是否还是一件好事？

永生幻想也许源于对死亡和默默无闻的恐惧；也许与自我膨胀的感觉有关；也许是因为你渴望在一生中取得一些成就，希望尽可能长久地改变世界。为什么不呢？无论永生是为了什么，它都是一场失败的战斗，你在战斗的时候可能会错过什么？想尽一切办法捕捉、记录和分享你生活中有意义的事情。我相信，我的女儿和她的后代会喜欢我多年来在社交媒体上精心记下的她的童年。通过这些努力，我（和她）的数字尘埃很可能会给未来的几代人带来一些快乐、兴趣，甚至是灵感，而且我为自己投入时间和精力慢慢积累起这些数字尘埃感到高兴。但是，从重要性和长远影响来看，在我为她投入的时间和精力面前，数字尘埃将相形见绌。

因此，最后一条规则的本质是：尽你所能，过最好、最有价值的生活。好好去爱，活在当下，感恩此刻。成为世界上一股向善的力量。把你自己奉献给这一切，留下一份你可以为之自豪的遗产，无论它是什么形式，无论它能存在多久，都顺其自然。

致谢

如果没有许多人慷慨而充满爱的支持与投入，这本书是不可能出版的。在本书出版过程中，发挥最重要作用的是极具才华的文稿代理人卡罗琳·哈德曼（Caroline Hardman），她供职于哈德曼与斯文森出版社（Hardman & Swainson）。感谢才华横溢的小说家罗茜·菲奥里－伯特（Rosie Fiore-Burt），如果没有她的介绍，我永远也不会认识卡罗琳。感谢我在英国利特尔与布朗出版社的出色编辑安德鲁·麦卡利尔（Andrew McAleer），他从一开始就"拿到了"这本书，而且自始至终都是本书的坚定支持者。感谢"城市作家隐居处"（Urban Writers Retreat）、"明年这个时候的伦敦"（This Time Next Year London）、"你读的都是爱"（All You Read is Love）以及"黑人俱乐部"（Blacks Club）里可爱的人们，他们为我提供了完成工作所需要的空间。在伦敦，有不计其数的人（尤其是热情的雷顿斯通社区的人）热切地想听我讲这本书，当我犹豫不决时，他们总是鼓励我。特别感谢阿比（Abi）、戴夫·霍珀（Dave Hopper）和迈克尔·纳巴维恩（Michael Nabavian），迈克尔以他惯常的方式对最初的策划书提出了彻底而广泛的批评和评论。

　　我要对所有帮助我研究的人（无论是参与讨论、提供灵感，还是直接做出贡献）表示无尽的感谢。其中有尼克·加扎德（Nick Gazzard）、凯特·罗伯茨（Kate Roberts）、埃迪纳·哈宾佳（Edina Harbinja）、莉莲·爱德华兹（Lilian Edwards）、托尼·沃尔特（Tony Walter）、德布拉·巴西特（Debra Bassett）、莫娜·奥康纳（Morna O'Connor）、丹尼斯·克拉斯（Dennis Klass）、韦雷德·沙维特（Vered Shavit）、葆拉·基尔（Paula Kiel）、马克·萨纳（Marc Saner）、简·哈里斯（Jane Harris）、辛妮·麦奎兰（Sinead Mcquillan）、杰德·布鲁贝克（Jed Brubaker）、莉萨·琼斯·麦克沃特（Lisa Jones McWhirter）、戴维·科斯特洛（David Costello）、约翰·特罗耶（John Troyer）、伊迪丝·斯特芬（Edith Steffen）、斯泰茜·皮茨里迪斯（Stacey Pitsilides）、卡罗琳·劳埃德（Caroline Lloyd）、珍妮弗·罗伯茨（Jennifer Roberts）、加里·里克罗夫特（Gary Rycroft）、詹姆斯·诺里斯（James Norris）、露西·沃茨（Lucy Watts）、贝丝·伊斯特伍德（Beth Eastwood）、海伦·霍尔布鲁克（Helen Holbrook）、皮特·比林厄姆（Pete Billingham）、莎伦·达菲尔德（Sharon Duffield）、埃米·哈里斯（Amy Harris）、苏珊·弗尼斯（Susan Furniss）、乔恩·里斯（Jon Reece）、加里·伯克斯（Gary Burks）、马里厄斯·乌尔萨凯（Marius Ursache）、彼得·巴雷特（Peter Barrett）、史蒂夫·麦基尔罗伊（Steve McIlroy）、格雷格·金（Greg King）、克里斯廷·弗尼施（Kristin Furnish）、莎莉·米尔（Sarie Miell）、温迪·蒙克尔（Wendy Moncur）、马吉·萨文-巴登（Maggi Savin-Baden）、西尔克·阿诺德-德-西明（Silke Arnold-de-Simine）、卡尔·奥曼（Carl Ohman）、戴维·沃森（David Watson）、死亡在线研究网络的成员，

以及许多匿名的参与者。你们慷慨地付出时间，分享经历。那些逝者已经无法对参与这个项目发表意见，我也很感谢他们。

最后，但绝对重要的，就是我的家人。我特别感谢我的父母，包括詹姆斯和伊丽莎白的女儿，我的母亲贝丝（Beth），她支持（并试图编辑）我最早的孩童时期的作品，她的故事为我提供了一个切入点。我的丈夫马库斯（Marcus）耐心而有风度地忍受着我在写作过程中没完没了的抱怨，我的婆婆简（Jan）为了让我按时完成作品，帮我把孩子照顾得很好。永远感谢我那始终鼓舞人心的女儿佐薇，感谢她的爱、可爱和对这本书的直接贡献，感谢她多年来对生、死、来世和网络环境所表达的睿智观点。最后，我要感谢詹姆斯·费希尔（James Fisher）、伊丽莎白·费希尔（Elizabeth Fisher）和伊娃·鲁德威尔（Eva Rudwell），这是献给他们的，也是来自他们的故事，为了爱，为了纪念。

图片出处说明

图1：经詹姆斯·费希尔和伊丽莎白·费希尔的遗产代理人许可，使用该图。

图2：© Elaine Kasket, 2017。作者获准拍摄伊丽莎白·费希尔的一件人工制品遗物。

图3：© Elaine Kasket, 2017。作者获准抄写詹姆斯·费希尔和伊丽莎白·费希尔遗物信件的一段。

图4：© Elaine Kasket, 2019。

图5：© Elaine Kasket, 2017。经作者的女儿佐薇许可，拍摄其便条照片。

图6：© Elaine Kasket, 2018。

图7：© Elaine Kasket, 2018。

图8：© Alicia Norris and Elaine Kasket, 2015。经艾丽西亚·诺里斯（Alicia Norris）以及作者的女儿佐薇许可，复制并使用该图。

图9：© Elaine Kasket, 2018。经贝丝·鲁德威尔（Beth Rudwell）和作者的女儿佐薇许可，使用该图。

图书在版编目（CIP）数据

网上遗产：被数字时代重新定义的死亡、记忆与爱 /
(英) 伊莱恩·卡斯凯特著；张淼译. -- 福州：海峡文
艺出版社, 2020.4

　　ISBN 978-7-5550-2213-8

　　Ⅰ.①网… Ⅱ.①伊… ②张… Ⅲ.①互联网络—影
响—社会生活—研究 Ⅳ.①C913-39

　　中国版本图书馆CIP数据核字(2020)第037606号

网上遗产：被数字时代重新定义的死亡、记忆与爱

[英] 伊莱恩·卡斯凯特 著；张淼 译

出　　版：海峡文艺出版社
出 版 人：林玉平
责任编辑：蓝铃松
编辑助理：张琳琳
地　　址：福州市东水路76号14层 邮编350001
电　　话：(0591) 87536797 (发行部)
发　　行：未读 (天津) 文化传媒有限公司

选题策划：联合天际·王微
特约编辑：节晓宇 吴昱璇
营销编辑：钟建雄
装帧设计：UN_LOOK·董茹嘉
美术编辑：程　阁

印　　刷：三河市冀华印务有限公司
经　　销：新华书店
开　　本：880毫米×1230毫米 1/32
印　　张：10
字　　数：240千字
版次印次：2020年4月第1版　2020年4月第1次印刷
书　　号：ISBN 978-7-5550-2213-8
定　　价：49.80元

本书若有质量问题，请与本公司图书销售中心联系调换
电话：(010) 52435752

未经许可，不得以任何方式
复制或抄袭本书部分或全部内容
版权所有，侵权必究

关注未读好书

未读 CLUB
会员服务平台